中等职业教育"十二五"规划教材

中职中专物流类教材系列

供应链管理实务

孙明贺　主　编

刘　锐　副主编

李守斌　主　审

科学出版社

北　京

内 容 简 介

本书遵循教育部对职业教育的要求,系统介绍了供应链管理所应掌握的相关知识。全书共分 10 章,详细阐述了供应链管理的内容,从供应链概述、供应商的选择、供应链业务的建立、供应链管理的主要方法,到供应链的各个环节的管理,如采购、库存、运输、客户关系、信息技术等,再到供应链绩效的评估。在结构上紧密结合职业教育"以就业为导向"的原则,打破传统的教学固定思路。各个章节配以大量的案例教学,从案例导入到案例作业分析,到实践作业指导,能结合当前市场环境和企业经营状况分析供应链管理中的理论和方法,让学生在学中做、做中学,大大提高他们自主学习的积极性。

本书可作为中职物流管理专业的教材,也可作为相关人员进修和业务操作的工具书。

图书在版编目(CIP)数据

供应链管理实务/孙明贺主编. —北京:科学出版社,2009
(中等职业教育"十二五"规划教材·中职中专物流类教材系列)
ISBN 978-7-03-026135-9

Ⅰ. 供… Ⅱ. 孙… Ⅲ. 物资供应-物资管理-专业学校-教材 Ⅳ.F252

中国版本图书馆 CIP 数据核字(2009)第 218376 号

责任编辑:任锋娟 王 琳 / 责任校对:柏连海
责任印制:吕春珉 / 封面设计:山鹰工作室

科学出版社 出版
北京东黄城根北街 16 号
邮政编码:100717
http://www.sciencep.com

三河市良远印务有限公司 印刷
科学出版社发行 各地新华书店经销

*

2009 年 12 月第 一 版 开本:787 × 1092 1/16
2019 年 8 月第九次印刷 印张:15 1/2
字数:350 000
定价:36.00 元
(如有印装质量问题,我社负责调换〈良远〉)

销售部电话 010-62134988 编辑部电话 010-62138978-8767(SF02)

中职中专物流类教材系列
编写委员会

顾 问

姜大源（教育部职业技术教育中心研究所研究员、教授，《中国职业技术教育》主编）

任豪祥（教育部中等职业教育物流专业教学指导委员会主任委员，物流采购与联合会副会长）

主 任

李守斌（教育部中等职业教育物流专业教学指导委员会委员，河北经济管理学校副校长）

委 员（按姓氏笔画排序）

王国文	王爱霞	王维民	王淑荣
孙明贺	李 伟	李洪奎	李素芳
苏国锦	张立川	张月华	张秀生
陈伟明	柳和玲	侯彦国	傅锡原

序

教育的根本任务，在于根据人的智力结构和智力类型，采取适合的培养模式，发现人的价值，发掘人的潜能，展示人的个性。

长期以来，社会上普遍存在一种看法，认为职业院校的教学质量、教学水平低于普通院校，这是不公平的。因为职业教育与普通院校是两种不同类型的教育，从满足社会需求来看，职业教育重在培养生产、服务和管理第一线的应用型职业人才；而从个性需求来看，职业教育则重在培养以形象思维为主的青少年，使其同样成为国家不可或缺的人才。作为不同于普通教育的另外一种类型的教育，职业教育有着自己独特的规律和特点。教育类型不同，评价的标准也应该不同。

因此，职业教育的教育教学必须遵循自身的规律和特点。针对传统的建立在学科体系理论知识基础上的教学，职业教育改革鲜明地提出了"行动导向"的全新教学观。所谓职业教育行动导向的教学，其基本意义在于：学生是学习过程的中心，教师是学习过程的组织者与协调人，遵循资讯、决策、计划、实施、检查、评估这一完整的行动过程序列，在教学中师生互动、生生互动，学生独立地获取信息、独立地制定计划、独立地实施计划、独立地评估计划，在动手中获取职业技能并掌握相关的专业知识。教学方法也从传统的课堂授课的组织形式逐步向项目教学法、案例教学法、仿真教学法、角色扮演教学法等转换。

但是，长期以来，对职业教育的教育教学改革至关重要的课程改革却一直止步不前，其原因在于课程微观内容的设计与编排始终远未跳出学科体系的藩篱。实践表明，职业教育课程内容的序化已成为制约职业教育课程改革的关键。在改革过程中出现的"工作过程系统化"的课程开发，很可能成为建立凸显职业教育特色的课程体系的突破口。

全国现代物流大会期间，我欣喜地听说科学出版社联合高职和中职院校以及相关企业的专家，在"行动导向"教学思想的指导下，共同合作开发了一套职业院校物流专业系列教材。这意味着，职业教育的课程开发正引起并成为教育界、经济界努力探索的目标，并且已经在物流行业取得了很大进展。所以，当这套物流教材的样章交给我时，我深深地感到，我们近年来在职业教育课程理论上的探究，在物流行业得到了实际的体现。特别是，以就业为导向的工学结合的办学模式，通过这套教材的开发、编写而得以"物化"。

伴随着物流这样一个在我国方兴未艾的行业的发展，物流管理专业由于刚刚起步，无论是在理论体系还是在教学实践层面都有待完善。正因为如此，对教育界来讲，这是一种挑战，也是一种机遇。如何针对市场的不断变化、针对物流业的实际需求，培养出满足物流企业需要的职业人才，同时又如何针对学生的智力特点，针对学生的个性需求，培养出社会需要的合格劳动者，是我们职业教育界必须正视的问题。本系列教材密切结合物流企业的实际工作，结合物流业务的真实案例，在教材编写时充分考虑了学生的学习兴趣及其能力的培养，其特色可以概括为：

一、业务案例导入

本系列教材选择物流行业中的实际的工作案例，引发学生的思考，让学生带着问题去学习相应的理论知识，充分调动了学生的学习积极性。鉴于职业院校的学生主要具有形象思维的智力特征，如何将抽象的逻辑建构的知识体系形象化、具体化、生活化和职业化，提高他们的兴趣，是至关重要的。因此，从物流业务的实际工作案例导入，能大大提高学生学习的兴趣，从而激发其学习动力。

二、工作流程主线

本系列教材难能可贵的是，既关注职业院校毕业生必须首先以就业为目标的根本方向，强调教材内容要有助于学生迅速适应职业工作的要求，又关注技术和社会发展对职业人才提出的新要求，强调教材要有助于学生职业能力的培养，因此，理论知识不能太抽象而必须契合职业实践。以实际工作过程为主线的课程符合这一需求，所以本系列教材结合物流企业实际业务工作过程，在将职业技能的习得与相关理论知识的学习结合方面，做出了有益的探索。

三、教学资源多元

本系列教材扩展了传统教材的界域，将其视为一个教学资源库，从而能集实践、知识与操作应用于一体，配合视频采集、图片图表，并采取情境模拟、作业发布、集体讨论、小组竞赛等多种教学方式，极大地丰富了学生的感性认识和理性认识，有利于了教与学、做与学的整合。

四、学习内容综合

本系列教材的内容具有跨专业的视野。现代物流是一个深入国民经济各方面的开放系统和动脉系统，具有跨地区、跨行业、跨部门的特征，因此本系列在教学内容上必然涉及多方面的专业知识，由此必须打破传统教材的学科性及学科体系的界限，而按工作过程逻辑建构教学内容，就将专业的和跨专业的知识有机融合在一起。

五、学生主体凸显

本系列教材围绕基于职业实践的教学任务或单元，设计学习环境及其活动，并在各小节设置相关实训作业，旨在消除传统学科教学满堂灌的弊端，强调学生参与操作、参与思考，其内容编排要求学生采取小组学习形式，可充分发挥团队力量，既有利于学生主动探索和创新精神的培养，又有助于学生责任感和协作精神的形成。

陶行知老先生有句话："生活即教育，社会即学校，教学做合一。" 我相信，只要我们职业教育界的各位同仁共同努力，深化改革，解放思想，追求创新，就能实现陶老的希望，创造卓越。

物流行业的发展日新月异，物流人才的需求与日俱增，物流职业教育的改革日益深入。如果说，物流职业教育的改革与发展，正迎来一个美好的春天，那么，在经历夏日的辛勤的耕耘之后，一定会有一个硕果累累的金秋。

教育部职业技术教育中心研究所研究员、《中国职业技术教育》主编

前　　言

随着经济的发展，市场竞争越来越激烈，现代企业管理面临着新的调整，它要求企业在管理范围内突破内部的束缚，把上、下游的整条供应链看成一个价值链。从全局的角度看问题，这就需要企业不断加强同供应链企业之间的关系，彼此深入了解，形成协同的合作伙伴关系，共同致力于供应链的全面发展。

由于供应链是由独立的企业为达到共同盈利的目的而组成的战略联盟，各企业均以自身的利润最大化为目的，组织之间有可能存在目标冲突，因此，统一协调不同的利益主体就成为供应链管理的目标。供应链管理的核心思想即是系统思维观和流程思维观，对供应链中一切活动的优化要以整体最优为目标，对各个环节的运作管理要实现行云流水般的顺畅。供应链管理就是最优化围绕核心企业建立起来的供应链，并使它能以最低的成本、最佳的服务来实现供应链从原材料采购开始到制成成品再到送达最终用户，满足其需求的所有流程的有效运作。

中国对物流管理方面人才培养经历了比较曲折的过程。随着世界经济一体化的发展，市场竞争环境步入正轨，只有一流的人才才具备在市场竞争中获取头筹的能力。尽管物流在中国起步较晚，但是物流的思想和精髓在中国的传播是迅速的，而目前的中国市场正缺少大量优秀的物流人才。物流教育从总体上看，高校大多数仍处于自行设计课程与实践的阶段，仍处于理论与实践脱离的阶段，从教材选取到培养方式和培养方向仍不能从物流管理的理论圈圈中解脱出来。尽管有些学校已经意识到了这样的问题，开始尝试向"行动导向教学"改革迈进，但是改革的步伐依然缓慢，改革的形式依旧未能赶上时代的要求。从这个角度来看，物流人才的素质呈现参差不齐的态势，无法很好地满足社会的需要，无法满足物流企业的迫切需求。

近年来，中职教育一直乘着改革的东风不断前进。国家教育部提倡的 "行动导向"教学理念深入人心，中职教育不再仅仅停留在就业教育的层面上，而是把知识培养、技能掌握、就业辅导、素质锻炼、思想教育等综合联系起来，形成新的教学模式。苏格拉底曾经说过：教育不仅仅是灌输，而是点燃火焰。中职教育也不仅仅是安排工作，而是让学生具备工作并进而在工作中提升自己的能力，这也是社会对教育的期望。

本书以"行动导向"的理念为指导，立足于企业的实际工作流程，立足于企业的发展环境来分析企业的工作及经营，从而让学生在思考中学习，在学习中思考，勤动脑、勤动手，既掌握理论知识，又掌握基本技能。

供应链管理本身就是一门理论性非常强的学科，涵盖范围广，涉及信息、管理、规划、成本、金融等各个行业领域，尤其是信息技术是供应链管理的支撑。在本书中，笔者注重于供应链核心理论的传播，并力图体现出近年来供应链在中国乃至世界的发展，体现了物流领域的新知识、新技能、新思想和新方法。同时，立足于企业的实际工作，合理安排本书的体系，通过案例导入、学习目标等栏目有效激发学生的学习兴趣。本书最大的特点在于理论与实践结合的同时安排了系列实践作业，通过市场调查、企业调查、企业策划等多种实践活动，培养学生自主学习的能力，扩展学生的思维空间，注重现实社会发展和就业需求，有针对性地培养学生的职业技能。

尽管市场上供应链管理教材很多，但是适合中职学生的教材却很少，原因就在于市场上的相关教材理论性太强，实践性缺乏，又或者即便是有实践内容也令中职学生难以理解和展开。中职学生的特点要求相关教材理论在与实践相结合的同时，不能过于深刻、枯燥，必须与现实结合起来，让学生做中学、学中做，重新找到学习的乐趣，并练就勤于思考、勤于动手的好习惯，以使之未来能够在社会中不断提升自己，获得成功。

本书具体的编写分工为：郑媛媛编写第 1 章，郭萍编写第 2 章，刘锐编写第 3、4 章，孙明贺编写第 5~8 章，孙明贺与董双双共同编写第 9 章，王静编写第 10 章。本书的编写参考了许多学者的著作，并在网上取得了大量的一手资料，在此向相关作者一并表示感谢。

由于编者水平有限，加之编写时间仓促，书中难免有纰漏和不足之处，恳请读者批评指正。

孙明贺

2009 年 11 月 10 日

目　　录

第1章 供应链管理概述

随着全球经济一体化的快速推进以及 Internet 技术的发展，跨国企业的国际化供应链管理（supply chain management，SCM）的范围已遍及全球任何可以和可能利用的地方，其管理模式也在不断地发展。从 20 世纪 80 年代以来，一些大的跨国企业，如戴尔、摩托罗拉、IBM、丰田、大众等跨国集团已经形成了各具特点的高级全球化供应链网络的运作管理模式。中国物流与采购联合会常务副会长丁俊发一针见血地指出，"虽然跨国巨头把生产环节转移到中国，但仍旧通过研发、物流控制着整个产业链的主动权和高附加值的环节，并不断地打压制造环节的利润。"

近几年来，特别是 2007 年以后，随着现代物流方式迅速延伸，我国供应链管理发展呈加快趋势。供应链管理是现代企业发展、提高竞争力的最好方法，是国际竞争的利器。杰克·韦尔奇（Jack Welch）曾说过，"如果你在供应链运作上不具备竞争优势，就干脆不要竞争。"

1.1 供 应 链

学习目标

- 了解供应链发展的历史；
- 掌握供应链的基本结构和类型；
- 能区分供应链与价值链。

案例导入

请说明图 1.1 中熟肉包子的供应链。

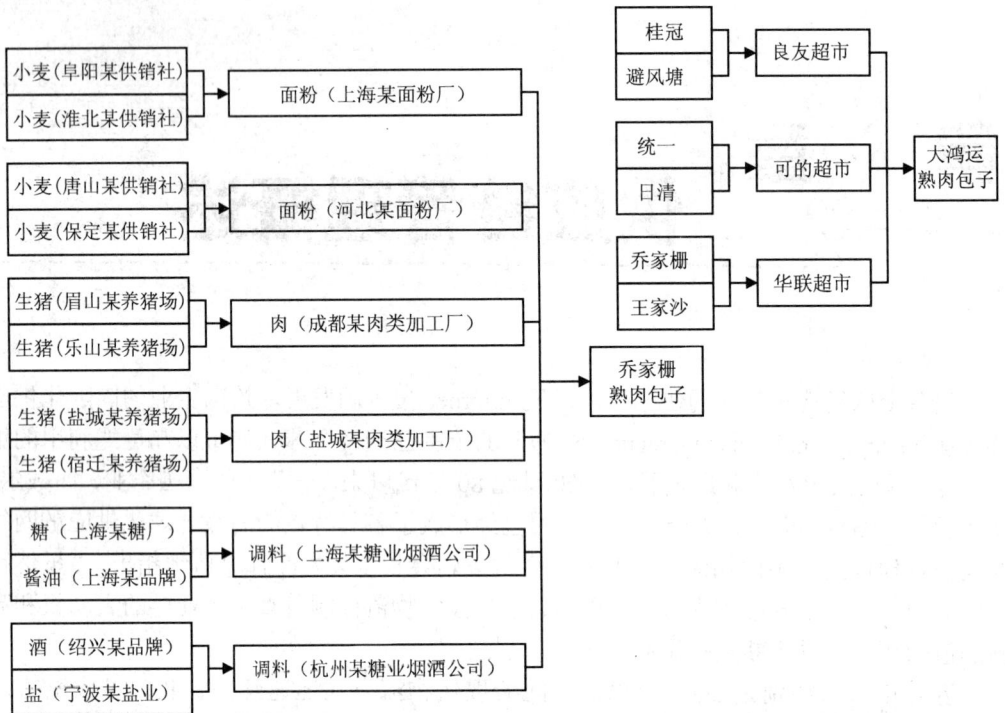

图 1.1　供应链

必备的理论知识

供应链的概念是在 19 世纪 80 年代初提出的，受买方市场和用户需求市场导向的不断加强、全球化的激烈市场竞争、企业合作关系的提升、企业经营不确定性的增加等因素的影响，供应链管理思想得到了很大的发展。

1.1.1　供应链概念的发展

供应链是围绕核心企业，通过对信息流、物流、资金流的控制，从采购原材料开始，制成中间产品以及最终产品，最后由销售网络把产品送到消费者手中的将供应商、制造商、分销售、零售商，直到最终用户连成一个整体的功能网链结构。

供应链至今尚无一个公认的定义，在供应链管理的发展过程中，有关的专家和学者提出大量的定义，这些定义其实是在一定的背景下提出的，而且是在不同发展阶段上的产物，可以把这些定义大致划分为三个阶段。

1. 强调是物流管理过程的阶段

同一切新生事物一样，人们对供应链的认识也经历一个由浅到深的过程。马士华教授认为，对供应链管理的研究最早是从物流管理开始的。起初，人们并没有把它和企业的整体管理联系起来，主要是进行供应链管理的局部性研究，如研究多级库存控制问题、物资供应问题，较多的是研究分销运作问题，如分销需求计划等。机械工业部设计研究院的陈启申认为 supply chain 翻译为"供需链"更加确切，因为供应链会使"人们简单地只想到物流、仓库、运输等物料的单方向供应过程"，而 supply chain 有供需两个方面的含义。

早期的观点认为：供应链是指将采购的原材料和收到的零部件通过生产转换和销售等活动传递到用户的一个过程。因此，供应链也仅被视为企业内部的一个物流过程，它所涉及的主要是物料采购、库存、生产和分销诸部门的职能协调问题，最终目的是为了优化企业内部的业务流程，降低物流成本，从而提高经营效率。基于这种认识，在早期有人将供应链仅仅看成是物流企业自身的一种运作模式。

此后，随着产业环境的变化和企业间相互协调重要性的上升，人们逐步将对供应环节重要性的认识从企业内部扩展到企业之间，从而，供应商被纳入了供应链的范畴。在这一阶段，人们主要是从某种产品由原料到最终产品的整个生产过程来理解供应链的。在这种认识下，加强与供应商的全方位协作，剔除供应链条中的"冗余"成分，提高供应链的运作速度成为核心问题。

2. 强调是价值增值链的阶段

进入 20 世纪 90 年代，人们对供应链的理解又发生了新的变化：首先，由于需求环境的变化，原来被排斥在供应链之外的最终用户、消费者的地位得到了前所未有的重视，从而被纳入了供应链的范围。这样，供应链就不再只是一条生产链了，而是一个涵盖了整个产品"运动"过程的增值链。

清华大学的蓝伯雄教授认为：所谓供应链，就是由原材料供应商、生产商、分销商、运输商等一系列企业组成的价值增值链。原材料、零部件依次通过"链"中的每个企业，逐步变成产品，交到最终用户手中，这一系列的活动就构成了一个完整的供应链（从供应商的供应商到客户的客户）的全部活动。

美国的史蒂文斯（Stevens）认为："通过增值过程和分销渠道控制从供应商的供应商到用户的流就是供应链，它开始于供应的源点，结束于消费的终点。"概念中强调供应链的外部环境。弗瑞德·A.库格林（Fred A.Kuglin）在其《以顾客为中心的供应链管理》一书中把供应链管理定义为：制造商与它的供应商、分销商及用户——也即整个"外延企业"中的所有环节——协同合作，为顾客所希望并愿意为之付出的市场，提供一个共同的产品和服务。这样一个多企业的组织，作为一个外延的企业，最大限度地利用共享资源（如人员、流程、技术和性能评测）来取得协作运营，其结果是高质量、低成本、迅速投放市场并获得令顾客满意的产品和服务。

根据美国生产和库存控制协会（APICS）第九版字典中的定义为："供应链管理是

计划、组织和控制从最初原材料到最终产品及其消费的整个业务流程，这些流程链接了从供应商到顾客的所有企业。供应链包含了由企业内部和外部为顾客制造产品和提供服务的各职能部门所形成的价值链。"美国生产和库存控制协会关于供应链管理定义的前半部分说明供应链管理所涉及的理论源于产品的分销和运输管理。供应链"涵盖了从原材料供应商，经制造和分销商到最终用户的整个产品的物流。"事实上，许多学者对供应链管理和后勤管理的定义并没有严格的区分，认为供应链管理不过是物流管理的新名词而已，然而供应链管理更着重于从原材料供应商到最终用户所有关键业务流程的集成，许多非后勤管理的流程也必须集成到整个供应链中。供应链管理定义的后半部分说明价值增值是供应链的基本特征，有效的供应链必定是一个增值链。也就是说，在供应链中的各个实体，无论从事什么样的活动，其对产品转换流程的增值必须大于成本。

3. 强调是"网链"的阶段

随着信息技术的发展和产业不确定性的增加，今天的企业间关系正在呈现日益明显的网络化趋势。与此同时，人们对供应链的认识也正在从线性的"单链"转向非线性的"网链"，实际上，这种网链正是众多条"单链"纵横交错的结果。正是在这个意义上，哈理森（Harrision）才将供应链定义为："供应链是执行采购原材料，将它们转换为中间产品和成品，并且将成品销售到用户的功能网链"。

2001 年发布实施的《物流术语》（GB/T18354—2001）国家标准是这样定义供应链的：在生产及流通过程中，涉及将产品或服务提供给最终用户活动的上游与下游企业所形成的网链结构。

供应链的概念更加注重围绕核心企业的网链关系，即核心企业与供应商、供应商的供应商的一切前向关系，与用户、用户的用户及一切后向关系。供应链的概念已经不同于传统的销售链，它跨越了企业界限，从扩展企业的新思维出发，并从全局和整体的角度考虑产品经营的竞争力，使供应链从一种运作工具上升为一种管理方法体系、一种运营管理思维和模式。伊文思（Evens）认为："供应链管理是通过前馈的信息流和反馈的物料及信息流，将供应商、制造商、分销商、零售商，直到最终用户连成一个整体的管理模式。"

马士华教授认为："供应链是围绕核心企业，通过对信息流、物流、资金流的控制，从采购原材料开始，制成中间产品以及最终产品，最后由销售网络把产品送到消费者手中的将供应商、制造商、分销商、零售商，直到最终用户连成一个整体的功能网链结构模式。"他认为，供应链是一个范围更广的企业结构模式，它包含所有加盟的节点企业，从原材料的供应开始，经过链中不同企业的制造加工、组装、分销等过程直到最终用户。它不仅是一条连接供应商到用户的物料链、信息链、资金链，还是一条增值链，物料在供应链上因加工、包装、运输等过程而增加其价值，给相关企业都带来收益。

现在，供应链的概念更加注重围绕核心企业的网链企业战略合作关系。如核心企业与供应商、供应商的供应商乃至与一切前向的关系，与用户、用户的用户及一切后向的关系。此时的供应链的概念形成为一个网链的概念，像丰田、耐克、尼桑、麦当劳和苹果等公司的供应链管理都从网链的角度来实施，强调供应链的战略伙伴关系问题，菲利浦（Phillip）和温德尔（Wendell）认为供应链中战略伙伴关系是很重要的，通过建立战略伙伴关系，可以与重要的供应商和用户更有效地开展工作。

形象一点，我们可以把供应链描绘成一棵枝叶茂盛的大树：生产企业构成树根，独家代理商则是树杆，分销商是树枝和树梢，满树的绿叶红花是最终用户；在根与树杆、树枝与树杆的一个个结点中蕴藏着一次次的流通，遍体相通的脉络便是管理信息系统。

供应链上各企业之间的关系与生物学中的食物链很类似。

在"草—兔子—狼—狮子"这样一个简单的食物链中（为便于论述，假设在这一自然环境中只生存这四种生物），如果我们把兔子全部杀掉，那么草就会疯长起来，狼也会因兔子的灭绝而饿死，连最厉害的狮子也会因狼的死亡而饿死。可见，食物链中的每一种生物之间都是相互依存的，破坏食物链中的任何一种生物，势必导致这条食物链失去平衡，最终破坏人类赖以生存的生态环境。

同样的道理，在供应链"企业 A—企业 B—企业 C"中，企业 A 是企业 B 的原材料供应商，企业 C 是企业 B 的产品销售商。如果企业 B 忽视了供应链中各要素的相互依存关系，而过分注重自身的内部发展，生产产品的能力不断提高，但如果企业 A 不能及时向其提供生产原材料，或者企业 C 的销售能力跟不上企业 B 产品生产能力的发展，那么我们可以得出这样的结论：企业 B 生产力的发展不适应这条供应链的整体效率。

对供应链这个概念，可以从以下几个方面去理解：

1）供应链是一个复杂的网络，每一个成员都对供应链的整体成本和客户服务水平产生影响。

2）追求系统范围内的成本降低，提高整体效率。

3）多个不同层次，即战略层、策略层和操作层。

4）强调供应商、第三方服务商、制造商、客户之间的协调与合作，供应商和制造商形成战略伙伴关系。

5）供应链中不同成员的目标是不相同并且矛盾的。

6）供应链是一个动态的系统，随时间的变化而不断地发生变化。

7）有效的供应链管理是企业的核心竞争力。

1.1.2 供应链的基本要素与类型

1. 供应链的基本要素

一般来说，构成供应链的基本要素包括如下方面。

（1）供应商

供应商指给生产厂家提供原材料或零、部件的企业。

（2）厂家

厂家即产品制造者，是产品生产的最重要环节，负责产品生产、开发和售后服务等。

（3）分销企业

分销企业指为实现将产品送到经营地理范围每一角落而设的产品流通代理企业。

（4）零售企业

零售企业指将产品销售给消费者的企业。

（5）物流企业

物流企业即上述企业之外专门提供物流服务的企业，其中批发、零售、物流业也可以统称为流通业。

2. 供应链的类型

（1）内部供应链

内部供应链是指企业内部产品生产和流通过程中所涉及的采购部门、生产部门、仓储部门、销售部门等组成的供需网络。

想一想：

内部供应链与外部供应链的关系是怎样的？

（2）外部供应链

外部供应链是指企业外部与企业相关的产品生产和流通过程中涉及的原材料供应商、生产厂商、储运商、零售商以及最终消费者组成的供需网络。

内部供应链和外部供应链共同组成了企业产品从原材料到成品再到消费者的供应链。可以说，内部供应链是外部供应链的缩小化。如对于制造厂商，其采购部门就可看成是外部供应链中的供应商。它们的区别只在于外部供应链范围大、涉及企业众多、企业间的协调更困难。

1.1.3　供应链与价值链

供应链包含了由企业内部和外部为顾客制造产品和提供服务的各职能部门所形成的价值链。所以说，供应链是扩展的价值链，即供应链实质上是包括供应商价值链和顾客价值链在内的企业内部价值链的扩展价值链，即由整体价值链构成的价值系统。

下面从几个方面对供应链和价值链进行对比分析。

1）从管理的层次来看，价值链理论从战略层次的高度，通过竞争优势将战略制定与战略实施连接起来，弥补了企业战略领域中将两者割裂开来的不足，对于企业的实践起着非常重要的作用；而供应链管理是一种系统的、集成的管理思想，其研究的出发点是投入品的有效率流动和核心企业的绩效提高，更多的是从策略层次来管理表层的业务运作，如物流、信息流等。

2）从管理的内容来看，供应链管理思想着眼于实体物料的流动及相关辅助活动（如物流技术、库存控制、信息系统等），而价值链管理思想着眼于价值活动的经济性识别和差异化分析。供应链管理的目标是提高用户的服务水平和降低总的交易成本，并在二者之间达到一个平衡。为接近这个目标，从科斯的交易费用理论来看，企业必须从节约信息搜寻、交易谈判、契约履行、交易变更等交易费用处着手，通过高效的物流活动和与供应链合作伙伴的协调，降低成本，提高运作效率和效益。而价值链管理则会将技术上和经济效果上分离的活动分解出来，充分考虑各项相互依存的活动之间的联系和相互影响，识别对企业总体成本优势或差异化优势影响较大的价值活动，组合那些只占总体成本很小比例且对企业差异化优势贡献不明显的价值活动，获取更大的客户价值。

3）从管理的重点来看，供应链管理强调企业间的战略协调和资源配合，致力于企业运作效率的提高；而价值链管理强调价值链内部联系和企业与供应商及销售渠道价值链之间的纵向联系里存在的价值活动的总体成本降低和资源整合，致力于增加价值和创造效益。供应链管理追求的是供应链运行成本最低，价值链管理追求的是与企业价值活动相关的总成本最低，强调从整体的成本着眼，突破单独分析某一项价值活动的局限性，全面考虑各项价值活动的成本驱动因素，把每一项价值活动的联系及相互影响都考虑进来，致力于获得总体运营商的成本优势。

> 注意：
> 　　产品链、产业链、价值链、供应链是四个截然不同的概念，请注意区分。

4）从物流的角度来看，在供应链下的物流所面向的是对实体资源进行优化整合，并纳入到一体化的管理之中；而在价值链下的物流所面向的是对价值策略进行总体运筹，并从物流价值这一终极层面用统揽全局的思想来使物流效率达到最优。因此，有物流参与其中的价值链上的各个环节就构成了一条物流价值链。

✍ 相关作业

【作业一】

请说明供应链的含义，可举例解释，并能指出供应链的基本类型。

【作业二】

分析供应链的特点。

【模拟实践】

请举例分析产品链、产业链、价值链和供应链的区别。

作业展示及点评

1）学生分小组做作业。
2）每个小组以团队的形式提交上述作业，并用形式制作演示文稿。
3）每个小组派代表阐述该小组的观点，其他小组指正或讨论。
4）教师评定作业。

1.2 供应链管理

学习目标

- 了解供应链管理的定义；
- 掌握供应链管理的特征；
- 认识供应链管理的意义。

案例导入

2009 年，对医药企业来说也是改革力度最大，面临新情况、新问题最多的一年。一方面，我国对外全面放开分销业，本土医药流通企业将面临具有雄厚资金实力的现代化跨国商业集团的冲击；另一方面，国家全面推行 GSP 认证的实施、药品降价的冲击以及卫生部门招标采购的压力。为了寻求生存，中国医药流通企业正在酝酿深刻变革，医药流通业重新审视市场环境，寻找新的发展模式以应对变局已迫在眉睫。实施供应链管理将是医药流通业所面临的必然选择，一方面，在改革过程中，医药行业的专业人才匮乏、医药商业的物流体系不完善将是实施供应链管理的巨大威胁；另一方面，供应链管理将在医药库存，资金流通等各方面来降低成本，带给医药企业新的活力。

请分析，供应链管理到底是什么样的一种管理方式？供应链的出现是不是必然的？

必备的理论知识

1.2.1 供应链管理的概念

供应链管理是指在满足一定的客户服务水平的条件下，为了使整个供应链系统成本达到最小而把供应商、制造商、仓库、配送中心和渠道商等有效地组织在一起来进行产品制造、转运、分销及销售的管理方法。供应链管理包括计划、采购、制造、配送、退货五大基本内容。

1）计划是供应链管理的策略性部分。企业需要有一个策略来管理所有的资源，以满足客户对其产品的需求。好的计划是建立一系列的方法监控供应链，使它能够有效、低成本地为顾客递送高质量和高价值的产品或服务。

2）采购即选择能为企业的产品和服务提供货品和服务的供应商，和供应商建立一套定价、配送和付款流程并创造方法监控和改善管理，再把对供应商提供的货品和服务的管理流程结合起来，包括提货、核实货单、转送货物到企业的制造部门并批准对供应商的付款等。

3）制造即安排生产、测试、打包和准备送货所需的活动，是供应链中测量内容最多的部分，包括质量水平、产品产量和工人的生产效率等的测量。

4）配送指调整用户的订单收据、建立仓库网络、派递送人员提货并送货到顾客手中、建立货品计价系统、接收付款等行为。

5）退货是供应链中的问题处理部分。建立网络接收客户退回的次品和多余产品，并在客户应用产品出问题时提供支持。

1.2.2 供应链管理的特征

1. 以顾客满意为核心

让最终顾客更满意是供应链全体成员的共同目标，顾客满意的实质是获得超出他们承担的产品价格以上的那部分"价值"，供应链可以使得这部分"价值"升值。例如，由于供应链中供应商与制造商、制造商与销售商彼此之间已经建立了战略合作伙伴关系，因此，供应商可以将原料或配件直接送给制造商，制造商可直接将产品运送给销售商，企业间无须再进行原来意义上的采购和销售，这两项成本就大大削减了。同时，包装和管理等项成本也随物流环节的减少而降低，因此，供应链完全可以以更低的价格向客户提供优质的产品。此外，供应链还可通过改善产品质量、提高服务水平、增加服务承诺等项措施来增大顾客所期待的那部分"价值"，从而提高了顾客的满意度。

2. 新型合作竞争理念

与传统企业经营管理不同，供应链管理是对供应链全面协调性的合作式管理，它不仅要考虑核心企业内部的管理，还更注重供应链中各个环节、各个企业之间资源的利用和合作，让各企业之间进行合作博弈，最终达到"双赢"。早期的单纯竞争观念完全站在企业个体的立场上，以自己的产品销售观在现有的市场上争夺产品和销售渠道，其结果不是你死我活就是两败俱伤，不利于市场空间的扩大和经济的共同繁荣、进步。供应链管理的合作竞争理念把供应链视为一个完整的系统，将每一个成员企业视为子系统，组成动态联盟，彼此信任，互相合作，共同开拓市场，追求系统效益的最大化，最终分享节约的成本和创造的收益。

3. 以现代网络信息技术为支撑

供应链管理战略是现代网络信息技术与战略联盟思想的结晶，高度集成的网络信息系统是其运行的技术基础，企业资源计划（enterprise resourse plan，ERP）就是供应链管理广泛使用的信息技术。企业资源计划是由美国权威计算机技术咨询和评估集团 Garter Group 在 20 世纪 90 年代提出的，它由制造资源计划（MRP II）发展而来，企业资源计划综合应用了多项网络信息产业的成果，集企业管理理念、业务流程、基础数据、企业资源、计算机软硬件于一体，通过信息流、物流、资金流的管理，把供应链上所有企业的制造场所、营销系统、财务系统紧密地结合在一起，以实现全球内多工厂、多地点的跨国经营运作，使企业超越了传统的供方驱动的生产模式，转向需方驱动的生产模式运营，体现了完全按用户需求制造的思想，通过信息和资源共享，实现以顾客满意为核心的战略。

1.2.3 供应链管理的意义

1. 供应链管理能减少从原材料供应到销售点的物流流通时间

供应链上的企业通过对消费者需求做出快速反应，实现供应链各环节即时出售、即时生产和即时供应，也就是在需求信息获取和随后所做出的反应尽量接近实时及最终用户，将消费者需求的消费前置时间降到最低限度。要实现这一点，必须通过供应链的企业共享信息，全方位对上下游市场信息做出快速反应，共同对外营造一种群体氛围，将消费者所需的产品按需求生产出来，并及时送到消费者手中。

想一想：
为什么
要实施供应
链管理？

2. 供应链管理可减少社会库存，降低成本

供应链通过整体合作和协调，在加快物流速度的同时，也减少了各个环节上的库存量，避免了许多不必要的库存成

本的消耗。如果没有供应链上的集成化管理，链上的企业就会只管理它自己的库存，以这种方式来防备由于链中其他组织的独立行动而给本组织带来的不确定性。例如，一个零售商会需要安全库存来防止分销商货物脱销情况的出现，而分销商也会需要安全库存以防止生产商出现供货不足的情况。由于在一条链上的各个界面都存在不确定性因素，又缺乏必要的沟通和合作，所以需要重复的库存。而在供应链的集成化管理中，链中的全部库存管理可通过供应链所有成员之间的信息沟通、责任分配和相互合作来协调，以减少链上每个成员的不确定性和安全库存量。较少的库存又会带来减少资金占用量与库存管理费用的结果，从而降低了成本。另外，供应链的形成消除了非供应链合作关系中上下游之间的成本转嫁，从整体意义上降低了各自的成本，使得企业将更多的周转资金用于产品的研制和市场开发等，以保证企业获得长期的发展。

3. 供应链管理可提高产品的质量

供应链中每一个被选择的伙伴对某项技术和某种产品拥有核心能力，其产品设计、生产工艺、质量处于同行业领先地位。供应链管理就是借助网络技术，使分布在不同地区的供应链合作伙伴，在较大区域范围内进行组装集成制造（OEM 方式）或系统集成，使制造出质量近乎完美的产品成为可能。如果构成产品的零部件由一个厂家生产，或由一些专业化程度不高的厂家生产，则产品总体质量很难得到保证。

4. 供应链管理可使企业组织简化，提高管理效率

供应链管理的实施需要 Intranet/Extranet 的技术作为支撑，才能保证供应链中的企业实时获取和处理外界信息及链上的信息，使企业最高领导人可以通过供应链中的企业内部网络随时了解下情，而基层人员也可以通过网络知道企业有关指令和公司情况。因此，企业的许多中间协调、传送指令管理机构就可削减，企业管理组织机构可由金字塔形向扁平形方向发展，组织结构简化，层次减少，使企业对信息反应更快，管理更为有效，有效地避免了传统企业机构臃肿、人浮于事的现象，适应了现代企业管理的发展趋势。

5. 供应链可以从经营战略上加强企业的竞争优势

当今的市场竞争日益激烈，企业面临的竞争对手可能不只是一个经营单位，而是一些相互关联的群体，仅靠企业自身的资源不可能有效地参与市场竞争，还必须把经营过程中的有关各方，如供应商、制造商、分销网络、客户纳入一个紧密的供应链中，才能有效地安排企业的产、供、销活动，满足企业利用当今社会一切市场资源进行生产经营的需求，以期进一步提高效率和在市场上获得竞争优势。在一个企业遇到多点竞争时，它必须跳出竞争单位的范围来看待自己的对手，因为竞争优势的获得取决于更广泛的因素——供应链。

相关作业

【作业一】

请分析供应链管理对企业战略的影响。

【作业二】

请分析供应链管理与物流管理的区别。

【讨论】

中国的供应链管理进入了什么样的发展阶段？

1.3　供应链管理与传统管理

学习目标

- 认识供应链管理的优势；
- 能树立供应链管理的意识；
- 具备用供应链管理的思想分析问题的能力。

案例导入

华为：通过构筑供应链建立竞争优势

20世纪90年代初，华为公司以销售交换机起家，两年后当华为加入电信设备制造商的行列时，摩托罗拉、思科等国外老牌通信巨头以强大的产品供货能力占据着中国市场。为了在激烈的市场竞争中占有一席之地，1993年初，华为公司在西门子公司技术人员的帮助下，对立体仓库、自动仓库、生产线布局等生产流程进行总体设计。

华为公司试图通过对供应链中的信息流、物流和资金流进行设计、规划与控制，达到提高客户满意度和降低供应链总成本的目的。华为公司围绕制造资源计划对供应链管理相关流程进行重整，构筑起一条以客户为中心、成本最低的供应链，并通过提高灵活性和快速反应能力建立竞争优势。

运用现代的信息技术，华为公司建立了直接的采购体系，直接实现了与国际电信公司物流和信息流的对接。流程优化使华为公司与摩托罗拉、阿尔卡特、朗讯、北电、西门子、NEC、爱立信、高通等国际巨头成为密切而平等的商业竞争和合作伙伴。在进入 21 世纪整个电信产业开始过冬之时，高效的运营流程每年为华为公司降低了 20 多亿元的采购成本。

流程创新为华为公司带来了累累硕果。华为公司的研发、生产、销售也在全球悄悄布下据点，到目前为止，华为公司已有 50 多个海外办事处，海外业务正在以每年接近 100%的速度增长。

资料来源：http://bbs.chinabidding.com/read.php?tid=29724.

必备的理论知识

1.3.1　供应链管理与传统管理的区别

1）供应链管理把供应链中所有的节点企业看成是一个整体，供应链管理涵盖整个物流的、从供应商到最终用户的采购、制造、分销、零售等职能领域。

2）供应链管理强调和依赖战略管理。供应是整个供应链中节点企业之间事实上共享的一个概念（任意两个节点之间都是供应与需求的关系），同时它又是一个有重要战略意义的概念，因为它影响或者可以认为它决定了整个供应链的成本和市场占有份额。

3）供应链管理最关键的是需要采用集成的思想和方法，而不仅仅是节点企业、技术方法等资源简单的连接。

4）供应链管理具有更高的目标，通过管理库存和合作关系去达到高水平的服务，而不是仅仅完成一定的市场目标。

1.3.2　供应链管理的优势

在当今的市场环境中，"消费者不是购买产品，而是购买利益"的观点越来越被企业管理者所认同。也就是说，产品被购买不单是产品本身，而主要是因为它所提供的利益，如品牌、企业形象或服务等。但随着市场竞争的加剧，产品同质化越来越严重，品牌的力量弱化，想单纯依靠品牌或企业形象的力量来与对手竞争已变得日渐困难。服务成为令产品增值的首要源泉，即以服务为核心产品提供增值，从而在客户眼中该产品更具价值。所以在现今市场上，"以服务为基础"比"以产品为基础"更容易获得订单。

衡量企业服务水平高低的标准不一而足，但当今产品在供应链上的流速、有效缩短订货周期，成为重要指标之一。以服务为基础的企业，由于服务水平的整体提高，产品在供应链上的流速加快，订货周期也同时得到有效的缩短，因而更进一步提高了企业的竞争力。

很多优秀的企业已经认识到了服务的优势，并成功地运用服务给自己的产品制造明显的差异性。例如，戴尔、丰田、施乐和贝纳通公司通过服务获取优势，将整条供应链作为一个整体，增加总体构架，降低总成本，发展准确配送系统和落实人员及执行者责任等。

1. 问题"链"使损失加剧

此前，按照传统的思想，大多数企业把自己看成一个独立的整体，运营的主要目的是通过降低成本或依靠合作伙伴的损失获得更高的利润。企业的优化管理是围绕企业内部进行的，例如，企业的制造和采购等部门彼此之间是孤立的，它们分别完成各自的任务，为了优化制造成本，制造部门在长期生产运作上下工夫，不考虑是否增加库存等。企业没有意识到，这么做只改变了企业上下游合作企业间的利润分配，实际上并没有使自己获得更多的竞争优势。很多企业由于市场营销和工厂生产是分开运作的，所以大大增加了订单周期的长度和不稳定性，需要的安全存货水平也同样提高，大大提高了企业的缺货成本。由于订单周期的不稳定性，可能造成客户丧失用于销售或生产的机会，这样就造成了客户被迫放弃利润或提高存货水平。

企业一旦不能按时供货，就会造成客户的缺货，这些客户可能有一部分会选择延迟订单，但有些也会选择其他的供应商，因为大多数企业都有生产替代产品的竞争者，这样就导致了销售丧失或客户永远地转向了其他供应商。

2. 跨越企业间界限加快流速

良好的企业依靠供应链系统帮助它们提升核心价值，把市场需求与制造生产及采购的策略、计划紧密地联系起来，大幅度缩短从产品设计、采购、制造生产，最终到达消费市场的时间。它们将物流系统设计得更有弹性，加快供应链流速，快速响应变化的市场，使企业减少运营成本和提高客户服务质量。它们已经真正明白在提高效益和产量、降低单位成本上，物流管理和供应链管理能提供更多的方法。它们努力提高供应链的竞争力，满足消费者越来越敏感、理性和挑剔的要求。它们努力不断缩短响应客户需求的时间，使产品更快地适应市场的变化，同时提供优惠的价格、优良的品质、及时的送货方式和增值服务等。

优秀的企业之所以能快速地响应和满足客户的需求，是因为它能很好地协调进货物流和出货物流，它将自身转变成一个扩展的企业，跨越了企业间的界限，覆盖了所有与物流相关的合作企业。它在运作中能很好地完成商品或服务、信息、资金的协调和双向流动，形成了在库存、成本、信息、客户和合作关系等方面鲜明的优势。

良好的产品质量是企业的立足之本，而以往的很多企业由于希望快速提高利润，而尽可能地压低制造成本，或者为企业提供产品的生产厂家数量众多，企业难以控制好产品质量。很多企业是在最低价格或最低成本的基础上评价采购和物流的作用，因此，不可能要求严格的产品技术规格、质量的可靠性、维修的简便性等较高的行业标准，所以无法得到理想的质量效果，致使客户不再购买或永远转向其他供应商。有的企业的总成本居高不下，最终难以形成企业的竞争优势。很多企业只考虑到内部的控制管理，而无法将管理范围扩展到众多的企业合作上，使其无法在市场上具备强大的竞争力。因此，现代零售业的竞争已经不再是企业与企业之间的竞争，而是企业供应链与供应链之间的竞争。

3. 寻找更多解决方案

要提高整个供应链的表现，只考虑传统的买卖关系是不够的。供应链的每一步都可能出现缺陷，每个缺陷都可能影响整条供应链，因此，很多企业都比以前更加关注供应链和物流战略，以赢得竞争优势。

为了降低问题出现的频率与可能性，研究者推荐了以下对策：更好地预测与计划，与供应链伙伴开展合作，确定并追踪能提供供应链问题早期预警的重要指标，提前做好应急预案等。

相关作业

【作业一】

传统管理与供应链管理有何不同？

【作业二】

实施供应链管理会遇到哪些难题？

【案例实践】

确定一个核心企业，了解其在供应链中的地位和上下游企业以及企业所采取的供应链管理策略。

作业展示及点评

填写如下考核评分表。

考核评分表

考评小组		被考评小组	
考评内容	××企业供应链管理策略分析		
考评标准	内容	分值	实际得分
	企业情况	10	
	采取供应链管理的策略	50	
	分析	40	
合计		100	

小　结

　　供应链是在产品生产和流通过程中所涉及的原材料供应商、制造商、批发商、零售商以及最终消费者组成的供需网络，即由原材料获取、物料加工和制造直至将成品送到用户手中，这一完整过程所涉及的企业和企业部门组成的网络。从本质上分析，供应链是一种具有特定功能的"生产组织形式"。

　　供应链管理则指对供应商、制造商、物流者和分销商等各种经济活动，有效开展集成管理，以正确的数量和质量，正确的地点，正确的时间，进行产品制造和分销，提高系统效率，促使系统成本最小化，并提高消费者的满意度和服务水准。

　　供应链管理是对整个供应链上涉及各个参与、组织和部门的物流、信息流、资金流、业务流及贸易伙伴关系等，开展计划、组织、协调和控制等方面的集成管理，务求以最低的供应链成本，向消费者或客户提供最大益处。供应链管理强调追求整个系统总成本最低；强调一种集成的管理思想和方法；供应链管理把对成本有影响和产品满足客户需求的过程中 起作川的每一方都考虑在内；能够在多个合作组织间提供早期的需求变动，使各方及早得知需求变动的信息；把供应链上的各个环节有机结合，实现供应链整体效率最高。

　　供应链管理是一种管理思维模式的创新，有效的供应链管理是各大企业公司在激烈的市场竞争中得以生存并取得竞争优势的必备武器。作为一种全新的经营和战略理念，供应链管理思想必须在各大企业中生根发芽，必须真正让企业认识到供应链管理在企业整个运营过程中的巨大推动作用，为企业的生存发展开辟新的道路。

第2章 供应链合作伙伴的选择

随着市场经济的不断发展与战略合作的不断深入,供应链逐渐形成并在物流管理中占有重要的地位,从而供应链上合作伙伴的选择就越来越重要,甚至成为企业的核心竞争力。本章从供应链合作伙伴关系分析入手,将供应链合作伙伴关系(supply chain partnership,SCP)的形成与制约因素作为主要选择条件,对供应链合作伙伴选择做了详细的分析。

2.1 供应链合作伙伴关系

学习目标

- 了解供应链合作伙伴关系的含义;
- 了解供应链合作伙伴关系的地位;
- 掌握供应链合作伙伴关系的发展历程;
- 掌握供应链合作伙伴关系的重要意义。

案例导入

克莱斯勒公司与洛克维尔公司之间的长期合作伙伴关系

克莱斯勒公司与洛克维尔公司达成一项协议,两个公司将在汽车的设计阶段进行紧密合作。洛克维尔公司负责总装厂与零部件厂计算机控制部分的设计。如果计算机控制与汽车的设计不匹配,就会影响到汽车的质量和汽车进入市场的时间。根据协议,洛克维尔公司是为克莱斯勒公司的总装、冲件、焊接、电力设备等部门设计计算机控制的独家公司,它们之间是一种相互依赖的合作关系,并且它们之间的合作是汽车行业内的首次。两个公司的工程师在汽车设计阶段的紧密合作中,洛克维尔公司的工程师设计开发相关计算机控制软件，以便能与克莱斯勒公司的工程师同时设计控制系统和整个汽车。计算机控制是汽车制造过程中的重要部分，合作双方都希望能够尽可能实现降低成本、缩短制造周期等目标，而且缩短进入市场的周期是克莱斯勒公司保持竞争优势的主要目标，以前的周期是 26~28 周，现在的目标是将它缩短至 24 周，克莱斯勒公司希望能通过与洛克维尔公司的合作实现这个目标。

北美金属行业企业之间的合作伙伴关系

北美金属行业的企业之间正在形成一种高度集成化的合作联盟，包括制造商、分销商和最终用户，实际上构成一条供应链。它们之间逐渐加强的信任关系在金属行业产生巨大的影响。金属制造商可以直接与最终用户对话，从而在它们之间形成一种新的解决问题和满足用户需求的途径，而制造商与分销商之间的联盟或紧密的合作关系也使其成为可能。它们之间的这样一种紧密的合作关系是为了更好地了解用户的需求，并共同合作满足这些需求。显然，用户对于特殊金属材料（具有特殊工艺）的需求是制造商与分销商之间合作关系的驱动力之一。分销商也为最终用户提供诸如库存管理、成本分析服务、采购、长期计划协助等服务。整个供应链上的企业都为了给最终用户带来最大化的价值而紧密地合作在一起。

（资料来源：www.jd37.com/tech/20077/32456.html）

📖 必备的理论知识

2.1.1 供应链合作伙伴关系概述

供应链合作伙伴关系也就是供应商-制造商关系，一般是指在供应链内部供应商与制造商之间，在一定时期内的共享信息、共担风险、共同获利的协议关系。

建立供应链合作伙伴关系的目的在于通过提高信息共享水平，减少整个供应链产品的库存总量、降低成本和提高整个供应链的运作绩效。随着市场需求不确定性的增强，合作各方要尽可能削弱需求不确定性的影响和风险。供应链合作伙伴关系绝不应该仅考虑供应商与制造商之间的交易价格本身，还有很多方面值得双方关注。例如，制造商总是期望它的供应商完善服务、搞好技术创新、实现产品的优化设计等。供应链合作伙伴关系的潜在效益往往在其建立后三年左右甚至更长的时间才能转化成实际的利润或效益。企业只有着眼于供应链管理的整体竞争优势的提高和长期的市场战略，才能从供应链的合作伙伴关系中获得更大的效益。

2.1.2 供应链合作伙伴关系的地位

供应商为制造商的生产和经营供应各种生产要素，包括原材料、能源、机器设备、零部件、工具、技术与劳务服务等。供应商所提供要素的数量、价格等直接影响到职业企业生产的效率、成本的高低与质量的优劣。因此，制造商与供应商的合作关系应着眼于以下几个方面：

1）让供应商了解企业的程序和生产能力，使供应商能够清楚地知道企业需要产品或原材料的期限、质量和数量。

2）向供应商提供自己的经营计划、经营策略及相应的措施，使供应商明确企业的希望，以便随时达到企业要求的目标。

3）企业与供应商要明确双方的责任，并各自向对方负责，使双方明确共同的利益所在，并为此团结一致，以达到双赢的目的。

2.1.3 供应链合作伙伴关系的发展历程

供应链合作伙伴关系的产生大致经历了三个阶段，如图2.1所示。

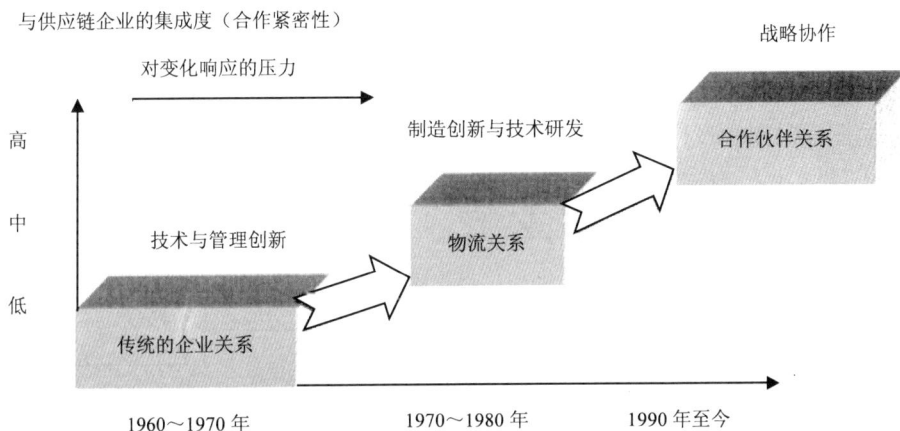

图2.1 供应链合作伙伴关系的发展历程

1. 传统的企业关系

在传统的观念中，供应管理就是物流管理，企业关系主要是买卖关系，这种企业管理理念是以生产为中心的，供销处于次要的、附属的地位，企业间很少沟通与合作，更谈不上企业间的战略联盟与协作。

2. 以物流相结合为特征的物流关系

从传统的以生产为中心的企业关系模式向物流关系模式转化，即时生产和等管理思想起着催化剂的作用。为了达到生产的均衡化和物流同步化，必须加强部门间、企业间的合作与沟通。但是，基于简单物流关系的企业合作关系，可以认为是一种处于作业层和技术层的合作。在信息共享、服务支持、并行工程、群体决策、柔性与敏捷性等方面都不能很好地适应越来越剧烈的市场竞争需要。企业需要更高层次的合作与集成，于是产生了基于战略伙伴关系的企业模型。

3. 以战略协作为特征的合作伙伴关系

具有合作伙伴关系的企业体现了企业内外资源集成于优化利用的思想。基于这种企业运作环境的产品制作过程，从产品研究开发到投放市场，周期大大地缩短了，而且顾客导向化程度更高，模块化、简单化产品、标准化组件的生产模式使企业在多变的市场中柔性和敏捷性显著增强，虚拟制造与动态联盟加强了业务外包这种策略的利用。

2.1.4　供应链合作伙伴关系的重要意义

如图 2.2 所示，我们从供应链合作关系在缩短供应链总周期时间中的地位可以看出它对于供应链管理企业的重要意义。

速度是企业赢得竞争的关键，供应链中制造商要求供应商加快生产运作速度，通过缩短供应链总周期，达到降低成本和提高质量的目的。从图 2.2 可以看出，要缩短总周期、外向运输时间和设计/制造时间，加强供应链合作关系的运作可以起到重大的作用。

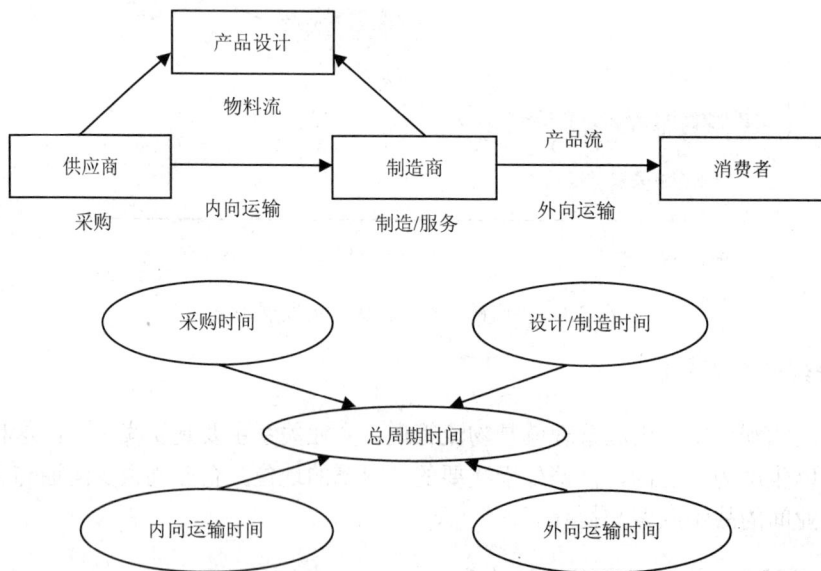

图 2.2　供应链总周期

通过建立供应商与制造商之间的战略合作伙伴关系，可以达到以下目标。

1. 对于制造商来说

1）降低成本（降低合同成本）。
2）实现数量折扣、稳定而有竞争力的价格。
3）提高产品质量和降低库存水平。
4）改善时间管理。
5）交货提前期的缩短和可靠性的提高。
6）提高面向工艺的企业规划。
7）更好的产品设计和对产品变化更快的反应速度。
8）强化数据信息的获取和管理控制。

2. 对于供应商来说

1）保证有稳定的市场需求。
2）更好地了解用户需求。
3）提高运作质量。
4）提高零部件的生产质量。
5）降低生产成本。
6）提高对买主交货期改变的反应速度和柔性。

3. 对于双方来说

1）改善相互之间的交流。
2）实现共同的期望和目标。
3）共担风险和共享利益。
4）共同参与产品和工艺开发，实现相互之间的工艺集成、技术和物理集成。
5）减少外在因素的影响及其造成的风险。
6）降低投机思想和投机几率。
7）增强矛盾冲突解决能力。
8）在订单、生产、运输上实现规模效益以降低成本。
9）减少管理成本。
10）提高资产利用率。

虽然有这些利益的存在，仍然存在许多潜在的风险会影响供应链合作伙伴关系的参与者。最重要的是，过分地依赖一个合作伙伴关系可能在合作伙伴不能满足其期望要求时造成惨重损失。同时，企业可能因为对合作伙伴关系的失控、过于自信、合作伙伴的过于专业化等原因降低竞争力。而且，企业可能过高估计供应链合作伙伴关系的利益而忽视了潜在的缺陷。所以企业必须对传统合作关系和供应链合作伙伴关系做出正确的对比，再做最后的决策。

相关作业

【作业一】

供应链合作伙伴关系是如何形成的？

【作业二】

供应链合作伙伴关系对供应链中各方企业有何重要作用？

【案例实践】

通过设计问卷，对各种类型的企业展开问卷调查，调查各企业供应链合作伙伴关系的建立信息与建立情况。

作业展示及点评

1）各小组阐述自己的调查报告。
2）集体讨论调查问卷与调查报告的真实性与可行性。

2.2 建立供应链合作伙伴关系

学习目标

- 了解供应链合作伙伴关系的制约因素；
- 了解我国企业合作模式中存在的问题。

案例导入

本田公司及其供应商的合作伙伴关系

位于俄亥俄州的本田美国公司，强调与供应商之间的长期战略合作伙伴关系。本田公司总成本的约80%都是用在向供应商的采购上，这在全球范围是最高的。因为它选择离制造厂近的供应源，所以与供应商能建立更加紧密的合作关系，能更好地保证即时供货。制造厂库存的平均周转周期不到 3 小时。1982 年，27 个美国供应商为本田美国公司提供价值 1400 万美元的零部件，而到了 1990 年，有 175 个美国的供应商为它提供超过 22 亿美元的零部件。大多数供应商与它的总装厂距离不超过 75 公里。在俄亥俄州生产的汽车的零部件本地率达到 90%（1997 年），只有少数的零部件来自日本。强有力的本地化供应商的支持是本田美国公司成功的原因之一。

在本田美国公司与供应商之间是一种长期相互信赖的合作关系。如果供应商达到本田美国公司的业绩标准就可以成为它的终身供应商。本田美国公司也在以下几个方面提供支持与帮助，使供应商成为世界一流的供应商：

1）2 名员工协助供应商改善员工管理。

2）40 名工程师在采购部门协助供应商提高生产率和质量。

3）质量控制部门配备 120 名工程师解决进厂产品和供应商的质量问题。

4）在塑造技术、焊接、模铸等领域为供应商提供技术支持。

5）成立特殊小组帮助供应商解决特定的难题。

6）直接与供应商的上层沟通，确保供应商的高质量。

7）定期检查供应商的运作情况，包括财务和商业计划等。

8）外派高层领导人到供应商所在地工作，以加深本田美国公司与供应商之间的了解及沟通。

本田美国公司与 Donnelly 公司的合作关系就是一个很好的例子。本田美国公司从 1986 年开始选择 Donnelly 公司为它生产全部的车内玻璃，当时 Donnelly 公司的核心能力就是生产车内玻璃，随着合作的加深，相互的关系越来越密切（部分原因是相同的企业文化和价值观），本田美国公司开始建议 Donnelly 公司生产外玻璃（这不是 Donnelly 公司的强项）。在本田美国公司的帮助下，Donnelly 公司建立了一个新厂生产供应本田美国公司的外玻璃。它们之间的交易额在第一年为 500 万美元，到 1997 年就达到 6000 万美元。

在俄亥俄州生产的汽车是本田美国公司在美国销量最好、品牌忠诚度最高的汽车。事实上，它在美国生产的汽车已经部分返销日本。本田美国公司与供应商之间的合作关系无疑是它成功的关键因素之一。

（资料来源：www.jd37.com/tech/20077/32456.html）

必备的理论知识

2.2.1　建立供应链合作伙伴关系的制约因素

良好的供应链合作伙伴关系首先必须得到最高管理层的支持和协商，并且企业之间要保持良好的沟通，建立相互信任的关系。在战略分析阶段需要了解相互的企业结构和文化，解决社会、文化和态度之间的障碍，并适当地改变企业的结构和文化，同时在企业之间建立统一、一致的运作模式或体制，解决业务流程和结构上存在的障碍。

在供应商评价和选择阶段，总成本和利润的分配、文化兼容性、财务稳定性、合作伙伴的能力和定位（自然地理位置分布）、管理的兼容性等将影响合作伙伴关系的建立。必须增加与主要供应商和用户的联系，增进相互之间的了解（对产品、工艺、组织、企业文化等），相互之间要保持一定的一致性。

到了供应链战略合作伙伴关系建立的实质阶段，需要进行期望和需求分析，相互之间需要紧密合作，加强信息共享，相互进行技术交流和提供设计支持。在实施阶段，相互之间的信任最为重要，良好的愿望、柔性、解决矛盾冲突的技能、业绩评价（评估）、有效的技术方法和资源支持等都很重要。

2.2.2 现阶段我国企业合作模式中存在的问题

脱胎于计划经济的我国工业企业，从计划经济向市场经济的转轨过程中，在相当长一段时期内企业机制和管理思想都滞后于市场经济发展的要求，具体如下：

1）缺乏主动出击市场的动力和积极性。实际调查结果表明，企业外部资源利用率低，企业与供应商的合作还没有形成战略合作伙伴等具有战略联盟的关系，传统的计划经济体制下以我为主的"山头主义"思想仍然在许多企业存在，跨地区、跨国界的全球供应链为数不多。

2）许多国有企业虽然很有一定的市场竞争能力，但是在与其他企业进行合作的方式上仍然习惯于按照计划经济模式办事，没有进行科学的协商决策和合作对策研究，缺乏市场竞争的科学意识。

3）由于国有企业特殊的委托-代理模式，委托代理的激励成本远大于市场自由竞争的激励成本，代理问题中的败德行为相当严重。

4）国有企业委托人的典型特征是委托人的双重身份、双重角色（既是委托人又是代理人），代理人问题比其他类常规代理人问题更复杂。

5）企业合作关系中短期行为也普遍存在。由于委托代理人问题的特殊性，国有企业普遍存在短期行为。企业的协商过程带有很强的非经济因素和个人偏好行为。

6）由于计划经济体制下棘轮效应的存在，企业在合作竞争中的积极性和主动性不高。此外，我国目前市场资源的结构配置机制并不符合规范的帕累托配置模型，资源配置的效率低，交易成本较高，委托代理实现过程中由于信息非对称性导致国有资产流失等问题都让人十分棘手。

7）基于 Internet/Intranet 的供应链模式是供应链企业合作方式与委托代理实现的未来发展方向，但是我国许多企业没有充分利用 EDI/Internet 等先进的通信手段，企业与企业之间信息传递工具落后。与此同时，在利用 Internet/Intranet 进行商务活动的过程中，缺乏科学的合作对策与委托实现机制，法律体系不健全，信用体系不完善。1998 年，发生了海南某公司和香港某公司进行在线电子商务时我国首例电子商务诈骗案，充分说明我国企业在进行全球供应链活动中进行合作对策与委托实现机制研究的重要性。

由于这些问题的存在，使得供应链管理思想在我国企业中应用受到的阻力比我们想象的要大得多，而企业改革的深入又迫切需要改变现有的企业运行机制和管理模式。因此，完善供应链管理思想运作方法、解决我国企业在实施供应链管理过程中迫切需要解决的企业合作对策与委托代理实现机制问题是关系到供应链管理模式能否在我国得到很好实施的关键。

2.2.3 供应链合作伙伴选择的误区

选择合适的对象（企业）作为供应链的合作伙伴是加强供应链管理中最重要的一个基础，也是供应链成功的关键。许多国际著名的大企业通过选择合适的合作伙伴，使其供应链获得了巨大的成功。然而，在实际运作中，不少企业在如何进行合作伙伴选择以及围绕合作伙伴选择工作，企业该怎么做以及做些什么等问题上却往往容易步入一些思维上或行动上的误区，以致不少企业在进行供应链合作伙伴选择时走了弯路，犯了很多错误，其结果不仅影响了供应链管理的绩效，而且还导致大量资金、时间的浪费。因此，分析并指明企业在供应链合作伙伴选择过程中容易走入的误区，可以帮助企业在进行合作伙伴选择时三思而后行，进而确保供应链的链接成功。

1. 选择合作伙伴就是选择战略性合作伙伴

根据合作伙伴在供应链中的增值作用及其竞争实力，可以将其分成四种类型，即普通合作伙伴、有影响力的合作伙伴、竞争性合作伙伴和战略性合作伙伴。由于供应链战略性合作伙伴关系的形成，可以降低供应链总成本、降低供应链上的库存水平、增强信息共享水平、改善相互之间的交流、保持战略合作伙伴相互之间操作的一贯性，最终产生更大的竞争优势，进而实现供应链节点企业的财务状况、质量、产量、交货、用户满意度以及业绩的改善和提高，因此，许多企业认为只有战略性合作伙伴才是真正的合作伙伴，选择合作伙伴就是选择战略性合作伙伴。然而，不同的供应链目标需要选择不同类型的合作伙伴。对于长期需求而言，要求合作伙伴能保持较高的竞争力和增值率，因而最好选择战略性合作伙伴；对于短期或某一短暂市场需求而言，只需选择普通合作伙伴满足需求即可，以保证成本的最小化；对于中期需求而言，应根据竞争力和增值率对供应链的重要程度不同，选择有影响力的合作伙伴或竞争性合作伙伴。

2. 所有的客户都应该成为合作伙伴

有些企业认为，既然供应链合作伙伴关系对供需双方来说具有重要意义，会形成一个双赢的局面，因而，值得将合作伙伴关系推广到所有的客户身上，即所有的客户都应该成为合作伙伴。持有这种观点的企业将合作伙伴关系视为经营客户关系的一个通用的、全方位的、全功能的策略。事实上，有许多看似确实不错的合作伙伴关系，最后获得的成效甚至无法弥补建立合作伙伴关系所花费的成本与精力。换言之，当企业关系只涉及非常单纯的产品服务的传递，或是当基本的运送目标非常标准且固定时，合作伙伴关系的缔结就没有任何意义。毕竟，建立合作伙伴关系是一种高风险的策略，一旦失败将会导致大量的资源、机会与成本的浪费，比传统的供应商关系更加糟糕。因此，企业必须有选择性地运用合作伙伴关系策略。

3. 只是把供应商纳入合作伙伴的选择范围

在涉及供应链合作伙伴选择的问题时，许多企业只是把供应链的上游企业——供应商列入合作伙伴的范围，而往往忽略了供应链的下游企业——分销商。目前，许多有关"供应链合作伙伴的选择"、"供应链合作伙伴关系的建立"等研究文献中也都是把供应商作为合作伙伴的研究对象，而很少提及分销商的选择、评价问题。事实上，合作伙伴关系不仅仅存在于供应商与制造商之间，也存在于制造商与分销商之间。分销商更贴近用户，更知道用户的喜好，从而能在新产品的需求定义方面提出更为恰当的建议，使得产品的设计能做到以用户需求来拉动，而不是传统地将产品推向用户。因此，在选择供应链合作伙伴时，切切不可忽视分销商的选择问题。不但如此，还要与分销商建立合适的合作伙伴关系，以保证企业的产品有畅通的出口，进而确保供应链的成功。

4. 把合作伙伴选择看成是一种阶段性行为

供应链合作伙伴关系一般都有很好的延续性和扩展性。这就需要企业在进行供应链合作伙伴选择之前就应该对整个供应链有一个宏观和长期的规划，也就是说要考虑得尽量全面、具体，并要充分照顾到供应链未来的发展以方便合作伙伴关系的升级，这也是企业供应链的可持续发展问题；那种把合作伙伴当成冰箱、彩电一样旧了就扔、扔了再买的想法是不正确的。因为供应链合作伙伴的选择是一项复杂的系统工程，对于可以进一步合作的伙伴简单地弃之不用，不仅会浪费企业的投资，还会付出时间、人工等资源的巨大浪费。因此，基于时间要求、资源利用和发展要求等因素，企业在进行供应链合作伙伴选择时应当首先做好总体规划，然后在此前提下再分步实施，把那些迫切需要加强合作的合作伙伴关系提前建立起来，把可以迟一步考虑的合作伙伴放在以后再进行链接。企业对供应链合作伙伴的阶段性需求与长远发展之间永远存在着矛盾，对于那些确实失去合作价值的合作伙伴，或者合作也不能提高企业供应链运作绩效的合作伙伴进行适时淘汰有时也是正确的选择。因此，如何正确评价与对待当前正在合作的合作伙伴是一个相机决策的问题。

5. 伙伴的数量越少越好

有些企业在选择供应商时，趋于采用更少甚至单一供应商，以便更好地管理供应商，与供应商建立长期、稳定的供需合作关系。从理论上说，企业减少供应商的数量，一方面可以扩大供应商的供货量，从而使供应商获得规模效益，企业和供应商都可以从低成本中受益；另一方面有利于供需双方形成长期、稳定的合作关系，质量更有保证。但是，采用更少甚至单一供应商也有不利因素，一方面，由于发生意外情况、缺乏竞争意识，供应商可能中断供货，进而耽误企业的生产；另一方面，由于供应商是独立性较强的商业竞争者，并且不愿意成为用户的一个原材料库存点，往往使企业选择单一供应商的愿望落空。因此，企业在选择供应商时，不能简单地认为选择越少的供应商越好，一定要结合双方的情况而定。

6. 把交易量作为选择合作伙伴更重要的标准

目前我国企业在选择合作伙伴时，主要的标准是产品质量，这与国际上重视质量的趋势是一致的。然而，在交易量与交易频率这两个标准的使用上却明显存在偏激，许多企业都倾向于将单次高交易量的客户作为合作伙伴的选择对象，而忽略了那些低交易量、高交易频率的客户。交易量是指企业与客户往来生意的金额大小；交易频率是指供应商与客户往来生意次数的多少，它们之间存在着本质的区别。从长远来看，企业与客户生意往来的频繁程度对于合作伙伴关系的建立具有深远的影响。客户通常依照交易次数的频繁程度来看待一个供应商和分销商的，如果往来不甚频繁，客户很难跳出传统交易关系的心理，也无法从不同的交易中寻找联结，因而它们很难从这些单独的交易中发现合作伙伴关系的价值所在。因此，对于企业而言，选择交易频繁的客户作为合作伙伴通常比选择交易量大的客户更容易成功，风险也更小。

7. 根据企业对合作对象的印象选择合作伙伴

选择合作伙伴的前提是要首先明确选择哪个（或哪些）企业作为合作的对象，即需要根据供应链的目标确定合作伙伴的选择标准，通过综合评价指标体系对合作对象进行筛选，进而确定合作伙伴。尽管许多文献对供应链合作伙伴评价选择标准、评价指标体系进行了研究，为企业选择供应链合作伙伴提供了参考，但许多企业在选择合作伙伴时主观的成分过多，往往根据企业的印象来确定合作伙伴的选择，选择时还存在一些个人的成分，同时，所使用的选择标准不够全面，也没有形成一个全面的评价指标体系，因而不能对合作对象做出全面、具体、客观的评价，以致所选择的合作伙伴不能发挥应有的作用。因此，企业在选择合作伙伴之前，首先要有一套完整、科学、全面的供应链合作伙伴综合评价指标体系，使对合作对象的评价建立在全面、具体、客观的基础上。

相关作业

【作业一】

现实生产经营中制约供应链合作关系的因素有哪些？

【作业二】

请针对现阶段我国企业合作模式中存在的问题，提出一些看法和解决思路。

作业展示及点评

1）各小组阐述自己观点。
2）各小组对供应链合作伙伴关系的解决创意进行点评。

2.3 供应链合作伙伴的选择

学习目标

- 能够准确掌握供应链合作伙伴选择的过程；
- 能够把握供应链合作伙伴选择的原则；
- 能够掌握巩固和维护合作伙伴关系的技巧。

案例导入

作为中国最大的 IT 分销商，神州数码在中国的供应链管理领域处于第一的地位。在 IT 分销模式普遍被质疑的环境下，依然保持了良好的发展势头，与 CISCO、SUN、AMD、NEC、IBM 等国际知名品牌保持着良好的合作关系。e-Bridge 交易系统 2000 年 9 月开通，截至 2003 年 3 月底，实现 64 亿元的交易额。这其实就是神州数码从传统分销向供应链服务转变的最好体现。本着"分销是一种服务"的理念，神州数码通过实施渠道变革、产品扩张、服务运作，不断增加自身在供应链中的价值，实现规模化、专业化经营，在满足上下游客户需求的过程中，使供应链系统能提供更多的增值服务，具备越来越多的"IT 服务"色彩。

（资料来源：http://baike.baidu.com/view/10365.htm）

必备的理论知识

从日本进口原材料，在美国组装新产品，再到世界各国销售已经不是什么新鲜事，国际上一些先驱企业已经在全球范围内与供应商和销售商建立最佳协作伙伴关系，与它们形成一种长期的战略联盟，形成利益共同体，因此能达到"天涯若比邻"的目标，完全依赖供应链上分布"四海"的这些"知己"。选择了合适的协作伙伴，能使供应链的各个环节更加稳固，使产品在链上各企业间的配合更加默契，提高整个供应链的运作效率，反之则可能出现"短板效应"，一招不慎，满盘皆输。

即使供应链节点企业意识到合作的重要性，当建立供应链合作伙伴关系时，也会有千头万绪无从着手的感觉，因此，建立供应链合作伙伴关系的过程首先应进行需求分析，这种需求来源于市场的压力、核心竞争力的建立等方面。在意识到建立供应链合作伙伴关系的重要性和明确共同的目标后，建立供应链合作伙伴关系也就是在一定标准下寻找合作对象，建立、实施和维护合作伙伴关系的过程（见图2.3）。

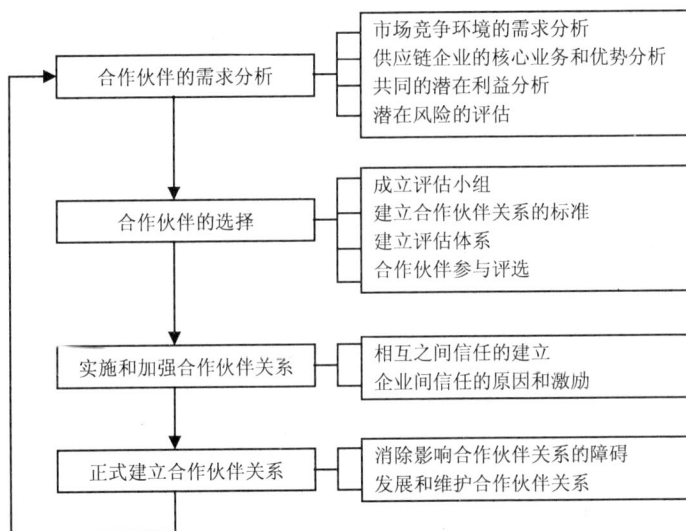

图 2.3　供应链合作伙伴关系的发展过程

2.3.1　供应链合作伙伴选择的原则

在合作伙伴的选择过程中，应根据不同的供应链组成形式和具体任务制定不同的选择原则和标准，一般的通用性原则如下。

1. 核心能力原则

核心能力原则即要求参加供应链的合作伙伴必须具有并能为供应链贡献自己的核

心能力，而这一核心能力也正是供应链所确实需要的，从而避免重复投资。

2. 总成本核算原则

总成本核算原则即实现供应链总成本最小化，实现多赢的战略目标，要求伙伴之间具有良好的信任关系，连接成本较小。

3. 敏捷性原则

供应链管理的一个主要目标就是把握快速变化的市场机会，因此，要求各个伙伴企业具有较高的敏捷性，要求对来自供应链核心企业或其他伙伴企业的服务请求具有一定的快速反应能力。

4. 风险最小化原则

供应链运营具有一定的风险性，例如，市场风险依旧存在，只不过在个体伙伴之间得到了重新分配，因为伙伴企业面临不同的组织结构、技术标准、企业文化和管理观念，所以必须认真考虑风险问题，尽量回避或减少供应链整体运行风险。

违反上述原则将会极大地影响供应链的效率。违反核心能力原则和总成本核算原则，就难以满足供应链"外部经济性"的要求，违反敏捷性原则，则不能保证快速迎合市场机遇的目的，而忽视风险最小化原则，会为供应链的运营埋下巨大的隐患。因此，在选择供应链合作伙伴时，必须全面、认真地考虑以上四个基本原则。

上述四个原则只是供应链合作伙伴选择的一般性原则或基本原则。由于具体问题的不同以及供应链核心企业具体目标的差异，在选择合作伙伴时可能并不只限于四条基本原则，还要考虑很多其他方面的因素。

2.3.2 供应链合作伙伴选择的过程

1. 合作伙伴关系的需求分析

（1）市场竞争环境的需求分析

有需求才有建立合作关系的必要。建立基于信任、合作、开放性交流的供应链长期合作关系，必须首先分析市场竞争环境。通过搜集有关顾客的需求、产品的类型和特征以及竞争对手情况等各种市场信息，以确认是否有建立供应链合作伙伴关系的必要。据此，要向卖主、用户和竞争者进行调查，掌握准确的数据和资料。企业还应该建立一种市场信息采集监控系统，并开发对复杂信息的分析和决策技术。如果已建立供应链合作伙伴关系，则根据需求的变化确认供应链合作伙伴关系变化的必要性。

（2）供应链企业的核心业务和优势分析

当企业专注于自身的核心业务，而把非核心业务外包时，企业与企业之间的依赖性日益加强。只有了解自身的核心优势，才能把非核心业务活动正确而不是盲目地委托给其他企业，明确和什么样的企业进行合作，才能与其他企业建立真正的合作伙伴关系。企业是否具有核心竞争力、在哪些方面具有核心竞争力可结合 Ray B.Barney 的 VRIO（value rare imitate organization）框架模型和 Porter 的一般价值链模型来分析。

（3）共同的潜在利益分析

合作双方为利益而努力，才有建立合作伙伴关系的愿望。潜在的利益可表现在以下几方面：

1）实现共同的期望和目标。

2）改善相互之间的交流，实现信息共享。

3）减少外在因素带来的不确定性及其造成的风险。

4）增强矛盾冲突解决能力。

5）通过减少中间环节，可以在订单、生产、运输上实现规模效益以降低成本。

6）减少库存和积压资金流，减少管理成本。

7）借助来自客户和供应商良好的信息进行创新，并可从双方获得技术资源。

8）潜在风险的评估。

风险具有客观性、不确定性、不利性等性质，所以评估风险、认识风险才能共担风险，把风险的影响降到最小程度，以谋求最大的收益。那些不成功的合作往往都是因为对合作估计过于乐观，而对风险估计不足。这些风险包括：IT 技术的缺陷，如网络传输速度、软件设计中的缺陷、病毒；管理风格、企业文化，如不同企业文化会导致对相同问题的不同看法，从而存在分歧，影响供应链的稳定；过分地依赖一个合作伙伴可能在合作伙伴不能满足期望要求时造成惨重损失等。

2. 成立评价小组

企业必须分别建立供应商和分销商评价小组以控制和实施合作伙伴的评价，组员以来自与供应链合作密切的部门为主，组员必须有合作团队精神，具有一定的专业技能。如供应商评价小组应主要以采购、质检、研发、生产及信息技术等部门为主，而分销商评价组则主要以销售部为主。小组应首先制定合作伙伴的评价标准，建立供应链管理环境下合作伙伴关系的综合评价指标体系。评价合作伙伴关系的一个主要工作是调查、收集有关合作伙伴的生产运作、销售运作、成本控制、技术开发、营销能力、售后服务、企业信誉等全方位的信息。在收集合作伙伴关系信息的基础上，可以利用一定的工具和技术方法进行合作伙伴的评价。

3. 建立合作伙伴关系的标准

衡量合作伙伴关系包括很多方面，如合作对象、合作的具体内容、合作的驱动力、合作的形式等。单从某个角度来建立合作伙伴关系的标准是不全面的，应综合考虑各个方面，这就使得标准的建立具有一定的难度。最佳的企业组织之间的关系，就像最佳的婚姻关系一样，是趋于满足一定标准的战略合作伙伴关系，这些标准可用八个"I"来概括。

1）个体的优秀（individual excellence）。个体的优秀是指合伙人双方都是有实力的，并且都有一些有价值的东西贡献给这种关系，它们进入这种关系的动机是积极地追寻未来的机会，而不是消极地掩盖弱点或逃避困境。

2）重要性（importance）。合作关系的重要性已成为每个合伙人的主要战略目标，合作双方有着长期的共同利益，这种关系扮演着关键的角色。

3）相互依赖（interdependence）。相互依赖说明了合作双方彼此需要，他们拥有互补的资产和技术，任何一方都无法单独完成双方一起才能完成的事情。

4）投资（investment）。投资意味着合作双方彼此投资（例如，通过等值交换、交叉物权等）以显示其在关系中和彼此之间相应的许诺，通过把金融和其他资源投入这种合作关系可显示出长期的承诺。

5）信息（information）。信息是指交流是合理、公开的，合作双方分享合作带来的信息，这包括技术数据、冲突来源、变化的情况等。

6）一体化（integration）。一体化认为合作双方开展了作业联结和分享利益的方法，以便它们能顺利地一起工作，它们在许多组织层次的许多人之间建立了广泛联系，合作双方既成为老师，又成为学习者。

7）制度化（institutionalization）。制度化指出了合作伙伴关系已形成制度，具有明确的责任和精确的过程，它超越了形成这种关系的特定的人，不能凭一时的冲突而遭到破坏。

8）完整性（integrity）。完整性意味着合作双方彼此互相尊敬、信任，不滥用所得到的信息，彼此之间也不搞破坏，好似一个完整的企业。

4. 建立评价体系

设计任何评价指标体系都应遵循一些基本原则。Globerson 建议在选择指标体系时应遵循以下 8 条原则：

1）评价指标必须与企业的目标相适应。

2）评价指标必须在同一企业的不同组织之间进行比较。

3）每一个评价指标的目的必须明确。

4）必须明确规定数据的收集和评价指标的计算方法。

5）相对值指标优于绝对值指标。

6）被评估的组织单位应该可以控制评价指标。

7）应该与所涉及的人员讨论共同设计评价指标。

8）客观评价指标优于主观评价指标。

5. 合作伙伴参与评选

一旦企业决定进行合作伙伴评选，评价小组应与初选伙伴取得联系，以确认它们是否愿意与本企业建立供应链合作关系，是否有获得更高业绩水平的愿望。企业应尽可能早地让它们参与到评价体系的设计中来。然而，企业的资源和力量是有限的，企业只能与少数的、关键的伙伴保持紧密的合作，所以参与的伙伴应是尽可能少的。在与初选伙伴商量好之后，就可进行对合作伙伴各方面情况的评价，然后运用一定的评选方法确定最后的合作伙伴。

6. 正式建立合作伙伴关系

（1）正式建立战略合作伙伴关系

正式建立合作伙伴关系体现为相互之间信任的建立，包括契约式信任、能力信任、信誉信任的建立。契约式信任是相信对方将遵守诺言，并按照协议执行，如果不能够这样做的话，可能会引起诉讼，这样可规范双方按契约行事，杜绝诉讼等扯皮现象；能力信任是相信对方所承诺的事情是会兑现的，可减少不必要的中间环节，降低浪费；信誉信任是双方都相信另一方会完全对双方关系负责，它们会愿意做超过契约所期望的事，并且并不期望因此而得到优先或直接回报，它支持契约式信任和能力信任，同时自己得到加强。例如，当遇到契约中没有考虑的问题而需要某一方或双方承担某些责任时，如果双方不合作，不为对方考虑，则意味着重新谈判或讨价还价，而谈判的破裂将导致仲裁或诉讼，这些都将造成企业额外的费用或者分散它们的精力，相反，信誉信任的建立可以弥补契约的不足，即在出现问题之后，双方出于对长远利益的考虑，以彼此之间的紧密合作和相互协商来解决问题，最终降低了供应链管理中的费用。

（2）企业间信任的形成

要形成企业间的信任，一是确定可信任的对象，这正是前面三个步骤所做的事，当对合作关系的需求进行分析、建立合作标准，然后评估、选择合作伙伴后，可选择的信任对象——合作伙伴也就显露出来了；二是如何塑造自身可信任形象，一个可信任企业在争取双方合作并进入供应链的过程中，有必要建立自我可信任形象，通过该形象获取对方的了解与信任。一个企业建立自我可信任形象的策略性行为大致如下：

1）加强与想合作的一方的个人接触（包括社会的与商业的），加入被社会认同的商业协会、专业联合会等组织。

2）创造能力强、可靠性高、公平交易的声誉。

3）愿意合作与快速响应，争取长期的合作关系。

4）对合作项目进行必要的前期投资。

5）建立良好的企业文化，培训一支既有较高的专业技术，又有良好的交流能力的营销队伍。

7. 实施和加强合作伙伴关系

在最后的实施和加强合作伙伴关系阶段，一方面是要消除影响合作伙伴关系的障碍，另一方面则要不断巩固和维护这种合作关系。

从个人角度来说，这些制约因素包括害怕失败和失去地位、惰性（习惯）、害怕未知的东西；从组织角度来看，包括文化的力量、僵硬的结构、资源异构、评价行动的方法等。所以，要消除障碍，首先是人们思想观念和做事方式要改变，不仅是高层管理人员、采购人员、供应链工作人员的思想改变，而且是整个企业的理念改变。

日本在 20 世纪 80 年代时超过美国跃居成为世界上最大的汽车制造商，并跻身于世界制造业的领先地位，其中企业文化所提倡的团队精神做出了突出的贡献。日本的团队精神使企业能够着眼于长远利益，在供应商、制造商、分销商等之间建立长期的战略合作伙伴关系，供应链上的各个企业信息共享、合理分工、通力合作、紧密配合，形成了高效运转的供应链系统。

在传统的金字塔形的组织结构中，职能部门各自为政，片面追求部门利益，常常使得资源调配困难，信息流动迟缓，所以，打破僵硬的金字塔结构，按照企业核心业务进行业务流程再造，才会使供应链企业间的合作有效进行。据英国 KPMG 管理咨询机构的研究发现，在其调查的欧洲企业中，70%以上在重构其业务流程和系统以提高对供应链的反应能力。这些新流程经过精心设计，能保证产品的快速传递，防止库存积压，并能灵活地应对用户需求的变化。

2.3.3 巩固和维护合作伙伴关系

维持长久的企业间合作伙伴关系，必须建立针对供应链管理的新的评估系统以及由此系统所确定的利益分配和奖励办法。在现有的评估系统中，每个人都习惯于关注系统中单一组件的效率，而没有人去考虑整体的效益。在企业内部，例如，运输部门追求低运输费用，采购部门愿意增加订量以减少单价，销售部门希望高库存以减少缺货损失，这些部门自身的利益追求与供应链的整体利益常常发生冲突。

在实施合作策略中，供应商管理库存策略很难贯彻执行，其原因之一是销售人员仍然是按照销售数量来评奖，但是当企业开始实行供应商管理库存时，在短期内其销售量可能下降。另一个原因，采购人员是按照采购成本来评价的，由于现在实行供应商管理库存，整个供应链的成本会跟着下降，但不是采购成本，而采购人员又不是按照整个供应链的成本来评奖，所以，应重新建立新的评价系统，对每个伙伴在供应链中所起作用做出正确的评估，在此基础上进行利益分配和奖励，每个伙伴才会对它感兴趣，合作伙伴关系才能长久地维持下去。

相关作业

【作业一】

以某一个企业为例，模拟建立供应链合作伙伴关系的过程。

【作业二】

分组讨论如何遵守供应链合作伙伴选择的原则。

【案例实践】

根据第 2.1 节的调查结果选择 1～2 家企业合作伙伴考察其合作关系建立的过程。

作业展示及点评

1）各小组阐述自己的考察结论。
2）集体讨论实际操作中可能出现的问题。

小　　结

在供应链管理的环境下，企业之间建立起战略合作伙伴关系，合作伙伴之间共享信息、共担风险、共同获利。企业要成功地建立供应链战略合作伙伴关系，必须选择合适的合作伙伴。我们建立供应链合作伙伴关系的目的在于通过提高信息共享水平，减少整个供应链产品的库存总量、降低成本和提高整个供应链的运作绩效。因此，供应链合作伙伴的选择必然成为企业的核心竞争力的体现。

本章围绕现代企业供应链合作伙伴的选择与关系维护展开集中讨论，从典型案例引出，阐述供应链合作伙伴的建立对于企业和供应链的重要意义，把其产生、发展历程作为研究现代供应链合作伙伴关系的依据，明确了供应链合作伙伴关系的概念。随着研究的深入，本章进一步明确了供应链合作伙伴的制约因素以及供应链合作伙伴选择的误区，从而分析供应链合作伙伴选择的原则及选择过程，最终为正确地选择供应链合作伙伴提供了保证。

第3章 供应链管理下的物流业务外包

随着市场竞争的不断激烈和信息技术的快速发展，企业为了取得竞争上的优势，正在利用第三方物流服务供应商所能提供的所有服务，因而，第三方物流业悄然兴起，并在物流业中占据越来越重要的作用，它已成西方国家物流业发展的有效动作模式。

物流已经成为新经济时代企业模型的一个不可缺少的部分。然而，市场对物流系统的要求超越了目前许多公司物流机构的分配资源的功能和能力。因此，外包（由外部公司提供所需要的功能和服务）作为物流系统的一个可行选择已经得到了广泛的应用。

3.1 物流外包功能

学习目标

- 了解物流外包的概念和功能；
- 了解物流外包的意义。

案例导入

企业业务的任何环节都不应该是弱项，企业把其物流业务外包给第三方物流商不是简单地只专注其核心业务，而是转变为对合作方的控制和管理。现在许多人都在谈论企业物流外包，认为企业只要专注于生产，把运输、仓储业务交给物流公司是最好的选择。

请分析事情是否真的这么简单。

必备的理论知识

3.1.1 物流外包的概念和发展

所谓物流外包，即生产或销售等企业（需方）为集中精力增强核心竞争能力，而将其物流业务以合同的方式委托于专业的物流公司（第三方物流，3PL）运作，外包是一种长期的、战略的、相互渗透的、互利互惠的业务委托和合约执行方式。

物流外包作为一个提高物资流通速度、节省物流费用和减少在途资金积压的有效手段，确实能够给供需双方带来较多的收益，尽管供需双方均有信心和诚意，但在实践的过程中，物流外包又举步维艰，常常出现中断，甚至失败。阻碍物流外包发展的因素既有体制的制约、人为的失误，也有观念的陈旧和技术的缺陷，这些因素既存在于物流供应商方面，也存在于物流需求商方面。物流外包是企业业务外包的一种主要形式，也是供应链管理环境下企业物流资源配置的一种新形式，完全不同于传统意义上的外变、外协，其目的是通过合理的资源配置，发展供应链，打造企业的核心竞争力。

3.1.2 物流外包的意义

物流服务供应商和需求商的联合和协同，将促进物流业务外包市场的发展。对于需方，产品的生产和交付的方式正在进行结构性转变，业务全球化趋势、对供应商依赖程度的提高、生产制造过程中部分功能外包率的上升、直销渠道的发展以及对市场快速反应的需求都将使物流管理工作比以前更为复杂和充满挑战。对于供方，物流外包服务逐步趋于一体化和系统化，服务提供商正在加紧进行创新和技术变革，强化竞争力，利用技术提高物流管理的效率，快速延伸全球业务链和扩展服务功能链，为使企业进驻不同的细分市场做准备。

想一想：

为什么要将供应链业务外包出去？

近年来，由于跨国企业正在将更多的业务转向中国，并通过外包来降低供应链成本、国内企业面临着降低成本和增强核心竞争力的压力而增加了物流外包的需求、政府采取的积极财政政策和激励措施对物流市场需求的刺激、营销方式的不断发展和营销渠道的网络化趋势、传统仓储企业和新兴物流企业的激烈竞争等，推动了我国物流业务外包市场的迅速发展。

物流外包作为一个提高物资流通速度、节省物流费用和减少在途资金积压的有效手段，确实能够给供需双方带来较多的收益，尽管供需双方均有信心和诚意，但在实践的过程中，物流外包又举步维艰，常常出现中断，甚至失败。阻碍物流外包发展的因素既有体制的制约、人为的失误，也有观念的陈旧和技术的缺陷，这些因素既存在于物流供应商方面，也存在于物流需求商方面。

企业实施业务外包是将自身的优势功能集中化，而将劣势功能虚化，即将劣势功能转移出去，借企业外部资源的优势来弥补和改善自己的弱势。从战略上来看，外包能够给企业提供较大的灵活性，尤其是在购买高速发展的新技术、新式样的产品，或复杂系统的无数组成部件方面更是如此。

目前，我国实施物流外包的企业中，有超过30%的客户对供应商不满意，主要原因有合作双方沟通不畅、信息反馈滞后、缺乏应急措施；物流供应商的信息技术系统落后，不能对物流活动进行有效跟踪和监控；缺乏标准化的运作程序，同一客户不同项目、不同环节服务水平参差不齐；缺乏持续改进机制；服务功能单一等。而在美国，有80%的企业对物流供应商感到满意，这也说明我国物流供应商仍有较长的路要走。随着物流行业的进一步整合和物流服务逐步走向一体化和系统化，物流业务技术含量的高低将是供应商获取市场份额的关键因素，仅仅靠功能性的专业知识取得竞争优势将日趋艰难。为维持并增加市场份额、提高客户满意度，使需求商了解企业的特色，认可企业的价值，供应商将必须塑造个性化的核心竞争能力，明确、清晰地宣传企业能够为客户物流管理带来的战略价值和管理效率。

> 注意:
>
> 物流业务技术含量的高低将是供应商获取市场份额的关键因素，仅仅靠功能性的专业知识取得竞争优势将日趋艰难。

相关作业

【作业】

各小组通过书籍、报纸、网络等媒体收集代表性强、与我们生活实际联系比较紧密（或在日常生活中能经常看到的）的品牌经营者的供应链物流外包案例。

案例要求尽量详细、生动、图文并茂、社会实效性强。

【小组辩论】

1）各小组讲解自己小组收集的物流供应链案例。

2）各小组分别对展示小组的案例进行提问。

【小组互评】

1）各小组展示完自己的作业后，进行各小组内部的讨论评分。

2）小组向任课教师提交本小组的评分表格，任课教师汇总登记，加上教师评分，得出最终评分，两部分的评分由任课教师酌情确定。

作业展示及点评

填写如下考核评分表。

考核评分表

考评小组		被考评小组	
考评内容	物流外包案例展示		
考评标准	内容	分值	实际得分
	案例介绍的完整性	40	
	重点突出	40	
	详略得当	20	
	合计	100	

3.2 供应链管理下的物流外包业务

学习目标

- 认识外包业务应注意的问题；
- 了解物流外包的主要形式；
- 掌握企业如何实施外包业务。

案例导入

某日，家具制造厂的秦老板特意找到正在学校学习物流供应链管理的马同学，向他请教一些有关物流供应链的问题，"我如果想把企业的一部分加工业务外包出去，怎样来寻找外包业务的合作伙伴并对他们进行跟踪管理呢？"

必备的理论知识

由于物流业务外包市场是买方市场，在分析外包过程中出现的问题，往往将原因或根源归结在供应商方面，而需求商方面存在的不足却很难被人发现，良好的外包合作关系是建立在相互信任和尊重的基础上的，物流作业一体化的程度决定着物流供应商的服务水平和需求商的满意度。

3.2.1 物流外包应注意的问题

1. 正确理解物流外包

虽然"外包"目前是一个流行的词语，但并不是每一家企业都应该采用外包，企业应深入分析内部物流状况，并探讨物流是否是企业的核心能力，物流是否能为企业带来外部战略经济利益；如何在无缝衔接的基础上调整业务流程，进行职能变革；如何对外包的物流功能进行持续有效的监控；企业文化是否鼓励创新与变革；企业领导和员工对变革持何种态度等。外包本身并不是企业发展战略，它仅仅是实现企业战略的一种方式，企业应确定在行业中是否存在有能力和可供选择的供应商，否则，实施外包不仅不能成功，反而外包了一系列问题。企业只有在拥有了合适的合作伙伴，企业内部管理层也认识到外包的重要性而且清楚针对外包应作的准备工作，才能决定是否实施外包。

2. 严格筛选物流供应商

在选择供应商时，首先要改变现有的观点，即仅着眼于企业内部核心竞争能力的提升，而置供应商的利益于不顾，需求商应以长远的战略思想来对待外包，通过外包既实现需求商利益的最大化，又有利于供应商持续、稳定的发展，达到供需双方双赢的目的。在深入分析企业内部物流状况和员工心态的基础上，调查供应商管理的深度和幅度、战略导向、信息技术支持能力、自身的可塑性和兼容性、行业运营经验等，其中战略导向尤为重要，要确保供应商有与企业相匹配的或类似的发展战略。供应商的承诺和报价，需求商务必认真分析衡量。报价应根据供应商自身的成本确定，而非依据市场价格，报价不仅仅是一个总数，应包括各项作业的成本明细。对于外包的承诺尤其是涉及政府政策或供应商战略方面的项目，必须来自供应商企业最高管理者，避免在合约履行过程中出现对相关条款理解不一致的现象。

3. 明确列举服务要求

许多外包合作关系不能正常维持的主要原因是服务要求模糊。由于服务要求没有量化或不明确,导致供需双方理解出现偏差,供应商常常认为需求商要求过高,需求商认为供应商未认真履行合约条款。例如,供应商在没有充分了解货物流量、货物类别、运输频率的情况下就提交了外包投标书,或者供应商缺乏应有的专业理论知识,不能对自身的物流活动予以正确的、详细的描述等,需求商应该详细列举供应商应该具备的条件(如生产能力、服务水平、操作模式和财务状况等),例如,订单是否能够100%地完成,准时率是否能够达到100%等。

4. 合理选择签约方式

分别签订仓库租赁合约和操作合约,这样两个合约单独履行,互不影响,即使取消了操作合约,仓库租赁合约仍然生效。要注意不同企业商业文化的差异,特别是企业的上游和下游,对两者都要提前做出判断,从而有效地协调和沟通,确保与供应商签订的合约满足各方的需求,实现各自的目标。合约不可能对环境变化做出全面、准确的预测,签订前后的各种情况会有所不同,如行业政策、市场环境、供应商内部发展状况等,同时,供应商签订合约的成员不再是合约的执行者,合约执行时间越长,需求商将会越不满意,在某种情况下,即使供应商的操作方式或理念比较超前,但并不一定适合需求商发展的需要。

5. 共同编制操作指引

需求商不能认为外包作业是供应商单方面的工作,与供应商一起制定作业流程、确定信息渠道、编制操作指引,供双方参考使用,操作指引能够使双方对口人员在作业过程中相互步调一致,也为检验对方作业是否符合要求提供了标准和依据。

6. 提前解决潜在问题

建立外包合作关系后,认真、细致地考虑未来发生的变化及潜在的问题,在问题出现之前就要提出解决方案。在物流外包方面,文化、思想的多样化、差异性具有特殊作用,思想越趋于一致,企业越比供应商更容易出现工作官僚化,有时企业内部物流经理会把供应商当成威胁自己地位的竞争对手。当供应商规模越来越大时,也会出现工作官僚化的现象。一种经常使用的方法是与供应商探讨如何解决假设存在的问题,如处理客户投诉、服务质量的下降、应变能力的降低等问题。

7. 积极理顺沟通渠道

导致外包合作关系失败的首要原因是计划错误,其次是沟通不畅,沟通的重要性仅次于计划,供需双方在日常合作过程中出现的问题大多与沟通不畅有关。供应商是顾客关系中最重要的环节之一,供应商应该被包括在企业整个业务链中。建立正确的沟通机制，双方应就矛盾产生的根源达成一种共识，即矛盾和冲突是业务本身产生的，当问题出现时，双方应理性对待，不要过于冲动，给对方考虑和回复的时间。同时在履行合约的过程中，花费一定的时间和精力相互沟通了解，探讨合约本身存在的问题以及合约以外的问题对维持双方的合作关系是很重要的，这一点常常容易被忽视。

8. 明确制定评估标准

一般情况下，对供应商服务水平的评估是基于合约条款，而合约条款多数只对结果做出描述，因此，对外包业务过程不能进行有效的评估，也不能建立适宜的持续改进机制。随着时间的推移，当需求商准备向供应商增加外包项目时，才发现供应商已不符合企业进一步发展的要求。不能有效考核的工作，正是管理薄弱的环节，当建立合作关系后，依据既定合约，充分沟通协商、详细列举绩效考核标准，并对此达成一致。绩效评估和衡量机制不是一成不变的，应该不断更新以适应企业总体战略的需要，促进战略的逐步实施和创造竞争优势。实施外包变革是一个长期、艰巨而又曲折的过程，合约的签订只是外包的开始，在这个过程中，需要不断地对完成的活动进行考核，甚至包括外包决策，使每个步骤都能达到预期的目的，从而确保变革的有效性，企业不断对供应商进行考核的目的是促使供应商的核心能力得到长期、持续、稳定的发展。

需求商不仅对供应商不断进行考核，也要对企业内部与外包活动相关的职能进行持续监控。外部虽不是企业的核心能力，但它日益成为企业创造竞争优势的重要贡献者，在过去，外包决策是基于扩大生产规模而采取的一种短期战术行为，现在它是基于实现资本有效利用的长远目标而考虑的，企业管理者应时时关注、考核自身的核心能力，同时找出问题，加以改进。

9. 适时采用激励方法

绩效考核标准应立足实际，不能过高而使供应商无法达到，同时要有可操作性，但是标准应该包含影响企业发展的所有重要因素。良好的工作业绩应该受到肯定和奖励，供应商或企业内部职能部门即使对所做的工作有自豪感，也同样需要得到承认和好的评价。表扬、奖励、奖品甚至一顿晚宴都是一种激励因素，管理者应充分应用一切有效的方式和方法达到激励的目的。

10. 持续巩固合作关系

物流供应商对企业和企业客户的服务能力依靠的是企业自身工作表现的好坏，外包意味着双方利益是捆绑在一起的，而非独立的，良好的合作伙伴关系将使双方受益，任何一方的不良表现都将使双方受损。供需双方自我真诚的评估和定位、行为道德、相互信任和忠诚以及履行承诺是建立良好外包合作关系的关键因素。

3.2.2 物流外包的主要形式

实施业务外包，关键在于确定企业自身的核心竞争力，通过分析，确定自己采取何种外包形式。业务外包主要有如下几种方式：

1. 临时服务和临时工

企业可用最少的雇佣工人，最有效地完成规定的日常工作量，而在有辅助性服务需求的时候雇佣临时工去处理。由于临时工充满对工作失业的恐惧或对报酬的重视，他们对委托工作一般都会认真负责，从而提高了工作效率。临时性服务的优势在于企业需要有特殊技能的职工而又不需永久拥有，这对于企业有超额工作时，效果更为突出。企业因此可以缩减过量的经济性开支，降低固定成本，同时提高劳动力的柔性，提高生产率。

2. 子网公司

为夺回以往的竞争优势，大量的企业将"控制导向"、"纵向一体化"的企业组织分解为独立的业务部门或公司，形成母公司的子网公司。就理论上而言，因为减少了"纵向一体化"环境下的官僚作风的影响，它们能更快地对快速变化的市场环境做出反应。IBM 公司曾经为了在与苹果公司的竞争中取胜，将公司的 7 个部门分解出去，创立了 7 个独立的公司，它的这些子网公司更小、更有柔性，能更有效地适应不稳定的高科技市场，这使得 IBM 公司迸发出前所未有的创造性，最终导致其个人计算机业务的伟大成功。

3. 与竞争者合作

与竞争者合作使得两个竞争者把自己的资源投入到共同的任务中，这样不仅可以使企业分散开发新产品的风险，同时，也可以使企业获得比单个企业更高的创造性和柔性。Altera 公司是一个高密 CMOS 逻辑设备的领头企业，当时它有了一个新的产品设想，但是却没有其中硅片的生产能力，而作为其竞争者的英特尔公司能生产硅片，因此，它们达成一个协议：英特尔公司为 Altera 公司生产这种硅片，而 Altera 公司授权英特尔公司生产和出售 Altera 的新产品。这样两家都通过合作获得了单独开发产品所不可能获得的竞争优势，Altera 公司获得了英特尔公司的生产能力，而英特尔公司获得了 Altera 公司新产品的相关利益。尤其在高科技领域，要获得竞争优势，企业就必须尽可能小而有柔性，并尽可能与其他企业建立合作关系。

4. 除核心竞争力之外的完全业务外包

耐克公司是世界上最大的运动鞋供应商之一，但耐克公司除了生产其关键技术部分——耐克鞋的空气系统之外，将其余几乎100%的生产都交给外部供应商完成。耐克公司把力量集中在前期生产活动（研究和开发）和后期生产活动（营销、分销和销售）上，这些活动通过或许是该产业最好的营销信息系统连接在一起，从而创造了最大的价值。

5. 转包合同

在通讯行业，新产品的生命周期基本上不超过一年，MCI 公司就是靠转包合同而不是靠自己开发新产品在竞争中立于不败之地的。

MCI 公司的转包合同每年都在变换，它有专门的小组负责寻找能为其服务增值的企业，从而使 MCI 公司能提供最先进的服务。MCI 公司的通讯软件包都是由其他企业完成的，而它所要做的（也就是它的核心业务）是将所有通讯软件包集成在一起为客户提供最优质的服务。

3.2.3 物流外包的具体实施方法

业务外包推崇的理念是，如果在供应链上的某一环节不是世界上最好的，如果这又不是企业的核心竞争优势，如果这种活动不至于与客户分开，那么可以把它外包给世界上最好的专业公司去做。一个企业要成功实施外包，通常需要三个阶段。

1. 企业的内部分析和评估

企业高层管理者在该阶段主要是确定外包的需求并制定实施的策略。要从外包中获益，企业最高决策层必须采取主动的态度，因为只有最高决策层才具有外包成功所必需的视野和推动变革的力量。

2. 评估自己的需求，选择服务提供商

企业领导层将听取来自内外专家的意见，这支专家队伍至少要覆盖法律、人力资源、财务和要外包的业务等领域。在综合各方面意见后，要写一份详细的书面材料，其中包括服务水平、需解决的问题以及详尽的需求等。一份写得很好的建议书将对以后与服务商的联系以及外包业务的获利和控制都起到非常重要的作用。

一切就绪后，就可以按照自己的需求去寻找合适的供应商了。这时需要考虑供应商是否真正理解了你的需求以及它是否有足够的能力解决你的问题。此外，还要考虑财政状况。如果一切顺利，就可以准备签约。外包的合同中签约双方都要显示出双赢的意向，并保持经常性的联系。可以说签约阶段是实施业务外包过程中最重要的一环，因为企业与外包商之间关系出现不愉快，往往是由于合同的条款不够明确。

3. 外包的实施和管理

作为用户，在第一阶段要保持对外包业务性能的随时检测评估，并及时与供应商交换意见。在外包实施的初期，还要注意帮助企业内部员工适应新的行事方法。

小组模拟仿真

供应链外包程序小组模拟

1. 岗位角色

将学生分为三组，每组 10 人。
1）A 组，成员 2 人，进行小组方案展示。
2）B 组，成员 4 人，作为物流外包企业员工。
3）C 组，成员 4 人，作为第三方物流企业员工。

2. 活动要求

1）A、B、C 三组人员先进行集体讨论，探讨本组活动展示过程，明确各自所扮演的角色，了解本小组的职责范围。
2）各小组各尽其责，通过各种表现形式（如课件展示、情景模拟、小品等）来展示供应链外包的过程，展示内容越详细、趣味性越强、表现力越强则得分越高。
3）互相考核。

3. 模拟步骤

1）各小组明确各自组员的职责范围，并为各自的职责制定说明书。
2）各组人员按活动要求准备各自的资料或进行演示准备。
3）在活动中，各小组成员密切配合，按相关程序进行演示。
4）表现一个完整的供应链外包过程。

4. 注意事项

1）各小组可上网查询相关的资料。
2）充分发挥团队精神，对个人角色、工作应熟练掌握。
3）各成员能够解说各自小组的工作流程。

4）各小组分别为另外两个小组打分。

作业展示及点评

填写如下考核评分表。

考核评分表

考评小组		被考评小组	
考评地点			
考评内容	供应链外包程序模拟		
考评标准	内容	分值	实际得分
	工作准备	20	
	角色扮演	40	
	工作成效	40	
合计		100	

3.3　物流外包优势分析

学习目标

- 了解核心竞争力，并能指出企业的核心竞争力；
- 了解物流外包对企业而言有哪些优势；
- 分析物流外包的潜在风险。

案例导入

　　最近，凯丰家电的总经理林先生非常头疼，自己旗下的公司越做越大，为顾客配送家电的量也越来越多，而自己公司组建的运输车队运输成本过高，自己管理车队又不是很拿手，坚持做下去，可能成为企业的一个发展包袱；但交给别的公司去做，又不在自己的控制范围内，准时率、无差错率等目标很难做到位。他要不要把家电配送的业务交由其他的专业公司来完成呢？如果是，那么他到底应该怎样做呢？

必备的理论知识

3.3.1 物流外包对企业竞争的正面影响

将物流外包给专业的第三方物流供应商（3PL）可以有效地降低物流成本、提高企业的核心竞争力。具体来说，将物流业务外包能够带来如下的优势。

知 识 库

什么是核心竞争力

核心竞争力指的是一个企业所独有的、不容易被别人模仿的、可以给企业带来持续利益的一种竞争力。核心竞争力没有固定的模式，每个企业都可以拥有自己的核心竞争力，例如，核心技术、服务理念、专业人才等，企业在创建自己核心竞争力的时候没有必要去模仿别的企业，要根据自己的情况、所处的行业、面临的竞争对手、拥有的比较优势等为基础创建。

1. 企业得到更加专业化的服务，从而降低营运成本，提高服务质量

当企业的核心业务迅猛发展时，也需要企业的物流系统跟上核心业务发展的步伐，但这时企业原来的自理物流系统往往因为技术和信息系统的局限而相对滞后。与企业自理物流相比，第三方物流供应商可以集成小批量送货的要求来获得规模经济效应，在组织企业的物流活动方面更有经验、更专业化，从而降低企业的营运成本，改进服务，提高企业运作的灵活性。

对于委托企业而言，它不可能获得所需要的各方面人才。通过将物流外包给第三方物流供应商，委托企业不但可以引入资金和技术，也可以根据自己的需要引入"外脑"。物流方面的专家或是专门人才不一定属于该委托企业，却可以成为企业所使用的一部分有效的外部资源。特别是对于那些财力、物力有限的小企业而言，通过将物流外包，更容易获得企业所需要的智力资本。

2. 解决本企业资源有限的问题，更专注于核心业务的发展

企业的主要资源包括资金、技术、人力资本、生产设备、销售网络、配套设施等要素。资源的有限性往往是制约企业发展的主要"瓶颈"，特别是在技术和需求变化十分复杂的今天，一个企业的资源配置不可能局限于本组织的范围之内，即使对于一个实力非常强大、有着多年经验积累的跨国企业集团来说，仅仅依靠自身的力量，也是不经济的。物流外包策略对于企业有限资源的合理利用非常重要，国内外

的许多企业正是通过利用物流外包，突破原有的资源"瓶颈"，获得了难以想象的增长速度。

利用物流外包策略，委托企业可以集中资源，建立自己的核心能力，并使其不断提升，从而确保委托企业能够长期获得高额利润，并引导行业朝着有利于企业自身的方向发展。应该认识到，无论是处于扩张期还是压缩期，大多数企业用于投资的资金总是有限的，通过第三方物流供应商可以节约资金和资本投入，使企业资本集中在主要的、能产生高效益并取得主要竞争力的业务上。通过第三方物流供应商不仅可以减少物流基础设施的新投资，而且可以腾出自有仓库与车队所占用的资金，并把资金用在更有效率的地方。

3. 可以提高企业的运作柔性

委托企业选择第三方物流供应商的重要原因之一是提高柔性的需要。企业可以更好地控制其经营活动，并在经营活动和物流活动中找到一种平衡，保持两者之间的连续性，提高其柔性，使实行物流外包的委托企业由于业务的精简而具有更大的应变空间。

由于大量的非特长业务都由合作伙伴来完成，物流外包企业可以精简机构，中层经理传统上的监督和协调功能被计算机网络所取代，金字塔状的总公司、子公司的组织结构让位于更加灵活的、对信息流有高度应变性的扁平式结构，这种组织结构将随着知识经济的发展而越来越具有生命力。

4. 可以减少监督成本，提高效率

委托企业可以利用物流外包策略缩小企业的规模、精简企业的组织，从而减轻由于规模膨胀而造成的组织反应迟钝、缺乏创新精神的问题。规模偏小的企业，管理事务比较简单，更易于专注于自己核心能力的培养。企业要想在激烈竞争的环境里成长，就必须尽量控制其规模，以确保其灵活反应的能力，物流外包策略在这方面具有非常重要的意义。

5. 可以降低风险，同时也可以同合作伙伴分担风险

首先，在迅速变化的市场和技术环境下，通过物流业务外包，委托企业可以与合作企业建立起战略联盟，利用其战略伙伴的优势资源，缩短产品从开发、设计、生产到销售的时间，减轻由于技术和市场需求的变化造成的产品风险。其次，由于战略联盟的各方都发挥了各自的优势，这有利于提高新产品和服务的质量，提高新产品开拓市场的成功率。再次，采用物流外包策略的委托企业在与其战略伙伴共同开发新产品时，风险共担，从而降低了由于新产品开发失败给企业造成巨大损失的可能性。

在我国这样资金相对短缺、企业实力相对薄弱的环境里，物流业务外包的传统理由更加具有现实意义，即企业可以通过将物流外包获得第三方物流供应商的创新能力和专业技能，以实现自身难以完成的新产品开发和市场开拓等问题。尤其是在我国已经加入世界贸易组织的情况下，将物流业务外包，减少物流费用支出，提高企业的竞争力已经迫在眉睫。

3.3.2 物流外包的潜在风险

1. 外包控制不足

外包常常会使企业失去对一些产品或服务的控制，从而增加了企业正常生产的不确定性。企业在外包的过程中有可能由于丧失对外包的控制而影响整个业务的发展。现实中因外包引起企业危机的事件不在少数。

2. 增大外包依赖风险

长期依赖某一个第三方物流服务供应商对企业的资本投资、效率提高具有潜在的好处，但同时又会使第三方物流服务供应商滋生自满情绪而让企业难以控制。

3. 内部员工抵制

企业物流外包往往会影响其内部业务的流程，需要企业的内部业务流程重组，这个过程很可能对所有员工都产生影响，受到企业内部员工的抵制而对企业正常的生产经营产生负面影响。

4. 降低用户的满意度

企业过于依赖第三方物流服务供应商，又无法控制或影响它们，使企业不能取得用户需求信息，从而影响企业的产品改进。从长期来看，由于对物流活动的失控可能阻碍核心业务与物流活动之间的联系而降低用户的满意度。

5. 企业利益受损

物流活动的长期外包，会使第三方物流服务供应商认为企业缺乏专家技术，因此抬高物流服务的价格或提供较差的物流服务，从而使企业蒙受损失。

综上所述，物流外包业务中隐藏着潜在的风险，使有些企业放弃物流外包而选择物流自营。例如，在郑州有一家专营第三方物流的公司，其最大的客户是一家钢铁贸易公司。两家公司合作一段时间后，钢铁贸易公司搞起了自己的配送系统。为什么有专业的第三方物流公司，能提供又好又便宜的服务，钢铁贸易公司还要自讨苦吃呢？原来钢铁贸易公司新任的总经理对配送业务外包很担心，认为自己完全让这家企业在从事第三方的相关配送，对方万一不干了或者提出不合理的服务标准或收费要求，企业就会受到极大的打击。在公司经营中，牺牲部分利润追求安全是非常理性的行为，这位总经理的担心也不无道理。可见，企业面对物流决策时，是完全依赖第三方物流服务商而承担一些风险，还是自身培养一些技术专家来防范相关的风险，企业领导必须清醒地做出决定。

相关作业

【作业一】

请通过各种方式收集相关信息，用数据、案例等方式分析物流业务外包在什么条件下是合理的，在什么条件下是有竞争力的，在什么情况下是无意义的。

【作业二】

如果你是一家运动装备经营商，请分析哪些业务可以外包给其他公司做，哪些业务必须由自己公司完成。

【小组辩论】

1）各小组讲解自己的物流外包业务分析结果。
2）讨论哪些业务可外包，哪些业务不能外包。

作业展示及点评

填写如下考核评分表。

考核评分表

考评小组		被考评小组	
考评内容	物流外包业务分析		
考评标准	内容	分值	实际得分
	分析过程的完整性	40	
	可行性	40	
	逻辑性	20	
	合计	100	

3.4　物流外包失败原因分析

学习目标

- 了解物流外包失败的主要原因；
- 能初步分析供应链外包业务的控制重点。

案例导入

某服装品牌企业近几年的销量极佳，为了更好地经营管理，公司决定把所有的制衣生产外包，公司只留下服装设计、广告宣传等业务。这一举措取得了良好的效果，公司经营管理成本大大降低。但是，也出现了一系列的问题。市场上逐渐多出了很多该公司品牌服装的高仿、低仿产品，价格不一，但都比品牌便宜。公司上层很纳闷，为什么会突然出现这么多假冒产品呢？经过调查，公司才发现，由于公司的服装加工生产全部外包，公司只负责设计，结果公司把图纸交给生产厂家后，由于管理不善，沟通不够，生产厂家在完成该公司订单后，又按照图纸大量生产该系列衣服，不过换个牌子，用一些低档面料而已，有的甚至就直接挂本公司的牌子，这大大损害了该公司产品的信誉。如果你是公司的领导者，该如何解决这个问题？

必备的理论知识

物流外包作为一个提高物资流通速度、节省仓储费用和减少在途资金积压的有效手段，确实能够给供需双方带来较多的收益，尽管供需双方均有信心和诚意，但在实践的过程中，物流外包又举步维艰，常常出现中断，甚至失败。外包失败有彻底失败和准失败两种，准失败即在外包实施的过程中，如果供需双方不采取补救措施，外包将马上出现问题并导致失败的现象，亦可称之为"黑洞"。导致外包失败和黑洞出现的原因有许多，既有体制的制约、人为的失误，也有观念的陈旧和技术的缺陷，不管何种原因，它们都是项目实施初期发生问题所导致的，如标书的制作、投标的准备和外包项目的酬金等，项目初期发生的问题是外包失败的根源所在。

想一想：

为什么有的物流外包业务会失败呢？

1. 缺乏合格的、专业的物流顾问

物流服务供应商的运作与生产工厂类似，工厂生存的灵魂是拥有一批有专业技术才能的员工，核心技术一定是公司内部掌控，而不是依靠其他合作伙伴来提供支持。美国著名物流专家杰克·罗瑟（Jack Roser）认为：在处理外包时，专业物流顾问与技术工人一样，其作用比企业领导更重要，合格的顾问能够给项目带来许多领导所不知道的东西，他需要去管理维护公司项目设计规划的过程、提供物流需求和项目数据，而这些事情常常与外包的成败相关联。企业领导仅仅扮演监督员的角色，如果缺乏具有项目设计和作业操作技能的专业人才，那么，外包营销将无从谈起。

目前供应商在外包的发展上存在两方面的制约因素：

1）缺乏合格的专业人员进行项目设计和系统评估。既然外包是要得到报酬，供应商就应该聘任合格的专家来规划和管理具体操作，但在实际运作过程中几乎找不到合适的专家。结果，许多供应商不能对客户希望的服务要求做出全面、满意的回复。

2）专业物流顾问的评估效果失真。想要聘请合格的专家来对项目进行设计并评估是很困难的，顾问的身价令一般供应商望而却步，即使聘请到一流的物流顾问，也并非能达到预期的效果。通常的情况是，物流顾问将物流外包的规划和设计工作交给了资质一般的人员或其他非专业人员来做，结果可想而知。虽然一些供应商声称专门聘请专业顾问设计，但事实并不是这样的。

2. 服务跟踪不彻底

供应商的内部管理也是物流外包失败的根源，特别是执行总裁的理念。目前多数企业在处理外包时，不以服务为导向，仍把短期利润作为业绩考核的指标，在这种情况下，供应商一心想得到更多的客户以扩大规模，获取更多的收入，在履行完毕一个合同前就经常签订或转移到另外一个项目上，这样周而复始，无论是企业，还是内部员工，一旦获得了客户，尽快完成合同、提供优质服务的动力就消失了。甚至有的供应商为了赢得业务，在没有与客户签订服务合同前，根据客户的要求即匆忙提供服务。这种情况国内普遍存在，尤其是运输业务，供应商商务人员向客户口头承诺后，并未签订书面协议即转交操作人员，使得操作无章可循，商务人员忙于其他客户，无暇对进行中的操作进行监控，导致操作失控，服务并非客户所预期，业务合作常常被迫中断。

3. 工作范围不明确

工作范围即物流服务要求明细，它对服务的环节、作业方式、作业时间、服务费用等细节做出明确的规定，工作范围的制定是物流外包最重要的一个环节。在投标的过程中,很多供应商都知道其重要性,但却没能在客户要求的时间内去完成,或者只是为完成而完成,并没有认真对待。工作范围不明确已经成为任何其他导致物流外包失败及黑洞出现的首要原因。工作范围是客户告诉供应商需要什么服务并愿意付出什么价格,它是合同的一部分。跨国企业在物流外包方面具有丰富的操作经验,如 HP、IBM 公司等,它们在实施外包时就要求供应商与其签署两份文件:

1)一般性条款,即一些非操作性的法律问题,如赔偿、保险、不可抗力、保密、解约等内容。

2)工作范围,即对服务的细节进行具体描述。如果供应商曾经与它们合作过且履行过一般性条款,则在以后的合作中将不必再签署一般性条款,供应商仅仅需要对新项目的工作范围做出明确的回复即可,由此可见 HP、IBM 公司对工作范围的重视程度。外包的失败或黑洞的出现大多都归结于工作范围的不明确,如在物流合同中常出现的"在必要时供应商将采取加班作业以满足客户的需求",合同双方虽然对此描述并无异议,但问题就出现在"必要"上;在实际运作中,双方就如何理解"必要"经常发生分歧,客户认为"提出需求时即为必要",供应商认为"客户提出需求且理由合理时为必要"。类似的例子合作双方经常遇到,起因归结于合作双方没有花费相当的时间和精力明确、详细地制定工作范围。

企业对物流专业人才的需求远远大于供给的情况下,供应商缺乏合格的、专业的物流顾问,需求商希望供应商中标但供应商服务跟踪却不彻底,供需双方没有明确制订具体的、详细的、具有可操作性的工作范围,这三大原因导致了物流外包的失败和黑洞的出现。

相关作业

【作业一】

请为案例导入中的公司写出问题分析报告,并提出解决方案。

【作业二】

请分析零售业如何实施业务外包。

作业展示及点评

1)各小组阐述各自的解决方案。
2)针对每个小组的方案讨论是否具有可行性。
3)讨论方案是否全面。

小　结

　　本章主要围绕着供应链业务的外包，讲述了供应链业务外包中我们所应掌握和必备的知识。在整个供应链作业中，是否将本企业的某项业务外包，需要综合考虑自身的核心竞争能力、外包企业的效率、外包企业的成本水平等因素，同时，要认真分析业务外包为本企业所创造的优势，能够避免供应链外包失败造成的后果，并能通过合理的方式方法和程序进行供应链业务的外包作业。

第4章 供应链管理的主要方法

研究表明，有效的供应链管理方法总是能够使供应链上的企业获得并保持稳定、持久的竞争优势，进而提高供应链的整体竞争力。统计数据显示，供应链管理方法的有效实施可以使企业总成本下降20%左右，供应链上的节点企业按时交货率提高15%以上，订货到生产的周期时间缩短20%～30%，供应链上的节点企业生产率增值提高15%以上。越来越多的企业已经认识到实施供应链管理方法所带来的巨大好处，如 HP、IBM、DELL 等公司在供应链管理实践中取得的显著成绩就是明证。

4.1 快速响应

学习目标

- 了解快速响应的概念和功能；
- 了解快速响应的特点；
- 了解快速供应的适用条件。

案例导入

沃尔玛是全球排名前列、实力超强的国际化零售业巨头，它的经营理念非常的清晰和简单："帮顾客节省每一分钱"，做价格最低的零售业。在此基础上，及时和丰富的货品供应和管理成为每一家零售企业学习的标杆。

那么，它是怎么做到的呢？

📖 必备的理论知识

4.1.1 快速响应出现的背景和沃尔玛公司的快速响应实践

1. 快速响应出现的背景

从 20 世纪 70 年代末期开始,美国纺织服装的进口急剧增加,到 80 年代初期,进口商品大约占到纺织服装行业总销售量的 40%。针对这种情况,美国纺织服装企业一方面要求政府和国会采取措施阻止纺织品的大量进口,另一方面进行设备投资来提高企业的生产效率。但即使是这样,价廉进口纺织品的市场占有率仍在不断上升,而本地生产的纺织品市场占有率却在连续下降。为此,一些主要的经销商成立了"用国货光荣委员会",一方面通过媒体宣传国产纺织品的优点,采取共同的市场促销活动,另一方面,委托零售业咨询公司萨蒙公司从事提高竞争力的调查。萨蒙公司在经过了大量充分的调查后指出,虽然纺织品产业供应链各环节的企业都十分注重提高各自的经营效率,但是整个供应链的效率却并不高。为此,萨蒙公司建议零售业者和纺织服装生产厂家合作,共享信息资源,通过一个快速响应(quick response,QR)系统来实现销售额增长、投资回报率和顾客服务的最大化以及库存量、商品缺货、商品风险和减价最小化等目标。

2. 沃尔玛公司的快速响应实践

1985 年以后,快速响应的概念开始在纺织服装等行业广泛地普及与应用,下面以全球著名的零售业跨国公司沃尔玛与服装制造企业 S 公司以及面料生产企业 M 公司合作建立快速响应系统为例说明快速响应的发展过程。

沃尔玛与 S 公司、M 公司建立快速响应系统的过程可分为三个阶段。

(1)快速响应的初期阶段

沃尔玛公司 1983 年开始使用 POS 系统,1985 年开始建立 EDI 系统。1986 年与 S 公司和 M 公司在服装商品方面开展合作,开始建立垂直型的快速响应系统。当时的合作领域是订货业务和付款通知业务。通过电子数据交换系统发出订货明细清单和受理付款通知,来提高订货速度和准确性以及节约相关事务的作业成本。

(2)快速响应的发展阶段

为了促进电子化商务的发展,沃尔玛与行业内的其他商家一起成立了行业间通讯标准委员会(Voluntary Inter-Industry Communications Standards Committee,VICS 委员会)来协商和确定行业统一的电子数据交换(electronic data interchange,EDI)标准和商品识别标准。该委员会制定了行业统一的电子数据交换标准,并确定商品识别标准采用 UPC 商品识别码。沃尔玛基于行业统一标准设计出 POS 数据的输送格式,通过电子数据交换系统向供应方传送 POS 数据。供应方基于沃尔玛传送过来的

POS 信息，可及时了解沃尔玛的商品销售状况、把握商品的需求动向，并及时调整生产计划和材料采购计划。

供应方利用 EDI 系统在发货之前向沃尔玛传送预先发货清单（advanced standards committee，ASN），这样沃尔玛事前可以做好进货准备工作，同时可以省去货物数据的输入作业，使商品检验作业效率化；沃尔玛在接收货物时，用扫描读取机器读取包装箱上的物流条形码（shipping carton marking，SCM），把扫描读取机器读取的信息与预先储存在计算机内的 ASN 数据进行核对，判断到货和发货清单是否一致，从而简化了检验作业，在此基础上利用电子支付系统 EFT 向供应方支付货款。同时，只要把 ASN 数据和 POS 数据比较，就能快速掌握商品库存的信息。这样做的结果使沃尔玛不仅节约了大量的事务性作业成本，而且还能压缩库存，提高商品周转率。在此阶段，沃尔玛公司开始把快速响应的应用范围扩大到其他商品和供应商。

（3）快速响应的成熟阶段

沃尔玛把零售店商品的进货和库存管理的职能转移给供应方（生产厂家），由生产厂家对沃尔玛的流通库存进行管理和控制，也就是采用生产厂家管理的库存方式（vendor managed inventories，VMI）。沃尔玛让供应方与之共同管理、营运沃尔玛的流通中心，在流通中心保管的商品的所有权属于供应方。供应方对 POS 数据和 ASN 数据进行分析，把握商品的销售和沃尔玛的库存动向，在此基础上，决定什么时间，把什么类型的商品，以什么方式，向什么店铺发货。发货的信息预先以 ASN 的形式传送给沃尔玛，以多频度、小数量的方式进行连续库存补充，即采用连续补充库存（continuous replenishment program，CRP）形式。由于采用 VMI 和 CRP 形式，供应方不仅能减少本企业的库存，还能减少沃尔玛的库存，实现整个供应链的库存水平最小化。另外，对沃尔玛来说，省去了商品进货的业务，节约了成本，同时能集中精力于销售活动，并且事先能得知供应方的商品促销计划和商品生产计划，能够以较低的价格进货。这些都为沃尔玛与竞争对手的价格竞争创造了条件。

想一想：快速响应的成功需要哪些条件呢？

从沃尔玛的实践来看，快速响应是一个零售商和生产厂家建立（战略）伙伴关系，利用 EDI 等信息技术，进行销售时点的信息交换以及订货补充等其他经营信息的交换，用多频度、小数量的配送方式连续补充商品，以实现缩短交纳周期、减少库存、提高顾客服务水平和企业竞争力为目的的供应链管理。

4.1.2 快速响应成功的条件和快速响应的效果

1. 快速响应成功的条件

美国著名的管理咨询公司布莱克本公司在对美国纺织服装业快速响应研究的基础

上总结出快速响应成功的五个条件。

（1）必须改变传统的经营方式，革新企业的经营意识和组织

1）企业不能局限于依靠本企业独自的力量来提高经营效率的传统经营意识，要树立通过与供应链各方建立合作伙伴关系，努力利用各方资源来提高经营效率的现代经营意识。

2）零售商在垂直型快速响应系统中起主导作用，零售店铺是垂直型快速响应的起始点。

3）在垂直型快速响应系统内部，通过 POS 数据等销售信息和成本信息的相互公开和交换，来提高各个企业的经营效率。

4）明确垂直型快速响应系统内各个企业之间的分工协作范围和形式，消除重复作业，建立有效的分工协作框架。

5）必须改变传统的事务作业的方式，通过利用信息技术实现事务作业的无纸化和自动化。

（2）必须开发和应用现代信息处理技术，这是成功进行快速响应活动的前提条件

这些信息技术有商品条形码技术、物流条形码技术（SCM）、电子订货系统（EOS）、POS 数据读取系统、EDI 系统、ASN 技术、电子支付系统（EFT）、生产厂家管理的库存方式（VMI）、连续补充库存方式（CRP）。

（3）必须与供应链各方建立（战略）伙伴关系

具体内容包括两个方面，一是积极寻找和发现战略合作伙伴，二是在合作伙伴之间建立分工和协作关系。合作的目标定为削减库存、避免缺货现象的发生、降低商品风险、避免大幅度降价现象发生、减少作业人员和简化事务性作业。

（4）必须改变传统的对企业商业信息保密的做法

将销售信息、库存信息、生产信息、成本信息等与合作伙伴交流分享，并在此基础上要求各方在一起发现问题、分析问题和解决问题。

（5）供应方必须缩短生产周期，降低商品库存

具体来说供应方应努力做到：

1）缩短商品的生产周期。

2）进行多品种、少批量生产和多频度、小数量配送，降低零售商的库存水平，提高顾客服务水平。

3）在商品的实际需要将要发生时采用准时制生产方式组织生产，减少供应商自身的库存水平。

2. 快速响应的效果

布莱克本咨询管理公司同期调查的数据如表 4.1 所示。

表 4.1　布莱克本咨询管理公司研究报告

对象商品	构成快速响应系统的供应链企业	零售业者的快速响应效果
休闲裤	零售商：沃尔玛 服装生产厂家：S 公司 面料生产厂家：M 公司	销售额：增加 31% 商品周转率：提高 30%
衬衫	零售商：J.C.Penney （潘尼，美国著名零售企业） 服装生产厂家：Oxford （哈佛） 面料生产厂家：Burlinton （贝林顿）	销售额：增加 59% 商品周转率：提高 90% 需求预测误差：减少 50%

布莱克本公司研究结果显示零售商在应用快速响应系统后，销售额大幅度增加，商品周转率大幅度提高，需求预测误差大幅度下降。应用快速响应系统后之所以有这样的效果，其主要原因有如下几点。

（1）销售额的大幅度增加

1）应用快速响应系统可以降低经营成本，从而降低销售价格、增加销售量。

2）应用快速响应系统伴随着商品库存风险的减少，商品以低价位定价，增加销售量。

3）应用快速响应系统能避免缺货现象，从而避免销售的机会损失。

4）应用快速响应系统易于确定畅销商品，能保证畅销品的品种齐全，连续供应，增加销售。

（2）商品周转率大幅度提高

应用快速响应系统可以减少商品库存量，并保证畅销商品的正常库存量，加快商品周转速度。

（3）需求预测误差大幅度减少

应用快速响应系统可以及时获得销售信息，把握畅销商品和滞销商品，同时通过多频度、小数量的送货方式，实现实需型进货（零售店需要的时候才进货），这样使需求预测误差可减少到 10% 左右。

注意：

快速响应供应链管理方法主要应用在一般商品和纺织行业，其主要目标是对客户的需求做出快速响应，从而保证一定货架盈利率，提高整体的供应链盈利水平。

虽然研究、应用快速响应的初衷是为了对抗进口商品，但在实际上，随着竞争的全球化和企业经营的全球化，快速响应系统管理迅速在各国企业界扩展。航空运输为国际间的快速供应提供了保证。现在，快速响应方法成为零售商实现竞争优势的工具。同时随着零售商和供应商结成战略联盟，竞争方式也从企业与企业间的竞争转变为战略联盟与战略联盟之间的竞争。

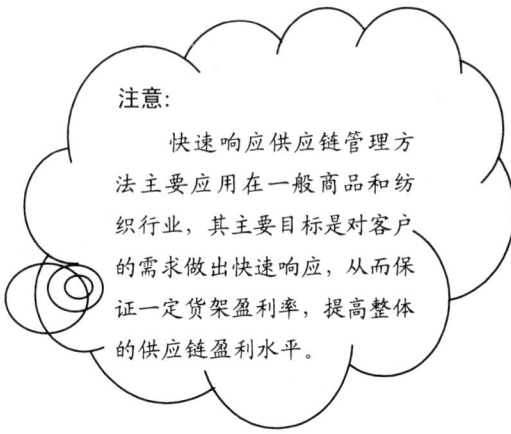

相关作业

各小组通过书籍、报纸、网络等途经收集代表性强、与我们生活实际联系比较紧密的（或在日常生活中能经常看到的）品牌经营者快速响应的相关案例。

案例要求尽量详细、生动、图文并茂、社会实效性强。

【小组辩论】

1）各小组讲解自己小组收集的物流供应链快速响应案例。

2）各小组分别对展示小组的案例进行提问。

【小组互评】

1）各小组展示完自己的作业后，进行内部的讨论评分。

2）小组向任课教师提交本小组的评分表格，任课教师汇总登记并评分，两者相加得出最终评分，两部分的评分由任课教师酌情确定。

作业展示及点评

填写如下考核评分表。

考核评分表

考评小组		被考评小组	
考评内容	快速响应案例展示		
考评标准	内容	分值	实际得分
	案例介绍的完整性	40	
	重点突出	40	
	详略得当	20	
合计		100	

4.2 有效客户反应

学习目标

- 了解有效客户反应的概念和功能；
- 了解有效客户反应的特点；
- 了解有效客户反应的适用条件。

案例导入

随着观念和技术的不断进步，苏宁电器上市三年来斥巨资打造的信息化平台开始在供应链整合中起着越来越重要的作用。继 2005 年开始苏宁与主要家电供应商实施大规模 B2B 对接后，苏宁又与其销量最大的合作品牌——海尔开创了全新的有效客户反应（efficient customer response，ECR）合作模式。2007 年 7 月 16 日，海尔集团副总裁周云杰率领营销团队和信息开发团队造访南京苏宁电器总部，与苏宁电器副总裁金明签署了具体的有效客户反应合作协议，共同开创了中国家电供应链的又一次创新模式革命。

双方此次签订的有效客户反应主要合作项目包括通过"客户—订单、订单—产品、产品—现金"三步，实现资金信息化流动。在具体实施方面则体现为双方依托数字化平台，将顾客的需求通过苏宁信息系统第一时间传递到海尔信息系统，海尔的产品研发部根据这一信息第一时间研制出适合消费者的新产品，并供货给苏宁电器，最大限度地满足客户的需求，也体现了苏宁的"阳光服务"的理念，给客户提供实惠和便利。

海尔、苏宁一起联手实现有效客户反应创新合作模式，组织适销对路的商品，实现数据化营销，将给双方带来很多革命性的创新，提升双品牌的竞争力。具体表现在：首先，海尔、苏宁信息成功对接，知识管理和数据库营销成为基本工作方式，实现信息共享、同步协作、并行工程，全面加强合同管理、采购管理、退换货管理、工作流管理，实现网上标准的采购管理和网上便捷的账务结算功能，提高相互数据交互的透明度，使得双方在相互信赖的基础上工作流程迅速简化，从二三十个流程缩短到五个流程以内，迅速提高响应时间；其次，共同研究市场，通过苏宁海量、即时、准确的数据了解消费者的需求，开发适销对路的产品，提高产品接受度。全新的有效客户反应模式使苏宁成为海尔的信息源，了解市场的实时需求，改变了以往厂家自行评估生产，商家被动销售的局面，使苏宁自行买断生产的海尔产品型号超过了 50%以上，在响应市场需求的同时大大增强了苏宁的差异化竞争力。这一优势在技术快速发展的时代无疑有着决定性的意义。再次，降低苏宁的商品库存，减少库存成本，加快商品周转速度，同时也加快了海尔产品与货款的转换速度，明显节约上下游的交易成本，使消费者可以获得最优惠的价格；第四，大大缩短生产周期与商品交易时间，提高企业反应速度，从而给消费者提供更周到、更便捷的服务。据悉，2006 年以前海尔的家电产品从生产到上市大规模流通大概需要 3 个月的时间，而实施有效客户反应后，海尔在苏宁新品上市的时间缩短到 1 个月，从而大大加快了产品流通的效率，而苏宁也由此获得了更多的新品首发权。

（资料来源：http://industry.yidaba.com/jydq/qddt/222763.shtml）

必备的理论知识

4.2.1 有效客户反应出现的背景

在 20 世纪 60～70 年代，美国日杂百货业的竞争主要是在生产厂商之间展开。竞争的重心是品牌、商品、经销渠道和大量的广告和促销，在零售商和生产厂家的交易关系中生产厂家占据支配的地位。进入 80 年代特别是 90 年代以后，在零售商和生产厂家的关系中，零售商开始占据主导地位，竞争的重心转向流通中心、商家自有品牌、供应链效率和 POS 系统。同时在供应链内部，零售商和生产厂家之间为取得供应链的主导权的控制，同时为商家品牌和厂家品牌占据零售店铺货架空间的份额展开着激烈的竞争，这种竞争使得在供应链的各个环节间的成本不断转移，导致供应链的成本上升，而且容易牺牲力量较弱一方的利益。

在这期间，从零售商的角度来看，随着新的零售业态如仓储商店、折扣店的大量涌现使得它们能以相当低的价格销售商品，从而使日杂百货业的竞争更趋激烈。在这种状况下，许多传统的超市经营者开始寻找对应这种竞争方式的新管理方法和模式。

从生产厂家的角度来看，由于日杂百货商品的技术含量不高，大量无实质性差别的新商品被投入市场，使得生产厂家之间的竞争趋同化。生产厂家为了获得销售渠道，通常采用直接或间接地降价的方式作为向零售商促销的主要手段，这种方式往往会大量牺牲厂家自身的利益。所以，如果生产商能与供应链中的零售商结成更为紧密的联盟，将不仅有利于零售业的发展，同时也符合生产厂家自身的利益。

另外，从消费者的角度来看，过度竞争往往会使企业在竞争时忽视消费者的需求。通常消费者选择的是商品的高质量、新鲜度、服务和在合理价格基础上的多种选择。然而，许多企业往往不是通过提高商品质量、服务和合理价格区间内的多种选择来满足消费者，而是通过大量的诱导型广告和广泛的促销活动来吸引消费者转换品牌，同时通过提供大量非实质性变化的商品供消费者选择。这样消费者不能得到他们需要的商品和服务。

在上述背景下，美国食品市场营销协会联合包括 COCA-COLA、P&G、Safeway Store 在内的 16 家企业与流通咨询企业 Kurt Salmon Associates 公司一起组成研究小组，对食品业的供应链进行调查、总结、分析，于 1993 年 1 月提出了改进供应链管理的详细报告。在该报告中系统地提出了有效客户反应的概念和体系。经过美国食品市场营销协会的大力宣传，有效客户反应的概念被零售商和制造商所接纳并被广泛地应用于实践中。

4.2.2 有效客户反应的定义和特征

1. 有效客户反应的定义

有效客户反应实质上是指一个生产厂家、批发商和零售商等供应链组成各方相互协调和合作，更好、更快并以更低的成本满足消费者需要为目的的供应链管理系统。

有效客户反应是以满足顾客需求和最大限度降低物流过程费用为原则，能及时做出准确的反应，使提供的物品供应或服务流程最优化的一种供应链管理战略。

有效客户反应的运作过程如图 4.1 所示。

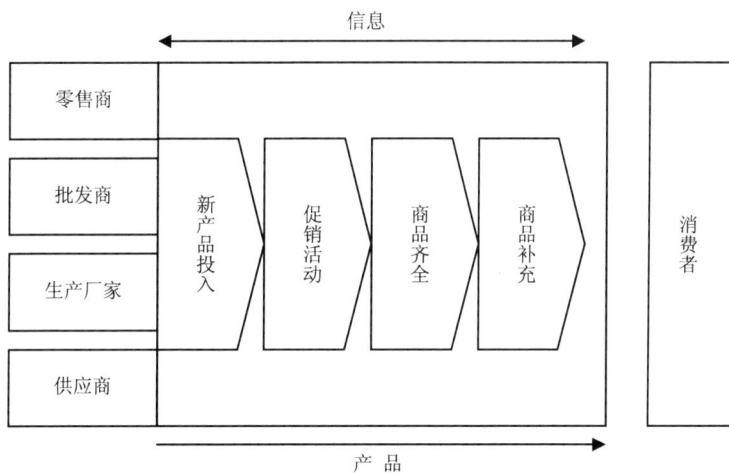

图 4.1 有效客户反应供应链的运作过程

有效客户反应的优势在于供应链各方为了提高消费者满意这个共同的目标进行合作，分享信息和资源。有效客户反应是一种把以前处于分离状态的供应链联系在一起来满足消费者需要的工具。有效客户反应概念的提出者认为有效客户反应活动是过程，这个过程主要由贯穿供应链各方的四个核心过程组成。因此，有效客户反应的战略主要集中在以下 4 个方面：

1）有效率的店铺空间安排。
2）有效率的商品补充。
3）有效率的促销活动。
4）有效率的新商品开发与市场投入。

2. 有效客户反应的特征

有效客户反应的特征表现在三个方面。

（1）管理意识的创新

传统的产销双方的交易关系是一种此消彼长的对立型关系，即交易双方以对自己有利的买卖条件进行交易。简单地说，是一种赢-输型关系。有效客户反应要求产销双方的交易关系是一种合作伙伴关系，即交易各方通过相互协调合作，实现以低的成本向消费者提供更高价值服务的目标，在此基础上追求双方的利益。简单地说，是一种双赢型关系。

（2）供应链整体协调

传统流通活动缺乏效率的主要原因在于厂家、批发商、零售商之间存在企业间联系的低效率性和企业内采购、生产、销售和物流等部门或职能之间存在部门间联系的低效率性。传统的组织是以部门或职能为中心进行经营活动，以各个部门或职能的效益最大化为目标。这样虽然能够提高各个企业的经营效率，但容易引起企业间的利益摩擦。有效客户反应要求各部门、各职能以及各企业之间的隔阂进行跨部门、跨职能和跨企业的管理和协调，使商品流和信息流在企业内和供应链内顺畅地流动。

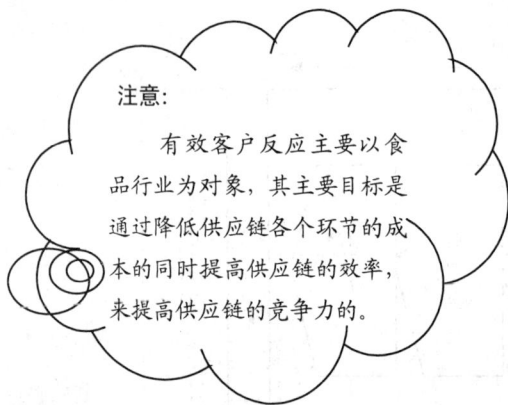

注意：

有效客户反应主要以食品行业为对象，其主要目标是通过降低供应链各个环节的成本的同时提高供应链的效率，来提高供应链的竞争力的。

（3）涉及范围广

既然有效客户反应要求对供应链整体进行管理和协调，有效客户反应所涉及的范围必然包括零售业、批发业和制造业等相关的多个行业。为了最大限度地发挥有效客户反应所具有的优势，必须对关联的行业进行分析与研究，对组成供应链的各类企业进行管理和协调。

3. 有效客户反应的实施

（1）实施有效客户反应的原则

1）以较少的成本，不断致力于向食品杂货供应链客户提供更优的产品、更高的质量、更好的分类、更好的库存服务以及更多的便利服务。

2）有效客户反应必须由相关的商业带头人启动。该商业带头人应决心通过代表共同利益的商业联盟取代旧式的贸易关系，而达到共同获益的目的。

3）必须利用准确、适时的信息以支持有效的市场、生产及后勤决策。这些信息将以 EDI 的方式在各贸易伙伴间自由流动，它将影响以计算机信息为基础的系统信息的有效利用。

4）产品必须随其不断增值的过程，从生产到包装，直至流动到最终客户的购物篮中，各阶段相互协调，以确保客户能随时获得所需的商品。

5）必须采用通用一致的工作措施和回报系统。

总之，有效客户反应是供应链各方推进真诚合作来实现消费者满意和实现基于各方利益的整体效益最大化的过程。

（2）实施有效客户反应的四大要素

1）高效产品的引进。通过采集和分享供应链伙伴间时效性强的更加准确的购买数据，提高新产品的成功率。

2）高效商店品种。通过有效地利用店铺的空间和店内布局，来最大限度地提高产品的获利能力，如建立空间管理系统有效地管理商品的品种。

3）高效促销。通过简化分销商和供应商的贸易关系，使贸易和促销的系统效率最高，如消费者广告（如优惠券、货架上标明促销）、贸易促销（如远期购买、转移购买）。

4）高效补货。从生产线到收款台，通过电子数据交换，以需求为导向的自动连续补货和计算机辅助订货等技术手段，使补货系统的时间和成本最优化，从而降低了商品的售价。

（3）实施有效客户反应的方法

1）应联合整个供应链所涉及的供应商、分销商以及零售商，改善供应链中的业务流程，去除因为沟通障碍而导致效率较低的程序，使整体程序顺畅、合理和有效。

2）以较低的成本，使这些业务流程自动化，以进一步降低供应链的成本和时间。

具体地说，实施有效客户反应需要将条码、扫描技术、POS 系统和 EDI 技术集成起来，在供应链（由生产线直至付款柜台）之间建立一个无纸系统，以确保产品能不间断地由供应商流向最终用户，同时信息流能够在开放的供应链中循环流动。

有效客户反应系统的示意如图 4.2 所示。

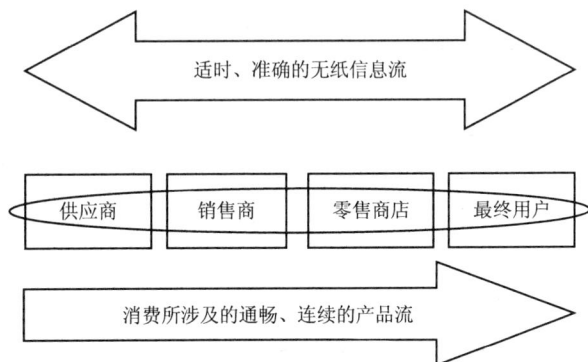

图 4.2 有效客户反应系统示意

相关作业

【作业一】

对比快速响应与有效客户反应方法。

【作业二】

各小组通过书籍、报纸、网络等媒体收集代表性强的、与我们生活实际联系比较紧密（或在日常生活中能经常看到的）的品牌经营者的有效客户反应案例。

案例要求尽量详细、生动、图文并茂、社会实效性强。

【小组辩论】

1）各小组讲解自己小组收集的有效客户反应案例。

2）各小组分别对展示小组的案例进行提问。

【小组互评】

1）各小组展示完自己的作业后，进行内部的讨论评分。

2）小组向任课教师提交本小组的评分表格，任课教师汇总登记，加上教师评分，得出最终评分，两部分的评分由任课教师酌情确定。

作业展示及点评

填写以下考核评分表。

考核评分表

考评小组		被考评小组	
考评内容	有效客户反应案例展示		
考评标准	内容	分值	实际得分
	案例介绍的完整性	40	
	重点突出	40	
	详略得当	20	
合计		100	

4.3 企业资源计划

学习目标

- 了解企业资源计划的概念；
- 了解企业资源计划的特点和优势；
- 掌握企业资源计划的功能；
- 熟悉企业资源计划的实施方式，并能够分析企业资源计划实施的效果。

案例导入

漫步者成功引进企业资源计划管理

深圳市漫步者科技有限公司成立于 2000 年 11 月，现已形成集产品研发、模具制作、注塑成型、喷油丝印、木箱制造、电子装配、扬声器开发生产为一体的大规模生产基地，年产音箱 600 万套，员工达 2500 人。

深圳漫步者的信息化工作在建厂之日就已开始进行，使用国内某软件公司提供的企业资源计划（ERP）软件中的进、销、存部分模块。随着公司规模的快速增长、工艺流程的日趋复杂，原有的平台已远远不能满足管理的需要。在集团董事会的支持下，智德多软件于 2002 年开始开发适合离散型制造行业的企业资源计划软件并在整个集团实施。

多媒体音箱行业产品更新快，技术发展日新月异，产品生命周期越来越短，产品更新速度加快。这就要求企业以更快的速度将科研成果转化为生产力，以更快的速度组织生产，实现销售，在产品生命周期里创造更多的利润。漫步者音箱成品型号有上千种，涉及物料 20 000 多个，研发部对物料及产品结构的管理压力日益沉重。研发和生产等方面都要求企业资源计划系统能够解决产品结构变更管理，快速地将变更信息传递到生产、采购等环节。

在电子行业里如果没有规模化的生产，产品不能以低成本推上市场，即使拥有再好的技术优势也不可能获得市场份额。而另一方面客户需求多样化带来的影响是订单数量小、批次多、品种多。这一矛盾要求企业具备快速反应能力和柔性生产能力，面对复杂的市场提高适应水平。要解决这一矛盾，需要综合考虑多方位的信息，如销售预测、产能调整、工艺路线调整、物料需求计划、供应链整合等，企业资源计划系统成为处理多方面数据的有力平台，是提高企业生存能力的可靠保障。企业资源计划针对客户需求多样化与企业研发环节快速反应的现实要求,提出产品配置解决方案。在研发环节即确定公司产品的可配置功能,将柔性生产触角移到最前端,最大限度地保留缓冲。客户可以通过产品定制来实现产品的差异化需求,如颜色、电器规格、配件等区别,而不需要研发部只是因为产品的些微差异即要建立新的产品物料编码和产品结构。

集团业务的不断拓展和新销售渠道的建立要求对多家工厂、销售公司、代理商渠道进行整合,保证数据传输的无缝和快速反馈。企业资源计划针对不同数据库间的数据传递提出用户可自定义的电子数据交换模块。通过电子数据交换功能,关系企业间可方便地传送和转换数据。例如,涉及北京总部代销深圳漫步者产品的作业模式,通过电子数据交换的定义,深圳漫步者的出货单可以方便地转换成北京总部的采购单、收料单和出货单,加快集团内部数据交换,减少人力资源浪费并避免人为手工输入错误的发生。

音箱市场处于完全竞争状态,成本控制成为企业生存的关键。企业需要及时、准确地提供成本信息给营销部门、生产单位、采购人员、研发项目管理人员,在整个产品生命周期内将成本的概念植入企业的灵魂中。企业资源计划在产品结构定义中即可按行业特点由用户自由定义将产品划分成功能块,例如,音箱行业中对产品的划分是低音炮、卫星箱、分体功放、外包装、电源适配器等几大功能块,新品研发或客户定制时经常在这些功能块间进行组合。能快速、准确地提供这些组合的成本状况就成为企业用企业资源计划系统整合其他模块应用、展现集成优势的一个特色。

（资料来源：http://articles.e-works.net.cn/ERP/Article48981.htm）

📖 必备的理论知识

4.3.1 企业资源计划概述

企业资源计划是指建立在信息技术基础上,以系统化的管理思想为企业决策层及员工提供决策运行手段的管理平台。企业资源计划系统集信息技术与先进的管理思想于一身,成为现代企业的运行模式,反映时代对企业合理调配资源、最大化地创造社会财富的要求,成为企业在信息时代生存、发展的基石。

企业资源计划是适应市场经济发展的产物,是企业进入成熟阶段的必经之路。如果企业要生存,就必须有良好的应变能力和快速响应市场的能力,并且千方百计地降低成本;要打破过去大而全的模式,扩大企业间和上下游企业的合作;充分利用信息资源,掌握最新的市场动态。人力已经很难完全达到这些要求,所以必须借助当代信息科技的最新成果,优化和加强企业的运营和管理。

企业资源计划将企业内部所有资源整合在一起,对采购、生产、成本、库存、分销、运输、财务、人力资源进行规划,从而达到最佳资源组合,取得最佳的效益。同时,企业处在日新月异的市场机遇、价格和服务水平等的挑战环境中，必须不断改变、改善经营模式，提高其竞争力。而仅仅关注于企业内部的流程改善，提高产品开发和制造水平已经不足以面对现在的市场环境。事实说明，处在现代竞争环境的企业要保持生存和持续发展必须与商业合作伙伴充分协调以建立一个具有竞争优势的价值链。

电子商务所带来的丰富的企业竞争手段和工具能够帮助企业更好地运用企业资源计划将广阔的网络商机和传统信息系统中的企业资源信息有效地结合起来。企业、客户、供应商、交易商和企业员工以前所未有的方式透过网站结合在一起。

企业资源计划应用成功的标志如下：

1) 系统运行集成化，软件的运作跨越多个部门。

2) 业务流程合理化，各级业务部门根据完全优化后的流程重新构建。

3) 绩效监控动态化，绩效系统能即时反馈以便纠正管理中存在的问题。

4) 管理改善持续化，企业建立一个可以不断自我评价和不断改善管理的机制。

4.3.2 企业资源计划系统的管理思想

企业资源计划的核心管理思想就是实现对整个供应链的有效管理，主要体现在以下三个方面。

1. 体现对整个供应链资源进行管理的思想

在知识经济时代仅靠自己企业的资源不可能有效地参与市场竞争，还必须把经营过程中的有关各方如供应商、制造工厂、分销网络、客户等纳入一个紧密的供应链中，才能有效地安排企业的产、供、销活动，满足企业利用全社会一切市场资源快速、高效地进行生产经营的需求，以期进一步提高效率和在市场上获得竞争优势。换句话说，现代企业竞争不是单一企业与单一企业间的竞争，而是一个企业供应链与另一个企业供应链之间的竞争。企业资源计划系统实现了对整个企业供应链的管理，适应了企业在知识经济时代市场竞争的需要。

2. 体现精益生产、同步工程和敏捷制造的思想

企业资源计划系统支持对混合型生产方式的管理，其管理思想表现在两个方面，其一是精益生产的思想，它是由美国麻省理工学院提出的一种企业经营战略体系，即企业按大批量生产方式组织生产时，把客户、销售代理商、供应商、协作单位纳入生产体系，企业同其销售代理、客户和供应商的关系已不再简单地是业务往来关系，而是利益共享的合作伙伴关系，这种合作伙伴关系组成了一个企业的供应链，这即是精益生产的核心思想。其二是敏捷制造的思想。当市场发生变化，企业遇有特定的市场和产品需求时，企业的基本合作伙伴不一定能满足新产品开发生产的要求，这时，企业会组织一个由特定的供应商和销售渠道组成的短期或一次性供应链，形成"虚拟工厂"，把供应和协作

单位看成是企业的一个组成部分，运用"同步工程"，组织生产，用最短的时间将新产品打入市场，时刻保持产品的高质量、多样化和灵活性，这即是敏捷制造的核心思想。

3. 体现事先计划与事中控制的思想

企业资源计划系统中的计划体系主要包括主生产计划、物料需求计划、能力计划、采购计划、销售执行计划、利润计划、财务预算和人力资源计划等，而且这些计划功能与价值控制功能已完全集成到整个供应链系统中。

另一方面，企业资源计划系统通过定义事务处理相关的会计核算科目与核算方式，以便在事务处理发生的同时自动生成会计核算分录，保证了资金流与物流的同步记录和数据的一致性，从而实现了根据财务资金现状追溯资金的来龙去脉，并进一步追溯所发生的相关业务活动，改变了资金信息滞后于物料信息的状况，便于实现事中控制和实时做出决策。

此外，计划、事务处理、控制与决策功能都在整个供应链的业务处理流程中实现，要求在每个流程业务处理过程中最大限度地发挥每个人的工作潜能与责任心，流程与流程之间则强调人与人之间的合作精神，以便在有机组织中充分发挥每个人的主观能动性与潜能，实现企业管理从"高耸式"组织结构向"扁平式"组织结构的转变，提高企业对市场动态变化的响应速度。总之，借助 IT 技术的飞速发展与应用，企业资源计划系统得以将很多先进的管理思想变成现实中可实施应用的计算机软件系统。

> 注意：
>
> 企业资源计划系统是指建立在信息技术基础上，以系统化的管理思想为企业决策层及员工提供决策运行手段的管理平台。

知识链接

企业资源计划的功能标准

1. 超越 MRP II 范围的集成功能

包括质量管理、试验室管理、流程作业管理、配方管理、产品数据管理、维护管理、管制报告和仓库管理。

2. 支持混合方式的制造环境

包括既可支持离散又可支持流程的制造环境；按照面向对象的业务模型组合业务过

程的能力和国际范围内的应用。

3. 支持能动的监控能力，提高业务绩效

包括在整个企业内采用控制和工程方法；模拟功能；决策支持和用于生产及分析的图形能力。

4. 支持开放的客户机/服务器计算环境

包括客户机/服务器体系结构；图形用户界面（GUI）；计算机辅助设计工程（CASE），面向对象技术；使用 SQL 对关系数据库查询；内部集成的工程系统、商业系统、数据采集和外部集成（EDI）。

4.3.3 企业资源计划系统的优、缺点

1. 企业资源计划系统可以在三个层次上都提供支持和流线化业务流程

（1）在业务操作层，企业资源计划系统可以降低业务成本

企业资源计划系统是一个企图将企业跨各业务部门的业务流程集成到一个企业级业务流程的信息系统。企业资源计划系统的主要优点在于协调各个业务部门，提高业务流程的整体效率。实施企业资源计划系统之后，即刻得到的好处是降低业务成本，例如，降低库存控制成本、降低生产成本、降低市场营销成本和降低客户服务成本等。

（2）在管理控制层，企业资源计划系统可以促进实时管理的实施

企业资源计划系统提供了对数据的更有效的访问，管理人员可以分钟级地实时访问用于决策的信息。企业资源计划系统提供了跟踪各项活动成本的功能，有助于在企业实行作业成本法。管理控制的工作实际上就是及时发现问题和及时解决问题的过程，企业资源计划系统的使用大大提高了管理人员及时发现问题和及时解决问题的能力。

（3）在战略计划层，企业资源计划系统可以支持战略计划

企业资源计划系统的一个重要作用就是支持战略计划中的资源计划。不过，在许多实际的企业资源计划系统中，由于战略计划的复杂性和缺乏与决策支持系统的充分集成等原因，资源战略计划的功能被大大削弱，而只强调具体的业务执行计划。如何更好地提高企业资源计划系统的战略计划功能，是企业资源计划系统今后发展的一个重要方向。

2. 企业资源计划系统为企业带来的定性好处

1）可以大大减少库存量，从而降低库存成本。

2）可以大大加快订单的处理速度、提高订单的处理质量，从而降低订单的处理过程成本。

3）通过自动化方式及时采集各种原始数据，提高了数据的处理速度和处理质量，从而降低了财务记账和财务记录保存的成本。

4）由于提高了设备的管理水平，可以充分利用企业的现有设备，降低设备投资。

5）生产流程更加灵活，可以有效地应对生产过程中各种异常事件的发生。

6）由于提高了生产计划的准确性，从而降低了生产线上的非常停产时间。

7）更加有效地确定生产批量和调度生产，提高生产效率。

8）减少生产过程中由于无法及时协调而出现的差错率，提高管理水平。

9）可以降低生产过程的成本。

10）由于成本和效率方面的改善，企业可以从容地确定有利的价格，从而提高企业的利润或者提高企业的市场占有份额。

11）由于提高了物料需求计划的准确性，因而大大减少了缺货现象。

12）由于改善了整个生产过程，因而可以大大缩短产品交付期。

13）对顾客来说，提高产品生产过程的透明度。

14）允许更大程度的产品个性化定制，因此可以更灵活地满足用户的需求。

15）客户满意度得到提高，从而可以增加产品销售量、增加销售利润并扩大市场份额，最终增加企业的利润。

16）企业的管理人员和业务人员有更多的时间投入到业务的研究和问题的解决中去，从而提高管理人员和业务人员的业务素质和管理水平。

17）由于可以方便地借鉴行业最佳管理实践，企业管理的精细化、规范化和标准化可以做得更好。

18）由于可以根据需要及时调整业务操作和业务流程中的约束，企业员工的全局观念得到了增强，员工的工作能动性得到了很大的提高。

19）由于实现了信息共享，企业的决策有了及时的、全方位的数据依据，可以提高决策的质量。

20）由于企业资源计划系统的各种培训和经常性的业务操作，企业员工的计算机技术和数字化管理素质得到了普遍提高。

3. 企业资源计划系统为企业带来的定量好处

1）降低库存资金占用 15%～40%。

2）提高库存资金周转次数 50%～200%。

3）降低库存误差，控制在 1%～2%。

想一想：

应用企业资源计划与企业的关系如何？

4）减少了 10%～30%的装配面积。

5）减少了 10%～50%的加班工时。

6）减少了 60%～80%的短缺件。

7）提高了 5%～15%的生产率。

8）降低了 7%～12%的成本。

9）增加了 5%～10%的利润。

4. 企业资源计划系统的主要缺点

1）企业资源计划系统的实施是非常复杂的，实施过程具有很大的风险。

2）与传统系统的集成以及接口、数据等更好地处理的问题较多。

3）客户定制问题，如何更好、更快地满足客户的要求。

4）实施成本高昂，大多数企业资源计划系统的实施都超过了预期的成本和项目期限。

5）由于组织流程和结构的变化，造成企业内部员工的消极抵触。

6）经常与企业的战略冲突。

7）计算机系统的安全性问题和病毒问题时刻对企业的正常生产经营活动带来严重危害。

4.3.4 企业资源计划系统的功能与实施

1. 一个成熟的企业资源计划系统的功能

1）要具有参考的业务模型，并能够基于这个模型，按客户的实际需求进行客户化工作，具备一系列的建模手段和方法。

2）实现多核算组织、多工厂、多地点的应用，要能够实现集中和分布的应用模式。

3）必须至少具备财务、采购、销售、生产和人力资源五个基本的子系统和一个信息分析平台，要能够具备或者支持专用的质量管理、设备管理、行业特殊管理、商务智能系统，要具备和其他有关应用的接口，诸如专业化的客户关系管理、供应链管理、CAD、工业控制系统等，所有这些系统能够实现无缝的、有逻辑的集成。

4）实现物流、信息流和资金流的完整过程，即物流要实现从购买、制造到销售的正向流动和反向的信息追溯；信息流要实现销售预测、采购计划和生产计划的自动生成和关联更改；资金流要实现和物流的在线同步核算和信息流的在线同步计划，能够实现营运成本控制。

5）实现物流、信息流和资金流的过程控制，例如，在物流过程中，要具备发票、订单和出入库单的三单匹配控制；在订单过程中要具备库存、在制、信用度、财务预算等多点控制；要具备多级的工作流控制等。

6）要具备一定的客户化开发平台或工具，这样的平台和工具至少需要支持客户对输出信息的任意采集和编排。

7）财务管理应当至少具备核算会计和管理会计的功能，要具备资金管理和资产管理的能力，基本实现会计信息直接来源于业务本身，而非财务系统本身，也就是说财务系统中90%以上的会计凭证是自动生成的。

8）在生产管理中，至少支持最基本的离散和流程业务模式，即根据物料清单（bill

of materials，BOM）及能力进行计划和根据工单执行，根据工艺及配方进行计划和根据期段排产单进行生产，并可以将这两种模式进行混合使用，当然还应当具备将物料需求计划（MRP）和准时制两种模式的混合使用。

9）在采购和销售过程中，要支持多类型、多地点的存货管理和仓库管理，这里存货管理和仓库管理是两个不同的方面；要支持订货过程的多维控制，即库存检验、质量要求、信用状况等。

10）在人力资源管理中，其核心应当是目标管理和绩效考核，而非简单的人事管理。

以上十点应当是构成一个最基本的企业资源计划系统的内容。当然对于一个完善的解决方案而言，只有以上的功能还远远不够，还应当具备一个完整的实现方法。

2. 企业资源计划系统的实施

企业资源计划项目的特殊性决定了它必须依靠专业顾问的咨询和服务。但企业必须记住，项目的主人是企业自己，顾问只是在某一时间为企业出谋划策，他不可能保证企业的成功，也不会为企业服务一辈子，所以如何能在最短的时间内将顾问的知识学到手，那才是至关重要的。

想一想：
如何选择企业资源计划系统？

企业资源计划的实施，或多或少会涉及企业管理流程的变化，因此企业资源计划往往和它的实施结合在一起，也只有这种结合，才能使得企业的企业资源计划系统发挥最大的作用。一个成功的企业资源计划的实施支持，必须包含有一个广泛的知识库和有实践经验的顾问。

企业资源计划的实施过程基本上要经历五个阶段和六个步骤。

（1）五个阶段
1）基础建设。
2）引进观念。
3）业务重组。
4）系统运用。
5）持续完善。
（2）六个步骤
1）方案规划。
2）项目组织。
3）全面培训。
4）原型定义。
5）数据准备。
6）系统切换。

这五个阶段和六个步骤互为穿插，不断循环，以保证企业资源计划项目的成功。

相关作业

【作业一】

如何选择企业资源计划系统？

【作业二】

如何能体现企业资源计划应用的成功？

【作业三】

企业资源计划实施需要注意哪些问题？要考虑哪些因素？

案例分析

企业资源计划实施并非易事

案例1

某企业是一家民营注塑机械企业，对企业信息化可以说是一片空白，几乎没有人知道企业资源计划是什么，直到有一天"空降"了一名副总，情况才发生变化。副总对企业资源计划和软件比较了解，在这位副总的游说下老板终于同意上企业资源计划，但由于没有信心，于是这位副总规划先将仓库和采购管起来，其他部分等这两部分用好再陆续上去。为了节省成本，这位副总还决定除了材料和产品的料号规划请顾问指导外，其他全部自己搞定。但从最终得到的效益来看非常有限，投资回报率非常低。

原因有几个方面：第一，应用的部门太少，没有形成企业信息化的氛围，就那么几个人在搞；而且因为跟库存相关的其他部门没有应用企业资源计划，还存在很多的手工单据，电脑单据与手工单据并存，在处理上很混乱。第二，无法达成流程控制的目的，只是简单地将一部分的手工单据用电脑代替，单据的流转并没有受控，举例来说，车间领料并没有受到生产任务量的控制，车间是按需领料，想领多少就领多少，导致物料计划部门无法合理制定生产和采购计划，为了保证生产只能多采购和多下备用库存。车间材料的浪费和仓库材料、半成品的浪费非常严重。

案例2

某企业是一家民营企业，生产高档水壶，一半产品做 OEM，另外一半以自有品牌产品销售，全部出口，经济效益很好。企业管理层对企业信息化或多或少有所了解，有专职的 IT 人员。企业在规划企业资源计划系统的时候，第一期纳入进销存、生产和财务模块，经过近五个月全员参与的实施上线应用，过去的很多漏洞、浪费被堵住，所有部门都按企业资源计划系统规划的流程运作，正常的控制交由企业资源计划去做，无需要过多的人工干预。对于异常单据规划不同的处理流程，严格控制异常的发生，并对异常情况追根溯源，大大地减少了异常情况的发生。

在一期上线后，该企业规划从广度和深度两个方向深化应用信息化，一方面是在车间进行精细化管理，将每道关键工艺的数据用企业资源计划管理起来；另一方面，导入工作流系统，将企业资源计划的单据和日常的办公结合起来，实现管理层出差在外也同样可以审批关键单据，保证了业务处理的及时性。这两个部门的应用是企业在成功应用第一部分的系统后，车间主管和总经理主动提出来的。这也给我们很多企业提供了一个借鉴，在规划上企业资源计划的时候，一步一步推进，不要贪大求全，在满足大部分的管理需求的基础上，将企业资源计划的应用积极性调动起来，让各部门在第一阶段应用的基础上，主动考虑如何深入应用企业资源计划系统甚至是企业资源计划外的信息系统，这样自觉、自发的应用效果会非常好，信息化的投入和产出比也大大提高。

（资料来源：太平洋电脑网）

思考题：

1. 分析上述企业实施企业资源计划的情况，总结经验，并提出企业资源计划如何能成功实施。

2. 针对某行业或企业提出可行性实施方案。

小　结

供应链理论的产生远远落后于具体的技术与方法。供应链管理最早多是伴随一些具体的方法出现的。最常见的供应链管理方法就是从美国纺织服装业发展起来的快速反应（QR），它要求零售商和供应商一起工作，通过共享 POS 信息来预测商品的未来补货需求，以及不断地监视趋势以探索新产品的机会，以便对消费者的需求能更快地做出反应。还有一种常见的方法是从美国食品杂业发展起来的有效客户反应（ECR），它是以满足顾客要求和最大限度降低物流过程费用为原则，能及时做出准确反应，使提供的物品供应或服务流程最佳化的一种供应链管理战略。以上两种方法是供应链管理当中最常用的方法，也是几乎每个供应链管理战略中必不可少的应用手段。两种方法尽管适用范围不尽相同，但是其对客户、对消费者的服务是一流的。

　　此外，诸如企业资源计划（ERP）、商品分类管理、协同规划（CPRF）、供应链管理库存（VMI）等都是供应链管理的有效方法，我们在随后的一些章节中都有具体的介绍。无论是哪种供应链方法，都离不开信息技术的运用，如条形码、POS、EDI、网络技术、专家系统等。通过有效的信息技术支持，通过有效分析企业的客观环境选择正确的管理模式，实施有效的方法，可以为企业发展带来巨大的影响，大大降低成本，提高效益。本章仅对供应链管理中最主要的方法 QR、ECR、ERP 进行了详细介绍，我们必须对这几种方法的产生背景、方法适用范围、如何实施、实施效果及应注意哪些问题等方面去了解和掌握，要宏观供应链各个方面去实施合适的方法，才能取得非常明显的效果。

第5章 供应链中的采购管理

采购管理作为供应链上企业生产经营管理过程中的基本环节，随着中国加入世界贸易组织和互联网的飞速发展，已经越来越受到企业的广泛重视。在供应链环境下，简单地说，采购管理将从简单的购买向"合理采购"转变，即选择合适的产品，以合适的价格，在合适的时间，按合适的质量，并通过合适的供应商获得。企业组织也将逐渐形成强大的职能部门，以支持采购在市场上的准确定位，有效地获得产品和服务。

5.1 供应链采购概述

学习目标

- 了解供应链采购的概念；
- 了解供应链采购的特点，能区分传统采购与供应链采购的区别；
- 了解供应链采购的原则。

案例导入

宝钢集团如何实施供应链采购

在未来 5 年内发展成为全球前三强的钢铁企业，到 2012 年，公司要实现规模从 2000 多万吨钢到 8000 万吨钢的跨越，这是宝钢集团的一幅规划蓝图。为了实现这一突破，宝钢集团原料采购中心在集中采购过程中努力探索，力求整合出一套适合未来可以快速覆盖和复制的高效采购管理模式。

"我们突破了原有的传统模式，汲取国际上先进的采购管理理念和成功的采购管理案例，从提高原料采购中心体系能力的战略高度上，创新采购管理模式，建立了寻源、执行、策略管理'三位一体'的管理模式。该模式使供应商寻源、采购合同执行、采购策略管理三个重要采购流程相互分离，但彼此之间又相互支撑、相互制约。充分发挥了规模采购、专业分工、统筹规划的优势，不仅提高了效率，而且规范了操作流程，整体业务高度透明。"宝钢集团原料采购中心的总经理王利群说。

据介绍，寻源是面向资源，以合同为管理核心的采购过程，主要负责物料管理、供应商管理、寻源、招标和签约管理、合同管理等采购工作；执行是面向实物，以订单为管理核心的采购过程，主要负责实际的购买、交付、物流配送、库存、验收等采购工作；而策略管理是面向过程，以数据为管理核心的采购管理和控制的过程，主要负责采购战略发展规划、采购计划预算管理、市场分析策划采购绩效管理、过程分析和改进等管理。

该模式实施以来，宝钢集团的资源保障能力进一步增强，协同效应日益显现。原料采购中心通过集中规模采购，整合了采购渠道，减少了中间环节，降低了成本。例如，采购中心将宝钢分公司、不锈钢分公司、特殊钢分公司的油品作为统一的采购资源，在油品市场价格普遍上涨的情况下，对油品品种进行整合，通过策略采购，有效地控制了采购成本的上升。又如，通过对电极采购资源进行汇总整合，使电极采购总量大幅降低，有效地降低了采购成本。

（资料来源：http://www.interscm.com/thinktank/strategic/200904/27-55017.html）

必备的理论知识

5.1.1　供应链采购的概念及意义

采购就是购买生产和生活所需的物资，其过程包括提出采购需求、选定供应商、谈妥价格、确定交货及相关条件、签订合同并按要求收货付款的过程。采购包括两个基本意思，一是"采"，二是"购"。

供应链采购是指供应链内部企业之间的采购。供应链内部的需求企业向供应商企业采购订货，供应商企业将货物供应给需求企业。

> 想一想：
> 供应链采购与传统采购有哪些区别？

采购是供应链管理中非常重要的一个环节。据统计，生产型的企业至少要用销售额的 50% 来进行原材料、零部件的采购，而中国的工业企业中，各种物料的采购成本更是高达企业销售成本的 70%。显而易见，采购绝对是企业成本管理中"最有价值"的部分。成本的降低不仅意味着利润的提高，企业还可以利用这样的机会降低产品售价以增强市场竞争力，从而提高整个供应链的最终获利水平。并且，采购的速度、效率、订单的执行情况会直接影响到企业的客户服务水平。

5.1.2 供应链采购的特点

企业采购管理的历史演进紧密地伴随着社会经济、科技的发展步伐。随着科技进步和市场环境的变化，生产供应有了一定的增加，市场环境由生产导向型转变为需求导向型，需求的多样性使得企业之间出现了一定程度的竞争；而从采购、生产到销售的整个环节，各节点企业之间又不得不相互依赖。为了在竞争中取得优势，此时的采购管理多从买卖双方两级供应链的渠道协调以及供应链系统应对最终市场多变需求的角度进行研究。供应链采购的特点，可从以下几个方面来分析。

1. 从采购性质看

1）供应链采购是一种基于需求的采购。
2）供应链采购是一种供应商主动型采购。
3）供应链采购是一种合作型采购。

2. 从采购环境看

供应链采购是一种友好合作的环境，而传统采购是一种利益互斥、对抗性竞争的环境。

3. 从信息情况看

供应链采购一个重要的特点就是供应链企业之间实现了信息联通和信息共享。

4. 从库存情况看

1）供应链采购可以实现用户零库存，大大节省费用、降低成本。
2）供应商掌握库存自主权，可以根据需求变动情况，适时地调整生产计划和送货计划，既避免盲目生产造成的浪费，也可以避免库存积压、库存过高所造成的浪费以及风险。

5. 从送货情况看

供应链采购是由供应商负责送货，而且是连续小批量多频次地送货。

6. 从双方关系看

供应链采购活动中，买方企业和卖方企业是一种友好合作的战略伙伴关系，它们互相协调、互相配合、互相支持，所以有利于各个方面工作的顺利开展，提高了工作效率，实现双赢。

7. 从货检情况看

传统采购由于是一种对抗关系，所以货物会常常以次充好、低价高买，甚至假冒伪劣、缺斤少两，所以买方进行货检的力度大、工作量大、成本高。而供应链采购，由于供应商自己的责任与利润相连，所以自我约束、保证质量，所以可以免检。这样大大节约了费用、降低了成本、保证了质量。

总之，供应链采购以外部资源管理为工作中心，强调整个供应链系统的协调性、集成性和同步性，强调不断提高采购的柔性和市场响应能力，增强与供应商之间的信息联系与沟通。在整个的采购过程中，偏重于过程的管理，通过对过程中的资金流、信息流、物流等的统一协调控制，达到整体功能的优化配置。在供应链采购中，无论从供应商的选择还是与供应商的合作，无不体现出长期利益关系，体现出双方互赢、追求更强合作能力的关系。

> 注意：
> 供应链采购不是单单的一项工作，而是整个供应链管理过程中最重要的环节之一。掌握供应链采购，就意味着在管理经营中，取得了成本的优势。

5.1.3 供应链采购的原则

供应链采购要求在适当的时间以适当的价格从适当的供应商处买回适当的商品。在整个供应链采购过程中，必须强调整个资金流、信息流、物流的整体协调控制，强调信息技术在供应链系统运作中的应用。

供应链采购不但要同传统采购一样，围绕价、质、量、地、时等基本要素来开展工作，更要适时、合理地运用现代信息技术与网络，以信息资源的集成为前提，实现采购内部业务信息化和外部运作信息化的整合。

1. 适价

价格与货物的种类、是否为长期购买、是否为大量购买以及市场当时的供求关系有关，同时与采购者对该货物的市场状况是否熟悉也有关系，如果采购者未能把握市场脉搏，供应商在报价时就有可能含有较大的水分，这就要求采购者要时常了解该行业的最新市况，尽可能多地获取相关供应商的资料，从多方面了解各供应商的情况。一个合适的价格往往要经过以下几个环节的努力才能获得：

1）多渠道获得报价。这不仅要求现有供应商报价，还应该要求一些新供应商报价。与某些现有供应商的合作可能已达数年之久，但它们的报价未必优惠。获得多渠道的报价后，就会对该物料的市价有一个大体的了解，并可与企业内部事先做出的估价进行比较。供应链管理环境下，企业还可以通过上下游的供应链合作伙伴，来分析供应商价格的可靠程度，进而评价供应商的合作信誉，达成双方互赢的友好合作关系，取得价格乃至各方面的合作优势。

2）比价。由于供应商的报价单中所包含的条件往往不同，故采购人员必须将不同供应商报价中的条件一一转化一致进行比较，从而获得可靠的结果。

3）议价。经过比价环节后，筛选出价格最适当的2～3个报价（注意，是适当价格，不是最低价格），然后进行议价环节。随着进一步的深入沟通，不仅可以将详细的采购要求传达给供应商，而且还可进一步"杀价"，供应商的第一次报价往往含有"水分"。但是，如果货物为卖方市场，即使是面对面地与供应商议价，最后所取得的实际成绩也可能要比预期的低。

4）定价。经过上述三个环节后，双方均可接受的价格便作为日后的正式采购价，一般需保持2～3个供应商的报价，这2～3个供应商的价格可能相同，也可能不同。

2. 适质

一个不重视品质的企业在激烈的市场竞争中根本无法立足，一个优秀的企业要想在现代市场竞争中生存必须立足于良好的产品质量和完善的服务。采购就作为产品生产的第一个质量把关体系，必须做到优质优量，这也是考察供应商的条件之一。

3. 适时

供应链管理模式下，往往提倡零库存管理，在适当的时间送适当的物品，是供应链管理追求的至高境界。企业已安排好的生产计划若因原材料未能如期到达往往会引起企业内部混乱，即会产生"停工待料"，产品不能按计划出货会引起客户的强烈不满。若原材料提前太多时间买回来放在仓库里"等"着生产，又会造成库存过多，大量积压采购资金，这是现代供应链管理中最为忌讳的事情，故企业要扮演协调者与监督者的角色去促使供应商按预定时间交货。若企业实施准时制采购，交货时机就更显重要。

4. 适量

采购量多，价格就便宜，但不是采购越多越好，现代的供应链管理强调"适合"，资金的周转率、仓库储存的成本都直接影响采购成本，企业应根据资金的周转率、储存成本、物料需求计划等综合计算出最经济的采购量。

采购量的大小决定生产与销售的顺畅与资金的调度。货物采购量过大造成过高的存货储备成本与资金积压，货物采购量过小，则采购成本提高，因此，适当的采购量（即适量）是非常必要的。

5. 适地

天时不如地利，企业往往容易在与距离较近的供应商的合作中取得主动权，企业在选择准时制试点供应商时也最好选择近距离供应商。供应商离自己企业越近，运输费用就越低，机动性就越强，协调沟通就越方便，成本自然就越低了，同时也有助于紧急订购时的时间安排。

6. 从选择供应商的供货资源扩大到选择供应商的持续发展合作能力

在传统的采购模式中，供应商主要是通过价格竞争选择的，制造商与供应商是短期的交易关系。当发现供应商不合适时，会通过市场竞争的方式重新选择供应商。在供应链管理环境下，供应商的合作能力影响企业的长期利益。因此，选择供应商时，需要对供应商进行综合评估，不仅仅根据质量、价格等指标，更需要根据技术、能力、创新等指标进行评估。

相关作业

【作业一】

请用图表来说明传统采购与供应链采购的区别。

【作业二】

请为一家食品经营商制定供应链采购计划书。

【小组辩论】

1）各小组讲解自己的采购计划书。
2）讨论采购计划书的可行性。

作业展示及点评

填写如下考核评分表。

考核评分表

考评小组			被考评小组	
考评内容	采购计划书			
考评标准		内容	分值	实际得分
		计划书的内容	40	
		可行性	40	
		逻辑性	20	
	合计		100	

5.2 采 购 管 理

- 了解采购管理的定义和作用；
- 明确采购管理的目标；
- 掌握采购管理的内容和模式。

案例导入

日本本田汽车公司因为大力改善采购工作，平均每一辆汽车的成本节省了近600美元，在极大地增加了公司利润的同时，也极大地增强了产品的国际市场竞争力。本田汽车公司每辆车80%的成本都用于从外部供应商购买零部件，即每年在供应商处的购买额达60亿美元，也就是说，公司13 000名员工所生产的只占每辆车成本的20%，他们认为：供应商的状况如何对本田汽车公司的盈利至关重要，好的供应商最终会带来低成本、高质量的产品和服务，因此，必须与供应商建立长期合作伙伴关系。

（资料来源：http://www.ahexporler.com/10013/27472.shtml）

必备的理论知识

5.2.1 采购管理的概念

采购管理是对整个企业采购活动的计划、组织、指挥、协调和控制活动，是管理活动，是面向整个企业的，它不但面向企业全体采购员，也面向企业的其他人员（进行有关采购的协调配合工作），一般由企业的采购部门来承担。其使命就是要保证整个企业的物资供应，其权利是可以调动整个企业的资源。供应链视角下的采购管理重点在于做好供应商管理工作，正确处理和发展同供应商的关系，将采购及供应商的活动看成是自身供应链的一个有机组成部分，加快物料及信息在整体供应链中的流动，做到缩短生产周期、降低成本和库存，同时又能以最快的交货速度满足顾客的需求。

而相对来说，采购只是指具体的采购业务活动，是作业活动，一般是由采购人员来承担，只涉及采购人员个人，其使命就是完成采购主管布置的具体采购任务，其权利只能调动采购主管分配的有限资源。

5.2.2 采购管理的作用

货物采购要实现与资源市场的纽带作用，就要建立与资源市场的友好和有效的关系。可以说，资源市场也是企业的生命线，它不但是企业的物料来源，也是资源市场信息的来源。作为货物来源，它是通过采购人员的采购活动为生产适时地提供原材料、设备和工具，保障生产得以顺利进行；作为信息来源，也是通过采购人员的采购活动，与资源市场广泛接触，了解资源市场的产品信息、技术水平信息、发展动态信息、运输信息等，这些信息对企业都是非常重要的。总体而言，采购管理可以发挥以下强大的作用：

1）对制定最优的采购策略本身提供支持。企业可以利用这些信息选择最好的供应商、产品、运输路线和运输方式，进行最有效率的采购。

2）资源市场中资源的发展变化动态、技术动态信息等对企业随时制定和调整产品策略、生产决策提供有力的支持。企业应当根据资源的发展变化来随时调整其产品策略和生产策略。

3）有利于与供应商建立起一种比较友好的关系，为企业的货物采购和生产提供一种比较宽松的、高效率的外部环境条件。现代的供应链思想，就是要建立起企业与供应商之间的高效率的运作体系，因此，货物采购的一个重要职能就是要通过货物采购人员建立起与资源市场的各个供应商之间友好、宽松、有效的供应链关系。

5.2.3 采购管理的目标

1. 总目标

采购管理的总目标可用一句话表述为：以最低的总成本为企业提供满足其需要的货物和服务。总目标的实现不仅仅是采购部门的事情，还需要整个企业的共同努力。但在某一时期，企业可能专注于一个具体的目标。

2. 子目标

采购总目标可以具体分解为以下子目标：

想一想：
如何实现采购管理的目标？

1）确保企业生产经营的物资需要。这是采购管理最基本的目标。如果原材料和零部件的缺货，由于必须支出的固定成本而带来的运营成本的增加以及无法向顾客兑现做出的交货承诺，这将对企业造成极大的损失。例如，没有外购的轮胎，汽车制造商不可能制造出完整的汽车；没有外购的燃料，航空公司不可能保证其航班按航运时刻表飞行；没有外购的手术器械，医院也不可能进行手术。

2）力争最低的成本。在一家典型的企业中，企业采购部门消耗的资金最大。除此之外，企业采购活动的经济杠杆效用也非常明显。尽管"价格购买者"这个词由于意味着其在采购时所关注的唯一因素是价格而一般被人理解为贬义词，但是当确保质量、发送和服务方面的要求得到满足时，采购部门还是应该全力以赴地以最低的价格获得所需的物料和服务。

3）使存货和损失降到最低限度。保证货物供应不间断的一个方法是保持大量的库存。而保持库存必然要占用资金，这些资金再不能用于其他方面。保持库存的成本一般每年要占库存商品价值的 20%～50%，如果采购部门可以用价值 1000 万元的库存（而不是原来的 2000 万元）来保证企业的正常运作，那么 1000 万元库存的减少不仅意味着多了 1000 万元的流动资本，而且也意味着节省了 200 万～500 万元的存货费用。

4）保持并提高自己的产品或服务。为了生产产品或提供服务，每一种物料的投入都要达到一定的质量要求，否则最终产品或服务将达不到期望的要求，或是其生产成本远远超过可以接受的程度。纠正低质量物料投入生产的内部成本的数额可能是巨大的。例如，一个质量较低的弹簧安装到柴油机的刹车系统上，其成本仅仅是 5 元钱。但是，如果在这台机车使用过程中，这个有缺陷的弹簧出了毛病，那么必须进行拆卸来重装弹簧，再考虑到机车在订货方面的损失，总成本可能达上万元。

5.2.4　采购管理的内容与过程

1. 企业采购管理的基本任务

1）要保证企业所需的各种物资的供应。
2）要从资源市场获取各种信息，为企业物资采购和生产决策提供信息支持。
3）要与资源市场供应商建立起友好且有效的关系，为企业营造一个宽松、有效的资源环境。

其中第 1）项是最重要、最基本的任务。如果这一项做不好，就不能称之为采购管理。为了实现采购管理的基本职能，采购管理需要有一系列的业务内容和业务模式。采购管理的基本内容和模式如图 5.1 所示。

2. 采购管理的组成部分

（1）直接物料订单

通常由物料需求计划或 APS 系统的输出创建直接物料的采购订单，并可自动创建这些采购订单，它可与供应链管理的物料/部件内容管理中的合同存储库集成，以确保符合物品采购策略，并实现"无人值守"的事务管理过程。这些订单的发布格式符合通过 B2B 交换、电子信息交换或企业资源计划系统进行传输的协议。

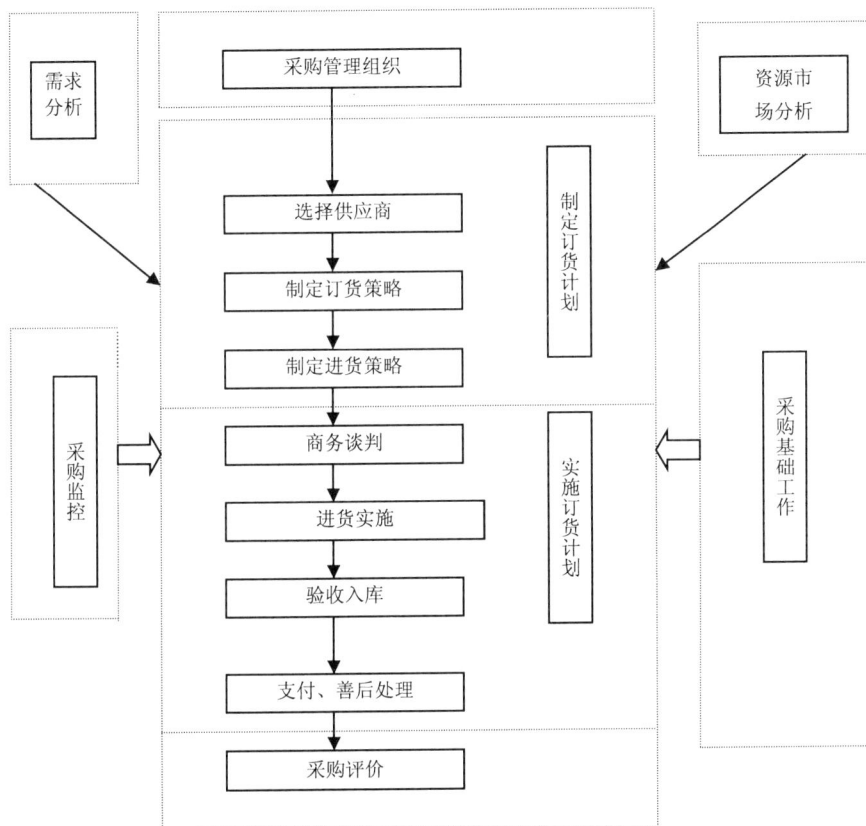

图 5.1　采购管理内容和模式

（2）重要的 MRO 管理

重要的 MRO 管理功能包括了货物采购、设备管理所需复杂服务的采购过程。它与产品目录相集成，可使采购人员方便地浏览供应商，并从有资格的供应商那里进行采购，同时与企业资产管理系统和维护管理系统集成，简化了计划订单和工作单的流程。

（3）员工请购管理

简化而直观的请购审批工作流可使员工自行创建他们所需的请购单，然后报请批准，在按工作流程序获得批准后，即可交由采购部门为之采购。该业务流程完全是在线的和自动化的，无需进行手工操作。该业务主要是用来为员工采购办公用品的 MRO 类产品。

（4）订单协作

订单协作是指发出（或上传）采购订单，就交货计划进行协作，接收确认和提前装运通知，接收货物并安排验货，实现付款事务处理的过程，并可与其他内部系统（如总账系统等）进行协调。

（5）目录管理

绝大多数企业请购单都是针对库存项目的。诸如元件方面的供给、维护设备和其他 MRO 项目等物料通常会在企业内部有库存。目录管理能够支持库存项目，并可从中查看整个企业的 MRO 零件的库存可用情况。

注意：

采购管理的各个组成部分缺一不可，每个环节都必须要考虑到。整个采购成本的降低，不仅仅就是购买环节的问题，它包括在整个采购管理过程中。

相关作业

【作业一】

请分析案例导入中本田汽车公司如何靠采购管理降低经营成本的。

【作业二】

请说明采购管理的重要性。

小组模拟仿真

1. 岗位角色

每组 10 人，分组模拟整个采购管理过程。

2. 活动要求

1）各小组分配好工作。
2）准备各自的资料。
3）各环节存档。

3. 模拟步骤

1）熟悉采购管理基本的职能及相关内容。
2）模拟采购管理的流程。
3）存档资料。
4）互相评价。

5.3 基于供应链的采购管理模型

学习目标

- 能解释采购管理模型;
- 了解信息在供应链采购管理模式下的作用;
- 掌握内部信息系统和外部信息系统如何运作。

案例导入

辽宁某大型国企主要生产经营五金配件。在市场竞争的大潮中,该企业越来越发现其经营成本的飞涨。采购部门经理张先生已经意识到该企业的采购体制过于陈旧,不建立新型的采购管理模式,不实行高效的采购管理方式就无法带动企业成本的降低。但是,该如何根据企业的情况选择合适的采购管理方法以建立适合本企业的采购管理机制呢?如何把企业内外部的信息紧紧掌握在自己手中,从而进行更完善的采购信息的处理,进而加强采购运营呢?

必备的理论知识

5.3.1 基于供应链的物资采购管理模型

基于供应链的物资采购管理模型见图5.2。

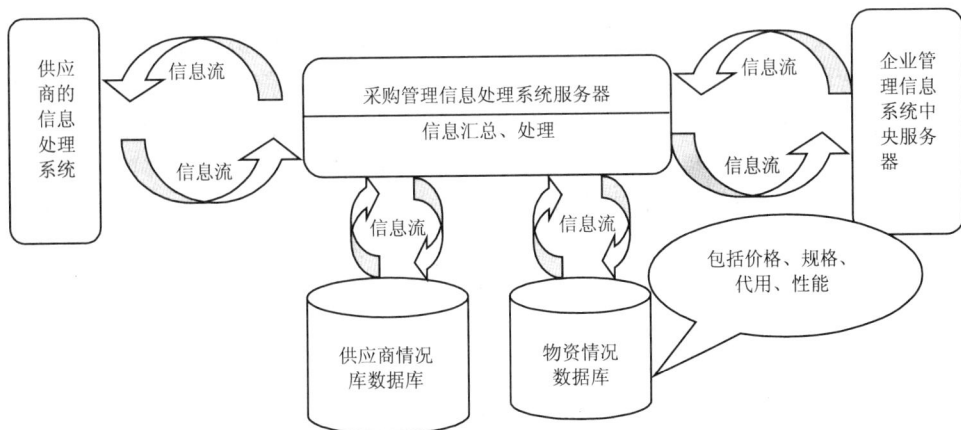

图 5.2 基于供应链的物资采购管理模型

现代企业的供应链管理侧重于信息技术的传递。如图 5.2 所示，采购部门负责对整个采购过程进行组织、控制和协调，它是企业与供应商联系的纽带。生产和技术部门通过企业内部的管理信息系统根据订单编制生产计划和物料需求计划。供应商通过信息交流处理来自企业的信息，预测企业需求以便备货，当订单到达时按时发货，货物质量由供应商自己控制。这个模型的要点是以信息交流来实现降低库存，以降低库存来推动管理优化，畅通的信息流是实现这个模型的必要条件。

实现此模型的关键是畅通无阻的信息交流和企业与供应商制定的长期合作契约。订单驱动是基于供应链下的采购管理的一个重要特点，本模型中客户订单导致了整个采购活动的发生。

5.3.2 信息系统在采购管理中的应用

1. 内部信息系统

实行供应链管理的企业，必须建立自己的信息处理系统。业界关于信息处理系统的解决方案有很多，但它们对采购管理的关注却很少，有的系统甚至不支持采购管理信息的处理。现有的物料需求计划或制造资源计划（MRP Ⅱ）以及现在流行的企业资源计划系统都不能很好地支持基于供应链的采购管理，甚至缺乏专门为采购管理设置的数据库。因为它们只考虑如何合理地应用企业内部的资源来提高效率、降低成本，而没有考虑应用企业外部的资源来创造价值。也有一些专用的采购管理信息处理系统，但它们多是独立于其他系统之外的一个独立系统，没有很好地和企业的系统集成起来。

采购信息处理系统应成为企业管理信息系统中的重要组成部分，成为子系统之一。系统的中央服务器为采购管理子系统提供物资需求信息和库存信息。采购管理子系统将对信息进行汇总、加工、分析和处理，根据物资情况数据库和供应商情况数据库生成对供应商的联系单（联系单是一种供应商与企业协商制定的信息交流标准）。联系单中包含物资需求情况、参考价格、供货要求等信息。供应商将处理此联系单，并回复一个联系单。回复联系单中包含预备供货信息、供货价格等信息。回复联系单中的内容被确认后，将传送到中央服务器再转送到各相关部门，并由相关部门提出意见。意见被汇总到中央服务器，传送至采购管理信息处理系统，系统生成联系单发给供应商。如此往复，直至采购过程完成。当采购完成时，系统将把采购过程中供应商的有关信息汇总储存于供应商情况数据库中，同时根据交易物资情况更新物资情况数据库。

2. 对外信息传递系统

信息技术的发展为企业与外界的信息交流提供了很多平台，电子数据交换技术已经广泛应用于各个领域。电子数据交换是一种电子数据交换规范，联系双方使用同一种规范进行数据编辑和传递，利用企业之间的计算机网络来传递信息。它的特点是传递信息快、种类多、保密性好。由于电子数据交换费用较贵，很多企业目前使用的是 E-mail 传递信息，这也是对外信息传递的重要手段。与供应商的良好沟通，大大提高了双方的互相了解和信任，也加强了双方的凝聚力。

相关作业

【作业一】

请尝试策划内部信息管理的方案。

【作业二】

试着制定对外信息管理规定。

【作业三】

讨论：加强信息管理的手段有哪些？

【案例实践】

请帮助案例导入中的采购部经理张先生制定自己的采购管理模式，并说明应如何确保该企业内外部信息的畅通。

【作业点评】

1）各小组分别阐述白己的各项方案，并讨论可实施性。
2）对讨论结果进行总结。

5.4　准时制采购在采购管理中的应用

学习目标

- 了解准时制采购的内容；
- 了解准时制采购的意义；
- 掌握准时制采购的应用技巧。

案例导入

张杨大学毕业后开了一家小超市。由于他经营思路清晰，营销点子多，在当地颇受好评，其超市规模日渐增大，甚至还开了几个连锁小超市。经营规模的扩大并未给事业如日中天的张杨带来过多的快乐，取而代之的是更多的烦恼。规模越大，他越发现库存无法恰当控制。尤其是几家连锁超市，都是地处闹市，仓库极小，每天客源较多，成交产品不固定，如何能保证及时供货，而又不占库存呢？张杨的导师建议他引进准时制采购管理的新方法，张杨该如何实施呢？

必备的理论知识

5.4.1 准时制采购的定义和地位

准时制采购是一种基于供应链管理思想的先进的采购管理模式，是准时制管理方式在采购中的应用和反映。按照准时制管理原理，一个企业中的所有活动只有当需要进行的时候才进行，它的基本思想是：在恰当的时间、恰当的地点，以恰当的数量、恰当的质量提供恰当的物品。它是从准时生产发展而来的，是为了消除库存和不必要的浪费而进行的持续性改进。因此，企业按照准时制采购就是只在需要的时候（既不提前，也不延迟），按需要的数量，将企业生产所需要的合格的原材料和外购件采购回来。

准时采购对于供应链管理的贯彻实施有重要的意义。供应链环境下的采购模式的不同之处，在于采用订单驱动的方式。订单驱动使供应与需求双方都围绕订单运作，也实现了准时制、同步化运作。要实现同步化运作，采购方式就必须是并行的，当采购部门产生一个采购订单时，供应商即着手与物品的准备工作，与此同时，采购部门把详细的采购单提供给供应商时，供应商就能很快地将物资在较短的时间交给用户。当用户需求发生改变时，制造订单又驱动采购订单发生改变。因此，准时制采购增加了供应链的敏捷性，体现了供应链管理的协调性、同步性和集成型，供应链管理需要准时制采购来保证供应链的整体同步化运作。

知识链接

准时制采购最应考虑的因素

1. 供应商

传统的采购模式一般是多头采购，供应商的数目相对较多。从理论上讲，选择少量供应商比多供应商好。一方面，管理供应商比较方便，也有利于降低采购成本；另一方面，有利于供需之间建立长期、稳定的合作关系，质量上也比较容易得到保证。

2. 采购数量

小批量采购是准时制采购的基本特征。

3. 供货质量

如果货物的质量达不到要求，就会给准时制生产方式带来很大的影响。

4. 货物运输

准时制采购的一个重要特点是要求交货准时，这是实施准时制生产的前提条件。交货准时取决于供应商的运输条件。

5.4.2 准时制采购的战略价值

1. 采用较少的供应商

最理想的供应商数目是：对每一种原材料或外购件，只有一个供应商。因此，单源供应是准时制采购的基本特征之一。传统的采购模式一般是多头采购，供应商的数目相对较多。从理论上讲，采取单源供应比多头供应好，一方面，对供应商的管理比较方便，且可以使供应商获得内部规模效益和长期订货，从而使购买原材料和外购件的价格降低，有利于降低采购成本；另一方面，单源供应可以使制造商成为供应商的一个非常重要的客户，因而加强了制造商与供应商之间的相互依赖关系，有利于供需之间建立长期、稳定的合作关系，质量上比较容易得到保证。但是，采取单源供应也有风险，比如供应商可能因意外原因中断交货。另外，采取单源供应，使企业不能得到竞争性的采购价格，会对供应商的依赖性过大等。

在日本，虽然 98%的准时制企业采取单源供应，但实际上，一些企业常采用同一原材料或外购件由两个供应商供货的方法，其中一个供应商为主，另一个供应商为辅。从实际工作中看，许多企业也不是很愿意成为单一供应商。原因很简单，一方面，供应商是具有独立性较强的商业竞争者，不愿意把自己的成本数据披露给用户；另一方面，供应商不愿意成为用户的一个产品库存点。实施准时制采购，需要减少库存，但库存成本原先在用户一边，现在转移到供应商。因此，用户必须意识到供应商的这种忧虑。

> 注意：
>
> 准时制采购的前提是对供应商的合理选择，即必须要有合格的供应商。

2. 采取小批量采购的策略

小批量采购是准时制采购的一个基本特征。准时制采购和传统采购模式的一个重要不同之处在于准时生产需要减小批量，甚至实现"一个流生产"。因此，采购物资也应采用小批量办法。从另一个角度看，由于企业生产对原材料和外购件的需求是不确定的，而准时制采购又旨在消除原材料和外购件库存，为了保证准时、按质、按量供应所需的原材料和外购件，采购必然是小批量的。但是，小批量采购必然增加运输次数和运输成本，对供应商来说，这点是很为难的事情，特别是当某些供应商在远距离的情形下，实施准时制采购的难度就很大。通常情况下，解决这一问题的方法主要有四种：一是供应商在地理位置上靠近制造商，如日本汽车制造商扩展到哪里，其供应商就跟到哪里；二是供应商在制造商附近建立临时仓库，实质上，这只是将负担转嫁给了供应商，而未从根本上解决问题；三是由一个专门的承包运输商或第三方物流企业负责送货，按照事先达成的协议，搜集分布在不同地方的供应商的小批量物料，准时、按量地送到制造商的生产线上；四是让一个供应商负责供应多种原材料和外购件。

3. 对供应商选择的标准发生变化

由于准时制采购采取单源供应，因而对供应商的合理选择就显得尤为重要。可以说，能否选择到合格的供应商是准时制采购能否成功实施的关键。合格的供应商应具有较好的技术、设备条件和较高的管理水平，可以保障采购的原材料和外购件的质量，保证准时按量供货。在传统的采购模式中，供应商是通过价格竞争而选择的，供应商与用户的关系是短期合作的关系，当发现供应商不合适时，可以通过市场竞标的方式重新选择供应商。但在准时制采购模式中，由于供应商和用户是长期的合作关系，供应商的合作能力将影响到企业的长期经济利益，因此，对供应商的要求就比较高。在选择供应商时，需要对供应商按照一定标准进行综合评价，这些标准应包括产品质量、交货期、价格、技术能力、应变能力、批量柔性、交货期与价格的均衡、价格与批量的均衡、地理位置等，而不像传统采购那样主要依靠价格标准。在大多数情况下，其他标准较好的供应商，其价格可能也是较低的，即使不是这样，双方建立起互利互惠的合作关系后，企业可以帮助供应商找出降低成本的方法，从而使价格降低。更进一步，当双方建立了良好的合作关系后，很多工作可以简化至消除，如订货、修改订货、点数统计、品质检验等，从而减少浪费、降低成本。

想一想：

准时制采购最适合哪些企业？

4. 对交货的准时性要求更加严格

准时制采购的一个重要特点是要求交货准时，这是实施准时制生产的前提条件。交货准时取决于供应商的生产与运输条件。作为供应商来说，要使交货准时，可以从以下几个方面着手：一方面，不断改善企业的生产条件，提高生产的连续性和稳定性，减少由于生产过程的不稳定导致延迟交货或误点现象。作为准时制供应链管理的一部分，供应商同样应采用准时制的生产管理模式，以提高生产过程的准时性。另一方面，为了提高交货的准时性，运输问题不可忽视。在物流管理中，运输问题是一个很重要的问题，它决定准时交货的可能性，因此，就要求用户企业和供应企业都应着重考虑好这一方面问题，并进行有效的计划和管理，使运输过程准确无误。

5. 从根源上保障采购质量

实施准时制采购后，企业的原材料和外购件的库存很少以至为零。因此，为了保障企业生产经营的顺利进行，采购物资的质量必须从根源上抓起，也就是说，质量问题应由供应商负责，而不是企业的物资采购部门。准时制采购就是要把质量责任返回给供应商，从根源上保证采购质量。为此，供应商必须参与制造商的产品设计过程，制造商也应帮助供应商提高技术能力和管理水平。美国 IBM 公司企业战略中的重要一环就是帮助供应商建立供应体系，以实现真正的本地化采购供应。这不仅对供应商有利，对 IBM 公司也很有帮助。为此，IBM 公司建立一个开放、兼容的信息平台，在此基础上，IBM 公司可以详细地了解供应商的生产流程、介入产品设计、生产、质量控制等过程，为其产品线找出竞争优势。以长城公司为例，IBM 公司和长城公司之间既是合资公司的业务伙伴关系，同时也是供应商与客户的关系。通过帮助长城公司提高技术水平，不仅使长城公司的市场竞争能力增强了，也使长城公司能够更好地提供高质量的产品为 IBM 公司服务，同时 IBM 公司还向长城公司提供一种开放的技术标准作为技术支持，使长城公司可以了解 IBM 公司眼中的业界发展方向。由于 IBM 公司本身具有一流的技术能力，长城公司与之保持同样的发展方向就自然增加了自身的竞争能力。

6. 对信息交流的需求加强

准时制采购要求供应与需求双方信息高度共享，保证供应与需求信息的准确性和实时性。由于双方的战略合作关系，企业在生产计划、库存、质量等各方面的信息都可以及时进行交流，以便出现问题时能够及时处理。只有供需双方进行可靠而快速的双向信息交流，才能保证所需的原材料和外购件的准时按量供应。同时，充分的信息交换可以增强供应商的应变能力。所以实施准时制采购，就要求供应商和制造商之间进行有效的信息交流。信息内容包括生产作业计划、产品设计、工程数据、质量、成本、交货期等。全球知名的沃尔玛公司和宝洁公司合作后，双方成立了一个协作团队，共同控制商品的质量。双方以结盟的方式，通过计算机实现数据共享。宝洁公司借助数据库，除迅速知道沃尔玛物流中心自己所需的商品情况外，还能及时了解自己产品在沃尔玛各店铺的销售量、库存量和价格等，这不仅能使宝洁公司及时制定出符合市场需求的生产和研发计划，同时也能对沃尔玛的库存做到连续补货，沃尔玛只需要决定商品的进货数量就可以了。反过来，沃尔玛向宝洁公司反馈市场和消费信息，直接指导宝洁调整产品结构，改进产品质量，双方形成一种双赢的合作联盟。

7. 可靠的送货和特定的包装要求

由于准时制采购消除了原材料和外购件的缓冲库存，供应商交货的失误和送货的延迟必将导致企业生产线的停工待料。因此，可靠送货是实施准时制采购的前提条件。而送货的可靠性常取决于供应商的生产能力和运输条件，一些不可预料的因素，如恶劣的气候条件、交通堵塞、运输工具故障等，都可能引起送货延迟。此外，准时制采购对原材料和外购件的包装也提出了特定的要求。最理想的情况是，对每一种原材料和外购件，采用标准规格且可重复使用的容器包装，既可提高运输效率，又能保证交货的准确性。

相关作业

【作业一】

请分析如何降低采购的风险。

【作业二】

请分析准时制采购与传统采购的不同之处。

【作业三】

请组建自己的准时制采购团队。

【案例实践】

请帮助案例导入中的张杨制定准时制采购计划。

【作业点评】

1）各小组分别阐述自己的方案，并讨论其可实施性。
2）对讨论结果进行总结。

小　结

供应链管理的思想与方法已逐渐为我国企业界所接受，采购管理是供应链管理的重要组成部分，分析探讨供应链环境下的采购管理对企业供应链管理的运用与实施有着广泛的现实意义。

　　企业采购管理的历史演进紧密地伴随着社会经济、科技的发展步伐。从采购、生产到销售的整个环节，各节点企业之间相互依赖，为了在竞争中取得优势，此时的采购管理多从买卖双方两级供应链的渠道协调以及供应链系统应对最终市场多变需求的角度进行研究。

　　采购管理作为供应链上企业生产经营管理过程中的基本环节，随着中国加入 WTO和 Internet 的飞速发展，采购管理将从简单的购买向"合理采购"转变，即选择合适的产品，以合适的价格，在合适的时间，按合适的质量，并通过合适的供应商获得。企业组织也将逐渐向形成强大的职能部门和能力，以支持采购在市场上的准确定位，有效地获得产品和服务。

　　采购管理作为供应链管理的重要一环，本章介绍了采购管理的特点并分析供应链管理环境下采购的新特点，对采购模型进行了剖析，并对采购管理中的重要模式准时制采购进行了详细介绍，提出准时制采购模式优化供应链管理的对策及应用。

第**6**章 供应链中的库存管理

随着市场竞争格局的变化，当前企业之间的竞争已不再是企业个体之间的直接竞争，已经发展到企业间供应链的竞争。库存不仅占用大量的资金，增加产品的成本与管理成本，而且还会带来巨大的经营风险，它不仅影响到某一节点企业的成本，而且也制约着供应链的综合成本、整体性能和竞争优势。研究供应链下的库存特点并采取措施加以控制，对提高供应链管理的效率具有十分重要的意义。

6.1 供应链中的库存问题

学习目标

- 了解现代企业的供应链管理中的库存情况；
- 能够比较说明供应链管理库存的优点；
- 能分析供应链管理库存的问题并提供解决方案。

案例导入

先锋电子公司是一家总部位于日本东京的年销售收入 642 万亿日元的全球化电子消费品公司。公司在全世界设立了 150 多个分支机构。在激烈的市场竞争中，管理层逐渐意识到控制公司的库存水平在电子消费品行业中的重要性，因此决定对其整个供应链进行整合，并且确定了明确的战术目标，即削减库存、库存风险的明细化、降低生产销售计划的周期。为此，先锋电子公司通过对需求变动原因的收集和分析，制定高精度的销售计划，同时通过缩短计划和周期，尤其是销售计划和生产的周期来达到削减库存的目的；通过基于客观指标的需求预测模型，依靠统计手法所得的需求预测和反映销售意图的销售计划分离的机制来使库存风险明细化；通过系统引入，预测、销售计划业务的效率化，各业务单位的生产销售计划标准化、共享化，来制定未来的销售拓展计划，并进而达到降低生产销售计划周期的目的。

先锋电子公司在系统中构筑新的生产销售流程，基于零售实际业绩的预测模型和产品竞争力、季节性、因果要素（需求变动要素）等的统计性预测这两方面的因素，设计了新的预测模型，进而在此基础上，在系统中构筑了新的生产销售流程。这一流程主要基于统计性预测的需求预测系统，实现了需求变动信息的累积功能以及月、周生产销售精细计划的功能，并可以对需求预测和销售计划之间的差异进行管理，还可以实现批量处理的需求预测、销售计划、生产计划等方案的优化，以上手段结合起来可确保新的生产销售流程的顺利推行。

销售计划的预测模型在先锋电子公司的推行取得了积极的成效：先锋电子公司依靠系统制定出综合多方因素的销售计划，并且通过生产、销售计划的编制精度的提高，使得原材料等物料的采购提前期从 4 天减少到 2 天。

（资料来源：http://pro.bjchy.gov.cn/Service/admindecision/decisionalp/decisionalp20227.htm）

必备的理论知识

6.1.1　供应链管理环境下的库存控制

库存控制又称库存管理，是对制造业或服务业生产、经营全过程的各种物品、产成品以及其他资源进行管理和控制，使其储备保持在经济、合理的水平上。广义的库存控制应该是为了达到公司的财务运营目标，特别是现金流运作，通过优化整个需求与供应链管理流程，合理设置企业资源计划控制策略，并辅之以相应的信息处理手段和工具，从而实现在保证及时交货的前提下，尽可能降低库存水平，减少库存积压与报废、贬值的风险。

传统库存控制主要是针对仓库的物料进行盘点、数据处理、保管、发放等，通过执行防腐、温湿度控制等手段，达到使保管的实物库存保持最佳状态的目的。这只是库存控制的一种表现形式，或者可以定义为实物库存控制。对存货实施科学的管理，可以降低企业平均资金的占用水平，提高存货的流转速度和总资产周转率，从而提高企业的经营效益。企业传统的库存功能重要是对供、产、销过程起着一种缓冲的作用，库存作为流动资金直接反映在体现企业财务系统上。现代库存控制旨在保证企业生产、经营需求的前提下，使库存量经常保持在合理的水平上，企业随时可以掌握库存量动态，适时、适量地提出订货，避免超储或缺货，库

> 想一想：
>
> 供应链库存与传统的库存控制有哪些不同？

存管理还可以减少库存空间占用，降低库存总费用，同时可以控制库存资金占用，加速资金周转。

随着新产品的增加，导致更高的存货配置，从资金负担数量和在总资产中的比率就可以知道，存货成本是企业具有特别重要意义的一个核心成本。即企业的存货负担下降几个百分点，就能有效地提高利润。因此，库存优化的目标是在实现对客户满意度的同时，使得总成本最少。

6.1.2 供应链中库存控制的问题

供应链管理模式下的库存控制问题中要有信息类问题、供应链运营问题和供应链的战略与规划问题三大类。库存控制主要解决低效率的信息传递系统、忽视不确定性对库存的影响、库存控制策略简单化、缺乏合作与协调性等问题。

1. 企业库存周期长、周转慢、库存量过大

传统的供应链管理方式至少依赖三个间断性的库存缓冲环节来促使生产过程的货流通畅，并对变化的消费需求提供可靠的反应。这种方式的一个重要缺点是需求信息沿着供应链由下游向上游逐级传递，在此过程中，由于"牛鞭效应"的存在，需求波动逐级放大，需求不稳定性增加，预测准定度降低。制造商和零售商往往发现他们自己淹没在许多物品库存里，同时，某些物品的缺货现象对他们来说也已是司空见惯了。

2. 对新的需求趋势反应十分迟缓

通常情况下某种商品突然流行起来，并在商店脱销，补货订单到达零售商的配送中心后，配送中心并在未采取更多的行动，而是在此商品降到最低库存水平才向制造商发出订单，接下来，制造商在其配送中心的库存降到低货点时订货，然后，生产计划部门开始计划新的生产。这样，整个体系将无法及时抓住次次销售良机。传统体系由于采取沿着供应链向上游逐级转移的订货程序，没有和潜在的消费需求及时沟通，所以，往往无法做到更快地向市场供应产品。

3. 缺乏供应链的系统观念

虽然供应链的整体绩效取决于各个供应链的节点绩效，但是各个部门都是各自独立的单元，都有各自独立的目标与使命。有些目标和供应链的整体目标是不相干的，更有可能是冲突的。因此，这种各行其道的山头主义行为必然导致供应链整体效率的低下。

比如，美国加利福尼亚州的计算机制造商电路板组装作业采用每笔订货费作为其压倒一切的绩效评价指标，该企业集中精力放在减少订货成本上。这种做法本身并没有不妥，但是它没有考虑这样做对整体供应链的其他制造商和分销商的影响，结果该企业维持过高的库存以保证大批量的订货生产。而印第安纳州的一家汽车制造配件厂却在大量压缩库存，因为它的绩效评价是由库存决定的。结果，它到组装厂与零配件分销中心的响应时间变得更长和波动不定。组装厂与分销中心为了满足顾客的服务要求不得不维持较高的库存。这两个例子说明，供应链库存的决定是各自为政的，没有考虑整体的效能。大多数供应链系统都没有建立针对全局供应链的绩效评估指标，这是供应链中普遍存在的问题。

4. 客户服务水平理解上的偏差

供应链的绩效好坏应该由客户来评价，或者用对客户的反应能力来评价。但是由于对客户服务水平理解上的差异导致客户服务水平的差异。许多企业采用订货满足率来评估客户服务水平，这是一种比较好的客户服务考核指标。但是订户满足了本身并不能保证运营问题。如一家计算机工作站的制造商要满足一份产品的订单需求，产品来自各个不同的供应商，客户要求一次性交货，制造商要等各个供应商的产品都到齐后才一次性装运给客户。这时，应用总订货量来评估制造商的客户服务水平，但是这种评估指标并不能帮助制造商发现是哪家供应商的交货迟了或早了。除了订货满足率之外，其他的服务指标也不容忽视，如总周转时间、平均在订货率、平均延迟时间、提前或延后交货时间等。

5. 缺乏准确的交货状态信息

当顾客下订单时，他们总是希望知道什么时候能交货。在等待交货过程中，特别是当交货被延迟以后，也可能会对订单交货状态进行修改。一次性交货非常重要，但是必须看到，许多企业并没有及时而准确地将推迟的订单引起交货延迟的信息提供给客户，这必然会导致客户的不满和在订货率的下降。

6. 低效率的信息传递系统

在供应链中，各个供应链节点企业之间的需求预测、库存状态、生产计划等都是供应链管理的重要数据，这些数据分布在不同的供应链节点企业之间，要实现快速、有效地响应客户的需求，必须适时传递这些数据。为此，需要改善供应链信息系统模型，通过系统集成的方法，使供应链中的库存数据能够实时、快速地传递。但是，目前许多企业的信息系统并没有实现集成，当供应商需要了解客户需求信息时，常常获得的是延迟的和不准确的信息。由于信息延迟而引起的需求预测的误差和对库存量进准度的影响，都会给短期生产计划的实施带来困难。

7. 忽略不确定性对库存的影响

供应链运营过程中存在诸多的不确定因素，如订货前置时间、货物的运输状况、原材料的质量、生产过程的时间、运输时间、需求的变化等。为减少不确定性对供应链的影响，首先应了解不确定性的来源和影响程度。很多企业并没有认真研究和确定不确定性的来源和影响，错误估计供应链中物料的流动时间，造成有的物品库存增加，而有的物品库存不足的现象。

8. 缺乏合作与协调性

供应链是一个整体，需要协调各方活动，才能取得最佳的运作效果。协调的目的是使满足一定服务质量要求的信息可以无缝、流畅地在供应链中传递，从而使整个供应链能够根据用户的要求步调一致，形成更为合理的供需关系，适应复杂多变的市场环境。例如，当用户的订货由多种产品组成，而各产品又是不同的供应商提供时，而用户要求所有的商品都一次性交货，这时企业必须对来自不同供应商的交货期进行协调。如果组织间缺乏协调与合作，会导致交货期延迟和服务水平下降，同时库存水平也由此而增加。

供应链的各个节点企业为了应付不确定性，都设有一定的安全库存。设置安全库存是企业采取的一种应急措施。问题在于，多厂商特别是全球化的供应链中，组织的协调涉及更多的利益群体，相互之间的信息透明度不高。在这样的情况下，企业不得不维持一个较高的安全库存，为此付出了较高的代价。

组织之间存在的障碍有可能使库存控制变得更为困难，因为各自都有不同的目标、绩效评价尺度、不同的仓库，也不愿意去帮助其他部门共享资源。在分布式的组织体系中，组织之间的障碍对库存集中控制的阻力更大。

要进行有效的合作与协调，组织之间需要一种有效的激励机制。在企业内部一般有各种各样的激励机制加强部门之间的合作与协调，但是当涉及企业之间的激励时，困难就大得多。问题还不止如此，信任风险的存在更加深了问题的严重性，相互之间缺乏有效的监督机制和激励机制是供应链企业之间合作性不稳固的原因。

9. 库存控制策略简单化

无论是生产企业还是物流企业，库存控制的目的都是为了保护供应链进行的连续性和应付不确定性需求。在了解和跟踪不确定性状态因素的前提下，利用跟踪的信息制定相应的库存控制策略。库存控制策略指定的过程是一个动态的过程，而且在库存控制中应该反映不确定性动态变化的特性。

许多企业对所有的物资采用统一的库存控制策略，物资的分类没有反映供应与需求的不确定性。在传统的库存控制策略中，多数是面向单一企业的，采用的信息基本上来自企业内部，库存控制策略没有体现供应链管理的思想。因此，如何建立有效的库存控制方法，并能体现供应链管理思想，是供应链库存管理的重要内容。

相关作业

【作业一】

请分析传统库存控制与供应链环境下库存控制的区别。

【作业二】

请分析案例导入中的先锋电子公司应如何进行库存管理，写出总结报告。

【模拟实践】

1）请分析本学校教材仓库管理情况，提出解决方案。
2）请为本学校后勤仓库提出库存管理建议。

作业展示及点评

填写如下考核评分表。

考核评分表

考评小组		被考评小组	
考评内容	库存管理方案		
考评标准	内容	分值	实际得分
	方案内容	40	
	可行性	40	
	逻辑性	20	
	合计	100	

6.2 供应链管理模式下的库存模式

学习目标

- 了解现代供应链管理模式下的库存模式；
- 能说明不同库存模式的优缺点及适用范围；
- 针对不同的企业能选择合适的库存模式；
- 灵活掌握不同的库存模式的运作，扬长避短。

案例导入

宝洁公司的库存管理

本案例是宝洁公司与一个香港零售商的供应商管理库存（vendor managed inventory，VMI）项目实施来介绍供应商管理库存的实施过程和效果。此项目作为香港零售行业中供应链管理的优秀范例，曾在香港 ANA/ECR 研讨会上介绍。该零售商有 10 个店铺和 1 个配送中心。项目实施前采用手工订单。供应商管理库存技术采用宝洁公司的 KARS 软件和电子数据交换系统。

项目实施前，宝洁商品单品数为 115 件，中心仓库库存为 8 周，店铺库存为 7 周，缺货率为 5%。宝洁公司有关人员在详细分析零售商居高不下的库存以及缺货率以后，选择实施供应商管理库存技术来解决宝洁产品的有效补货问题。项目在 2000 年 3 月正式启动，宝洁公司与该零售客户调动双方的信息技术、后勤储运、采购业务部门，组建了多功能小组。在几个月的实施过程中，双方紧密合作，重新组合了订单、储运的流程，确定了标准的流程、清晰的角色与任务，安装了供应商管理库存系统，建立起了电子数据交换沟通渠道。

系统在 2000 年 7 月开始运行。3 个月后，取得显著的业务指标改进和经济效益。零售商销售宝洁公司商品的数量增加了 40%，宝洁公司商品单品数为 141，增加了 26%；中心仓库库存为 4 周，降低了 50%；店铺库存为 5.8 周，降低了 17%；缺货率为 3%，降低了 40%。不仅如此，零售商的供应链管理走上了科学、合理、高效的轨道，各个环节在新系统下有条不紊地工作，大大节省了人员的劳动强度，提高了效率，降低了运作成本。

（资料来源：http://www.qiuhao.com/dispbbs.asp?BoardID=18&ID=3746）

CPFR 的应用

2001 年 4 月初，富基旋风科技有限公司为马来西亚金狮集团中国百盛零售集团开发的 e-Biz 电子商务全面解决方案第一期工程顺利完成，成功开通了中国第一家零售业 B2B 门户网站。

B2B 门户网站的成功开通，把中国百盛零售集团下辖的中国百盛总部及全国 20 家零售店的业务，从物流采购、供应链管理与服务到网络结算确认等，全部整合到 Internet 上。在未来三年内，中国百盛零售集团计划将通过虚拟经营，进一步扩张其零售网络，与 100 家零售商结盟，建立基于该网站的以物流、信息流双引擎推动的亚洲最具规模的策略联盟。预计该网站将为近 10 万家亚洲地区供应商提供有价值的供应链管理服务（e-SCM），形成亚太地区最领先的 B2B 零售业门户网站和最重要的 i-MarketPlace 电子交易市场。

通过企业集团内部的信息共享，加强集团的控制，提高企业内部的凝聚力，发挥企业的规模效益。而且通过建立基于中国甚至亚洲的整体企业联盟，将这些企业整合到网络平台上，完成基于 Internet 的联合采购、联合配送、共享经营信息，从而提高企业的效益。

（资料来源：http://www.chinawuliu.com.cn/cflp/newss/content1/200507/766-17858.html）

必备的理论知识

由于无法确切地知道需求与供应的匹配状态，库存的设置与管理是由同一企业完成的，即由库存拥有者管理的。这种库存管理模式并不总是最优的。例如，供应商利用库存来应付不可预测的/不稳定的需求，分销商利用库存来应付不稳定的内部需求或供应链的不确定性。虽然供应链中每一个企业独立地寻求保护其各自在供应链的利益不受意外干扰是可以理解的，但并不可取，因为这样做的结果影响了供应链优化运作，导致重复建立库存，因而无法达到供应链全局的最低成本，使得供应链系统的库存会随着供应链长度的增加而发生需求扭曲。因此，寻求供应链整体库存成本最低成为库存模式发生演变的推动力。

根据供应链中各节点企业合作程度的高低，可以看出供应链库存管理模式的演进，经历从单纯的交易处理到企业的协同计划决策的过程，从而逐渐转移到整体的供应链库存管理上来。整个供应链的库存不再隶属于供应链中的某一企业/核心企业，其管理控制权由供应链整体协同计划决定。这种控制权的转移表明供应链中库存所有权与控制权的分离，从而保证供应链中各库存主体从系统协作的思想出发，进而保证整体库存的成本削减、风险的降低和供应链的稳定。进一步对供应链库存管理模式的比较分析将会更清楚地发掘供应链整体库存的管理内涵以及更优越的管理模式。

6.2.1 传统的库存管理模式

在传统的库存管理模式中，高的客户满意度和低的库存成本似乎是一对冲突的目标，库存管理部门和其他部门的目标存在冲突。例如，库存管理部门力求保持最低的库存水平，以减少资金的占用，节约成本；销售部门愿意保持较高的库存水平和尽可能备齐各种商品来避免发生缺货现象，以提高客户的满意度；采购部门为了降低单位购买价格往往利用数量折扣的优惠，通过一次采购大量的物资来实现最低的单位购买价格，而这不可避免地会增大库存水平；制造部门愿意对同一产品进行长时间的大量生产；运输部门倾向于大批量运输，利用规模经济来降低单位运输成本，同样会增加每次运输过程中的库存水平。

在传统库存管理模式下，供应链上各节点企业的库存管理是割裂的、各自为政的。供应链上的每一个节点企业都拥有自己的库存并各自管理自有库存,都有自己的库存控制策略和库存管理模式,而且相互封闭。供应链中传统库存管理模式是基于交易层次之上的由订单驱动的静态单级管理库存的方式。各个节点企业确定库存持有量的依据仅仅是其下游企业的订货单,各个企业之间并无沟通协调机制,仅根据订单来决定库存的持有量,信息的获取渠道狭小且不充分。各个节点企业都为实现本企业库存管理最优而努力,因此很容易产生牛鞭效应,使需求变异扩大,造成企业成本的增加。

知识链接

传统库存管理模式分析

管理实体:各节点企业。

主要思想:各节点企业独立管理自有库存,寻求降低自身的缺货、需求不确定等风险的方法。

主要优点:降低缺货、需求不确定性等风险以及对外部交易商的依赖。

主要缺点:库存量过高,存在严重的牛鞭效应,库存管理各自为政,缺乏协调与沟通。

适用范围:传统的库存各自分离,协作信任程度较弱,对待风险的态度较保守。

支持技术:物料需求计划/制造资源规划、订货点技术方法、双堆/多堆系统。

实施策略:确定独立需求库存,设置订货库存策略,设定自有安全库存量,按安全库存量补充库存。

(资料来源:中铝网)

6.2.2 供应商管理库存

1. 供应商管理库存概述

近年来,为了降低库存成本,整合供应链资源,越来越多的企业开始尝试使用供应商管理库存模式,特别是在零售行业中,为了保证产品销售的连续性,零售商一直独自管理产品库存,单独承担库存成本,而产品一直由几家供应商负责供应,为了保证自己在市场营销方面的核心竞争力和加强企业间的合作程度,同时降低成本,抑制牛鞭效应,重新整合企业资源,零售商决定实施供应商管理库存的供应链战略来进行企业之间的联盟。

供应商管理库存模式是一种战略贸易伙伴之间的合作性策略,是一种库存决策代理模式,本质上它是将多级供应链问题变成单级库存管理问题。它以系统的、集成的思想管理库存，使供应链系统能够同步化运行。在这种库存控制策略下，允许上游组织对下游组织的库存策略、订货策略进行计划与管理，在一个共同的框架协议下以双方都获得最低成本为目标，由供应商来管理库存，由供应商代理分销商或批发商行使库存决策的权力，并通过对该框架协议经常性的监督和修正使库存管理得到持续的改进。以实际或预测的消费需求和库存量作为市场需求预测和库存补货的解决方法，即由销售资料得到消费需求信息，供货商可以更有效地计划、更快速地反应市场变化和消费需求。

注意:

牛鞭效应是对需求信息扭曲在供应链中传递的一种形象的描述。其基本思想是：当供应链上的各节点企业只根据来自其相邻的下级企业的需求信息进行生产或者供应决策时，需求信息的不真实性会沿着供应链逆流而上，产生逐级放大的现象。当信息达到最源头的供应商时，其所获得的需求信息和实际消费市场中的顾客需求信息发生了很大的偏差。由于这种需求放大效应的影响，供应方往往维持比需求方更高的库存水平或者说是生产准备计划。

2. 实施供应商管理库存的前期准备

（1）实施供应商管理库存的目标分析

根据供应商管理库存经济效益和库存分析，双方企业的目标主要体现在以下几个方面：

1）降低供应链上产品库存，抑制牛鞭效应。

2）降低买方企业和供应商的成本、提升利润。

3）保证企业的核心竞争力。

4）提高买卖双方的合作程度和忠诚度。

（2）供应商管理库存协议的制定

1）整个供应商管理库存所做出额外投资的成本由买方企业和供应商按比例共同承担。

2）实施供应商管理库存所带来的供应链利益的上升，应由双方共享，特别是在双方企业的实施供应商管理库存的前期阶段，可能会使得供应链上升的利润大部分被买方企业所攫取，所以在短期内买方企业应该让渡部分利润给供应商来保证其实施供应商管理库存的积极性和信心。

3）在整个供应商管理库存实施的过程中，规定一系列的条款来规范双方企业的行为，例如，例外条款的拟订，包括一旦出现意外事件需要及时通告双方、通告的渠道和方式；付款条款的拟订，包括付款方式、付款期限的规定等；罚款条约的拟订，包括供应商如果在运输配送中出现差错，将如何对其实施罚款；买方企业如果传送错误的产品销售信息将如何对其实施罚款等。

4）关于操作层面的协议，供应商和买方企业通过协议，来确定实施供应商管理库存过程中前置时间、订单处理时间、最低到货率、补货点等一系列操作层面的问题。

（3）实施供应商管理库存的资源准备

这是针对实施供应商管理库存所必需的一些支持，如组建一些信息网络和组织 IT 技术用于建立供应商管理库存信息决策支持系统。

1）电子数据交换系统，它可以降低成本，美国通用汽车通过实施 EDI，每年大概可以获得 12.5 亿美元的成本节约。

2）自动销售点信息（POS）系统，实施 POS 系统提高了资金的周转率，可以提高避免缺货现象，使库存水平合理化，此外，对于如何进行有效的其他管理也起着重要的作用，对于供应商管理库存中实现真正的信息共享是必不可少的。

3）条形码技术，它的应用不仅提供了一套可靠的代码标实体系，还为供应链各节点提供了通用语言，解决了数据录入和数据采集经常出现的"瓶颈"问题，为供应商管理库存的实施提供了有力的支持。

除此之外，还包括实施供应商管理库存所必需的物流方面的配套支持以及产品的仓储和运输配送等。

3. 实施供应商管理库存的步骤

1）实施供应商管理库存策略，首先要改变订单的处理方式，建立基于标准的托付订单处理模式。供应商和批发商一起确定供应商的订单业务处理过程所需要的信息和库存控制参数，然后建立一种订单的处理标准模式，如电子数据交换标准报文，最后把订货、交货和票据处理各个业务功能集成在一边。

2）库存状态透明性（对供应商）是实施供应商管理用户库存的关键。供应商能够随时地跟踪和检查到营销商的库存状态，从而快速地响应市场的需求变化，对企业的生产（供应）状态做出相应的调整，为此需要建立一种能够使供应商和用户（如分销、批发商）的库存信息系统透明连接的方法。

想一想：

超市如何实施供应商管理库存策略？

3）实施供应商管理库存的策略，可以分以下 4 个步骤实施。①实施供应商管理库存的信息沟通。要有效地管理销售库存，供应商必须能够获得顾客的有关信息。通过建立顾客的信息库，供应商能够掌握需要变化的有关情况，把批发商（分销商）进行的需求预测与分析功能集成到供应商的系统来。②建立销售网络管理系统。供应商要很好地管理库存，必须建立起完善的销售网络管理系统，保证自己的产品需求信息和物流流畅。为此，必须要做到：保证自己产品条形码的可读性和唯一性；解决产品分类、编码的标准化；解决商品存储运输过程中的识别问题。目前已有许多企业开始采用制造资源规划或企业资源计划系统，这些软件系统都要集成了销售管理的功能。通过对这些功能的扩展，可以建立完善的销售网络管理系统。③建立供应商与分销商（批发商）的合作框架协议。供应商和批发商一起通过协商，确定处理订单的业务流程以及库存控制的有关参数（如再订货点、最低库存水平等）、库存信息的传递，将交货以及票据处理等业务功能集成在供应商一边。④供应商管理库存的组织结构调整。买方企业和供应商实施供应商管理库存后，为了适应新的管理模式，需要根据供应商管理库存的工作流程来对组织机构进行相应的调整。

4）设立供应商管理库存协调与评估部门。其主要的作用在于：①原有企业之间的人员在实施供应商管理库存后，可能会因为工作上的合作而导致利益冲突，所以供应商管理库存协调与评估部门就可以制定一系列的工作标准来协调和解决这些问题，可以作为双方企业之间沟通的桥梁。②因为实施供应商管理库存后，原有工作岗位就会适当合并和调整，如原有的买方企业库存和仓储人员的工作岗位再安排，他们可能会认为现有的供应商管理库存对他们来说对自己饭碗的威胁，所以供应商管理库存协调与评估部门就应该做好他们的工作，对他们的工作做出适当的安排和调整。③对供应商管理库存的实施进行监控和评估，用以提供科学的管理信息给企业高层，作为企业高层对企业调整的重要依据。

4. 供应商管理库存实施过程中应注意的问题

（1）双方企业合作模式的发展方向问题

双方企业管理高层应该进一步加强企业之间的合作和信任，供应商管理库存原本由快速反应、有效客户反应等供应链管理策略发展而来，由于买方企业相对供应商来说是产品的需求方，所以在整个供应商管理库存策略实施中占主导地位，但随着双方企业合作越来越紧密，双方企业谁也离不开谁，所以随着时间的推移，双方企业的地位也会趋于均衡，所以供应商管理库存也应当做出适当的调整，一种新的供应商管理模式——联合计划预测补充（CPFR）很可能是供应商管理库存的发展方向，它和供应商管理库存主要的区别在于：它所涉及的双方企业的涵盖面更加宽广，不像供应商管理库存那样主要只涉及双方企业的销售、库存等系统，而且双方企业的地位更加均衡，可能说它应该是买方企业和供应商在长期实施供应链策略的长期选择方向。

（2）产品采购数量和采购价格的调整问题

在实施供应商管理库存的初级阶段，由于客观市场环境的影响，终端市场产品的需求可能不会因为实施供应商管理库存后而发生比较大的影响，加上买方企业不会在刚刚实施供应商管理库存后就对供应商的采购价格做出上升调整，所以初期阶段实施供应商管理库存所带来的利益大部分被买方企业所攫取了，而在长期、全面应用供应商管理库存后，买方企业会因为成本的下降而利用自己的核心竞争力——市场营销能力来调整产品的销售价格来获得更多的市场份额，以获得更多的消费者，这样，双方企业的采购价格和数量就会做出调整，调整的方式主要通过事先双方企业签署协议来达成，但在长期实施供应商管理库存的过程中，调整的频率可能会比较大，所以双方企业都应该对采购的数量、价格频繁变化做好充分的准备，以免在签署协议时产生矛盾和不信任。

（3）长期利益分配问题

长期实施供应商管理库存后，双方企业的利润相对于实施供应商管理库存之前都会得到提高，但买方企业和供应商获得利益的上升却"不平等"，从整个供应商管理库存实施的过程来看，供应商承担了大部分的工作，虽然双方企业在实施前达成协议对实施供应商管理库存所需要的投资共同分担，但大部分的好处仍然被买方企业占据，这主要是因为买方企业相对供应商来说是产品的需求方，在整个供应链中它属于上游企业，在整个供应链管理中占主导地位，但在全面实施供应商管理库存的过程中，双方企业应该对整个利润的分配在责权对等的基础上进行分配。分配可以根据双方企业的会计财务系统根据双方企业成本大小按比例通过签署协议来执行，分配的方式多种多样，可以通过实物，如投资设备的分配、人员培训的分配或者直接现金的分配来进行。

> 想一想：
>
> 为什么实施供应商管理库存后，会出现不平等现象？

（4）实际工作的不断调整问题

因为供应商管理库存所带来的效益并非一朝一夕就显现出来（买方企业可能除外），所以一旦实施，必将是一个长期的过程，因此，在长期实施供应商管理库存时，双方企业的实际工作应该不断地调整，这主要有以下几点：

1）产品管理应该向标准化、一致化方向发展，如产品的包装、规格及质量体系应该统一口径，这样不但可以减少双方企业之间的误会，还使产品的售后也有据可依。

2）加强员工交流和培训，因为本身供应商管理库存就是一个企业之间通过协议合作的模式，人员的交流和培训是必不可少的，双方企业可以定期互派员工到企业中参观和学习，进一步熟悉自己的合作伙伴，也可以通过员工之间的联谊来交流企业文化，以便更好地增加双方的信任感，这些都可以通过企业之间的协调部门来执行。

3）库存系统的进一步融合，真正做到准时制的库存管理，如检查周期、库存维持水平、订货点水平、订单的处理和传送等一系列关于库存管理的内容应该根据双方企业信息系统提供的准确信息不断调整。

4）仓储和运输配送系统，刚开始实施时，仓储和运输配送可以通过第三方物流的形式来执行，也可以通过自己原有的仓储和配送资源来执行，但双方企业如要长期实施供应商管理库存的话，可以考虑通过自己原有的资源来执行仓储和运输配送，因为和第三方物流的服务相比，双方企业的管理层可以更好地整合自己的资源，充分利用资源，减少资源的浪费和低效率利用。

5. 供应商管理库存的实施评估

在实施初始阶段，必定会有诸多意料之外或不确定性因素的存在，这样就会导致达不到预期目的的情况，所以可以设立一个供应商管理库存的评估体系来对供应商管理的实施进行评估，然后对其进行调整和完善。

具体的评估过程如下：

1）确定评估的目标对象，即供应商管理库存的实施。

2）确定评估的指标，主要是根据供应商管理给买方企业和供应商可能带来的利益设立：①产品库存水平满意度（0~100%）；②节约成本满意度（0~100%）；③产品的到货率；④双方企业合作与信任满意度（0~100%）；⑤双方企业各个核心竞争力保护满意度（0~100%）；上述指标获得的方式可能通过整个供应商管理库存的工作人员根据实施过程调查综合评定得出。

3）确定评估指标在整个评估系统中的权重分别代表上述评估指标在整个供应商管理库存中的重要程度。

因为供应商管理库存最直接、最明显的作用就是减少库存和节约成本，所以我们对产品库存水平满意度和节约成本满意度分别设立较高的权重，如分别为30%和30%，产品的到货率的权重可以为20%，而双方企业合作与信任满意度权重以及双方企业各个核心竞争力保护满意度权重可以为10%和10%。

上述指标权重获得的方式可能通过管理专家或企业的高层管理人员根据企业的战略目标综合评定得出。

4）评价的等级与量化数据。一般而言，我们设立优、良、中、差四个等级，而等级的量化数据是与等级相对应的，优为80~100分，良为70~80分，中为60~70分，差为0~60分。

通过评估系统对供应商管理库存实施前后进行评估，如果实施供应商管理后的效果比较理想，就可以进行下一个阶段的工作，就继续实施供应商管理库存，如果得出的评估结果不满意，就必须对实施情况进行完善和调整，直到得出理想的结果。

一般来讲，在以下的情况下适合实施供应商管理库存策略：零售商或批发商没有IT系统或基本设施来有效地管理其库存；制造商实力雄厚并且比零售商市场信息量大；制造商有较高的直接存储交货水平，因而能够有效地规划运输。

知识链接

供应商管理库存模式分析

管理实体：供应商。

主要思想：各节点企业共同帮助供应商制定库存计划，要求供应商来参与管理客户的库存，供应商拥有管理库存的控制权，本质上是将多级供应链问题变为单级库存管理问题。

主要优点：降低库存、减少成本，改善缺货、提高服务水平，缩短提前期、提高库存周转率，提高需求预测的精确度，配送最佳化。

主要缺点：缺乏系统集成、协作水平有限；对供应商依存度较高、要求高度信任；决策过程缺乏足够的协商，加大了供应商的风险。

适用范围：下游企业没有IT系统或基础设施来有效管理它们的库存；上游厂商实力雄厚、市场信息量大、有较高的直接存储交货水平。

支持技术：有EDI/Internet、条形码技术、连续补货系统、企业信息系统。

实施策略：建立供需协调机制，发挥制造与分销两种资源计划的作用，建立快速响应系统，充分利用第三物流系统。

（资料来源：中铝网）

6.2.3 联合库存管理模式

联合库存管理模式是一种基于协调中心的库存管理模式，是在供应商管理库存的基础上发展起来的上游企业和下游企业权利责任平衡和风险共担的库存管理模式。联合库存管理模式体现了战略供应商联盟的新型企业合作关系，强调了供应链企业之间双方的互利合作关系。

联合库存管理模式强调供应链节点企业同时参与、共同制定库存计划，从而使供应链管理过程中的每个库存管理者都能从相互的协调性来考虑问题，保证供应链相邻两节点之间的库存管理实体对需求预测水平的高度一致，从而消除需求变异放大。任何相邻节点需求的确定都是供需双方协调的结果，库存管理不再是各自为政的独立运营过程，而是供需的连接纽带和协调中心。

1. 联合库存管理的模式

联合库存管理的模式见图6.1。

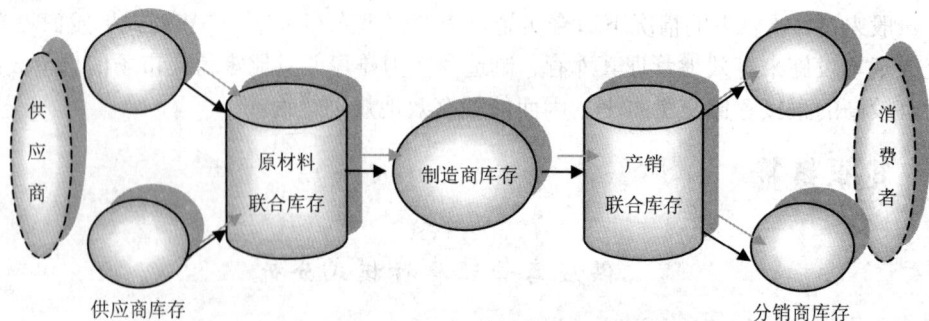

图6.1 联合库存管理模式

第一种模式是集中库存控制模式。各个供应商的零部件都直接存入核心企业的原材料库中，即变各个供应商的分散库存为核心企业的集中库存。在这种模式下，库存管理的重点在于核心企业根据生产的需要，保持合理的库存量，既要满足需要，又要使库存总成本最小。

第二种模式是无库存模式。供应商和核心企业都不设立库存，核心企业实行无库存的生产方式。此时供应商直接向核心企业的生产线上进行连续小批量多频率的补充货物，并与之实行同步生产、同步供货，从而实现"在需要的时候把所需要品种和数量的原材料送到需要的地点"的操作模式。

2. 联合库存管理的实施步骤

1）协商一致，确定共同的合作目标。要建立联合库存管理模式，首先必须保证供需双方目标一致。为此，合作的双方必须认清市场目标的一致点与冲突点，通过交流与协商，本着求同存异、互惠互利的原则形成共同的目标。

> 想一想：
> 实施联合库存管理模式应注意哪些问题？

2）确定协调控制的基本内容。联合库存管理中心担负连接供需、协调双方利益的作用，是供应链中的协调控制器，它的高效运作取决于双方的明确分工与互相配合，实现必须确定库存控制的基本内容，包括库存如何在多个需求商之间调节与分配、库存的最大量与最低库存水平、安全库存的确定、需求的预测、订货点与订货量的确定等。

3）建立信息共享与沟通的体系。通过供应链成员企业间信息集成与共享，可以扩大供应链的透明度、降低供应链运作中的不确定性，从而降低供应链的整体库存水平，提高物流运作效率。为此，必须将条形码技术、扫描技术、POS 系统和电子数据交换技术集成起来，并且充分利用 Internet 的优势，建立先进、科学的物流信息系统。此外，还要在供应与需求方之间建立一个机遇团队的联合工作小组，双方的相关人员要经常进行有关成本、作业计划、管理与控制信息的交流与沟通，共同参与、协商解决库存控制过程中遇到的各种问题。

4）建立合理的利益分配机制与有效的激励机制。成功实施联合库存管理，必须建立一种公平的制度，将通过供应链管理实现的利益在供应链成员企业之间进行合理的分配。除此之外，还要建立有效的激励机制，对参与协调库存中心管理的各个企业（如供应商、销售商或批发商、零售商等）进行有效的激励，防止出现"逆向选择"、"败德行为"等机会主义行为，增强供应链运作的一致性与协调性。

5）联合库存管理把供应链系统管理进一步集成为上游和下有两个协调管理中，从而消除了由于供应链不同点之间的不确定性和需求信息扭曲现象导致的库存波动。通过协调中心，供需双方共享需求信息、共同指点库存决策，可以提高供应链的库存控制效率，降低库存水平。

3. 威特布莱德啤酒公司的联合库存管理

随着市场需求的不断变化，威特布莱德公司必须实行产品组合多样化。为了缓解业务压力和降低库存持有量，该公司与其主要的饮料供应商订立了联合库存管理协议，见图6.2。

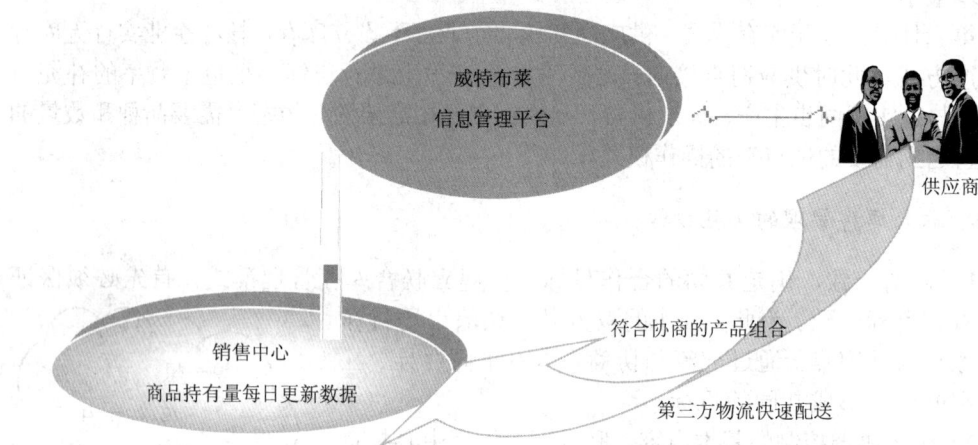

图 6.2 威特布莱的联合库存管理

4. 联合库存管理策略

1）建立供需协调管理机制。
2）建立快速响应系统。
3）充分利用成熟的管理技术。
4）发挥第三方物流的作用。

知识链接

联合库存管理模式分析

管理实体：核心企业/联合主体。

主要思想：各节点共同参与库存计划管理，共同制定统一的生产计划与销售计划，并将计划下达到各制造单元和销售单元执行。

主要优点：共享库存信息，加强相互间的信息交换与协调，改善供应链的运作效率、降低成本与风险，改善客户服务水平。

主要缺点：建立和协调成本较高，企业合作联盟的建立较困难，建立的协调中心运作困难，联合库存的管理需要高度的监督。

适用范围：供应链节点企业有良好的沟通与信任基础，有联合库存管理中心如大型分销中心，良好的配送能力。

支持技术：企业内部大型企业资源计划、供应链管理、客户关系管理系统，基于 Intranet/Extranet 的网络通信系统。

实施策略:建立供需协调机制，发挥制造与分销两种资源计划的作用，建立快速响应系统，充分利用第三物流系统。

（资料来源：中铝网）

6.2.4 协同式供应链库存管理模式

协同式供应链库存管理（CPFR）建立在联合库存管理和供应商库存管理的最佳分级实践基础上，同时抛弃了二者缺乏供应链集成等主要缺点，能同时降低分销商的存货量，增加供应商的销售量。它应用一系列处理过程和技术模型，覆盖整个供应链合作过程，通过共同管理业务过程和共享信息来改善分销商和供应商的伙伴关系，提高预测的准确度，最终达到提高供应链效率、降低库存和提高客户满意度的目的。协同式供应链库存管理的最大优势是能及时、准确地预测由各项促销措施或异常变化带来的销售高峰和波动，从而使分销商和供应商都做好充分的准备，赢得主动。协同式供应链库存管理采取了多赢的原则，始终从全局的观点出发，制定统一的管理目标以及实施方案，以库存管理为核心，兼顾供应链上其他方面的管理。因此，协同式供应链库存管理更有利于实现伙伴间更广泛、深入的合作，帮助制定面向客户的合作框架，基于销售报告的生产计划，进而消除供应链过程约束等。

1. 协同式供应链库存管理更有利于实现伙伴间更广泛、深入的合作

这主要体现在以下三方面：

1）面向客户需求的合作框架。在协同式供应链库存管理结构中，合作伙伴构成框架及其运行规则主要基于客户的需求和整个价值链的增值能力。由于供应链节点企业的运营过程、竞争能力和信息来源等都存在差异，无法完全达成一致，在协同式供应链库存管理中就设计了若干运营方案供合作企业选择，一个企业可选择多个方案，各个方案都确定了核心企业来承担产品的主要生产任务。

2）基于销售预测报告的生产计划。销售商和制造商对市场有着不同的认识。销售上直接和最终消费者见面，它们可根据 POS 数据来推测消费者的需求，同时销售商也和若干制造商有联系，并可了解它们的市场销售计划。根据这些不同，在没有泄漏各自商业机密的前提下，销售商和制造商可交换它们的信息和数据，来改善其市场预测能力，使最终的预测报告更为准确、可信。供应链节点企业则根据这个预测报告来制定各自的生产计划，从而使供应链的管理得到集成。

3）供应过程中约束的消除。供应过程的约束主要源于企业的生产柔性不够。通常，销售商的订货所规定的交货日期比制造商生产这些产品的时间要短。在这种情况下，制

造商不得不保持一定的产品库存，但是如果能延长订单周期，使之与制造商的生产周期相一致，那么生产商就可真正做到按订单生产及零库存管理。制造商就可以减少甚至去掉库存，大大提高企业的经济效益，另一个有望解决的期限是贯穿于产品制造、运输及分销等过程的企业间资源的优化调度问题。优化供应链库存和改善客户服务，最终为供应链伙伴带来丰厚的收益。

2. 协同式供应链库存管理实施的步骤

第 1 步：全面协议。参与各方签署协作协议，就可能发生的一系列问题指定解决框架。

第 2 步：联合商业计划。包括对销售、库存、未来的变化的决策。

第 3～5 步：销售预测协作。销售商和供应商共享需求预测，比较和甄别各自预测曲线的不协调点，找出问题所在并修改计划。

第 6～8 步：订单预测协作。销售商和供应商共享补货计划，甄别不协调点并解决问题。

第 9 步：订单生成/交货执行，即结果数据的共享，包括销售地点、订单、运货班期、现有库存等，甄别预测准确度的偏差、库存状况以及执行过程中的问题并加以解决。

知识链接

协同式供应链库存管理模式分析

管理实体：协同计划协调工作组。

主要思想：协同式供应链库存管理应用一系列的处理和技术模型，提供覆盖整个供应链的合作过程，通过共同管理业务过程和共享信息来改善零售商和供应商的伙伴关系、提高预测的准确度，最终达到提高供应链效率、减少库存和提高消费者满意度的目标。

主要优点：实现企业之间的功能合作，显著改善预测的准确度，降低成本、库存总量和现货百分比，改善客户服务，发掘商业机会，发挥出供应链的全部效率。

主要缺点：以客户为中心的思想未能完全实现，协同式供应链库存管理始于需求预测，终于订单产生，因此合作过程不是十分完善。

适用范围：供应链企业都有良好的 IT 系统支持并且协作关系固定，对供应链中业务流程保持高度的一致，整个系统能够快速响应客户与预测客户需求。

支持技术：企业间的交互系统如基于供应链管理/企业资源计划/客户关系管理集成的系统，高级计划与协调系统、商业智能等技术。

实施策略：建立顾客情报系统，建立销售网络系统，建立合作框架协议，组织机构的变革。

（资料来源：中铝网）

相关作业

【作业一】

1998 年，在英国举办的供应链管理专题会议上，一位与会者提及，在他的欧洲日杂公司的生产与供应环节发生着这样的现象：从渔场码头得到原材料，经过加工、配送到产品的最终销售需要 150 天的时间，虽然消费者得到这样的商品没有感觉到不好，而且所有的中间环节也都是按照他们原本的最优效率运转着，但是这位管理者做了一个数据对比后，感到非常惊愕，他的产品加工的整个过程仅仅占用了 150 天中的 45 分钟。为什么供应链条被拖得这么长，而真正最有价值的只有 45 分钟，大部分时效被如何浪费掉了呢？

请分析出现问题的原因，并提出解决方法。

【作业二】

用图表比较说明几种库存管理模式的特点。

【案例解析】

说明戴尔的供应商管理库存模式（见图 6.3）。

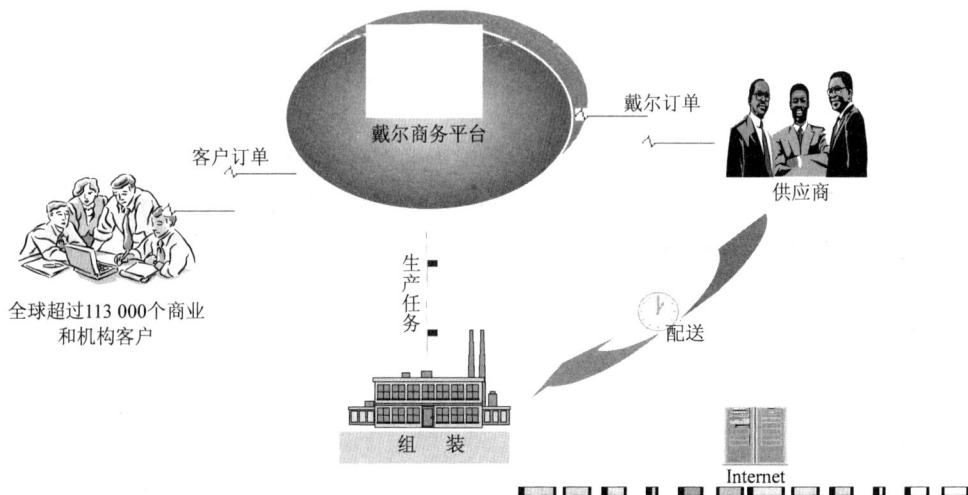

图 6.3　戴尔的供应商管理库存模式

6.3 库存作业管理

学习目标

- 了解库存作业管理的内容；
- 能说明影响库存管理的因素；
- 能设计企业库存管理规范；
- 了解库存管理系统。

案例导入

J 公司是一家经营建筑工程的私营公司，公司成立初期只有几个人，承接项目之后，就找一些包工队来干活。经过几年的经营，J 公司逐渐成长壮大，员工由最初的几个人发展到几十个人。

企业发展了，总经理魏明的烦恼也越来越多。以前所有的事情都能一手掌握，现在却觉得"鞭长莫及"，很多事情自己也看不透、听不到了。魏明越来越觉得不踏实，特别是怕中层领导瞒报信息，而自己却全然不知。

20 世纪 90 年代中期，魏明到香港一家公司考察，发现香港同行借助电脑、网络等信息化手段管理企业，效果非常好。回来之后，他也为公司买了电脑、架了网络。即便这样，魏明感觉还是不能通盘掌握企业的运营信息。

就在企业资源计划大行其道时，魏明也动心了。也许企业资源计划能够让企业信息透明化？带着这种梦想，魏明接触了一些企业资源计划厂商，最终一家专门从事工程管理软件的公司中标了。2003 年 J 公司与之签订了 50 万元的企业资源计划合同。

随后，该软件公司便开始为 J 公司实施企业资源计划软件。结果却让魏明大失所望：2004 年花费一年时间上线的系统，却一个流程也走不通。魏明急了，为什么在其他公司十分完美的系统，到了自己企业就死活就走不通呢？

这种上不去、下不来的感觉将魏明卡得十分难受，只好四处求教高人来帮忙解决。可是请来的"高人"却一批一批地走了，魏明总结起来就是："我说的话，搞技术的听不懂，技术专家的满嘴英文缩写，让我这个搞建筑的也弄不明白。"印象最深刻的一次，魏明带着公司的几位管理者，同这家公司的技术人员开了一天的会，大家都试图用对方能理解的语言去谈，但是最后什么结果也没有。

情急之下，魏明开始广发英雄帖，通过朋友找到一位既懂技术又懂管理的 CIO。他能不能解决魏明的问题呢？

这位 CIO 很快便了解了魏明的意图，只花了一星期的时间就把所有的流程全部理顺了。魏明对这位 CIO 的评价是："我说的话，他一下就能听懂。"

然而，理顺了流程并不代表企业资源计划能够顺利上线。原来，魏明只是希望通过企业资源计划把企业内部的管理对自己透明，让自己的眼睛能够放在每一个流程当中，对业务中的每一个环节都能了如指掌。可上了企业资源计划之后，魏明发现它不仅把中层管理者的业务透明了，自己的一举一动，公司的一举一动也全部都透明了。

这让魏明更加担心了。几十人的中小企业，在业务操作中，难免有很多业务模式处于模糊地带，成为潜规则，如果这些信息也都非常透明，公司业务不就没法干了？让魏明感到更加不适应的是企业资源计划系统中的财务系统。财务系统根本没有能够放置这些账务的流程，以前能赚的钱赚不了，以前能办的事也办不成了。这套企业资源计划不但不能提高企业的管理效率，反而是把企业发展的脚步给束缚住了。

如果不借助信息系统，魏明所想象的智能化的公司管理目标便无法实现，公司的发展壮大也将遇到瓶颈。但是如果按照现在这套企业资源计划的方法，魏明的公司便是违背了整个行业的运行规律，可能连日常的经营都运行不下去，他该如何选择呢？

（资料来源：http://cio.csai.cn/methods/200807221718021753.htm）

必备的理论知识

6.3.1 供应链库存作业管理的内容

供应链库存作业管理的内容见图 6.4。

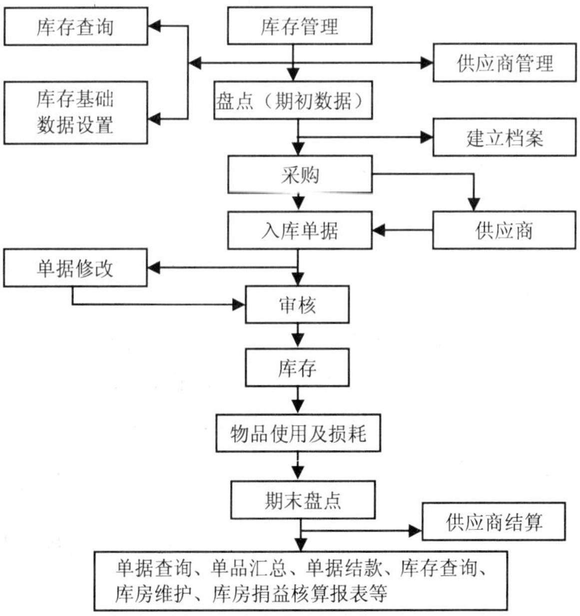

图 6.4　库存作业管理的内容

（资料来源：www.dasensoft.cn/upfiles/111311/2009-03/17094720.gif）

6.3.2 影响库存管理的因素

影响库存管理的因素见图6.5。

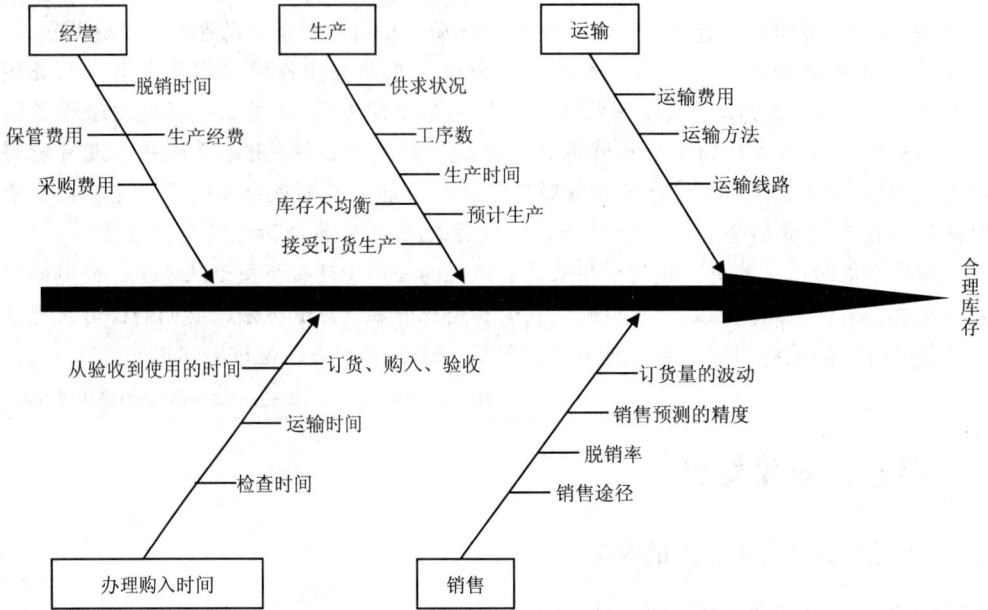

图6.5 库存管理影响因素鱼翅图

6.3.3 库存管理系统

库存管理系统是一套基于仓储作业流程的管理系统,适用于大型物流中心、原料(成品)库、商业配送中心、机场、码头等,被誉为"物流管理的企业资源计划"。

库存管理系统的主要功能有系统资源管理、合约及计费管理、储位及基本作业管理、系统自动调度优化、订单管理、配送管理、预警、商品账与费用账管理、报表管理、电子商务管理等。

库存管理系统支持多种物流管理技术(如条形码、电子标签、短信等),留有与财务、企业资源计划、物料管理系统等系统以及自动化机械设备的接口;具备多种调度功能(系统自动调度、人工调度、集中调度、分散调动等形式);能通过XML提供报表;库存管理系统功能超越已有仓储系统功能,将仓储作业、调度优化、配送作业、货品管理、货品账与财务账、预警、报表结合于一身,还可以配上采购模块、库存控制模块,不但能够满足第三方的仓储管理需要,同时能够满足生产企业的采购物流、销售物流、商业企业配送的需要。

库存管理系统的主要功能模块有仓库管理、企业资源、客户管理、业务管理、调度、账表、配置和预警。

相关作业

【作业一】

看图 6.6 解释库存管理系统的功能。

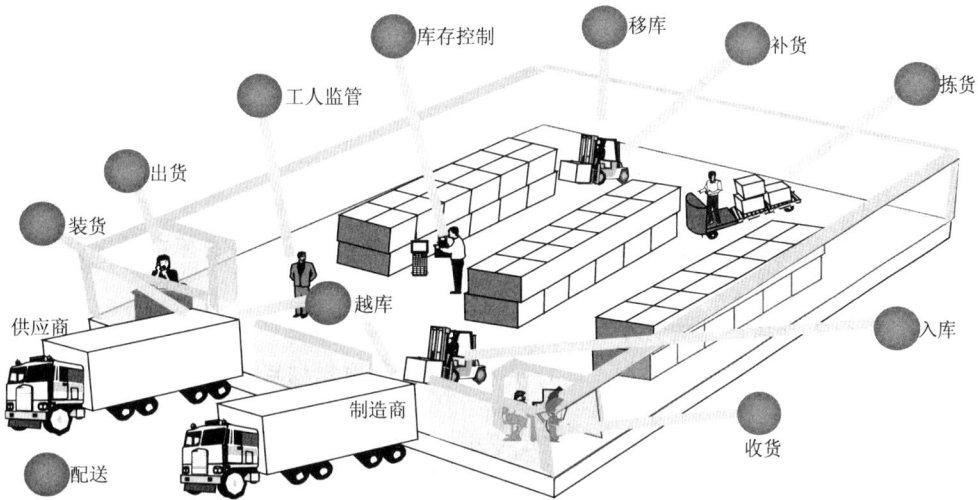

图 6.6 库存管理系统功能

【作业二】

总结影响库存管理的因素有哪些？

【作业三】

分析如图 6.7 所示的供应链库存结构图。

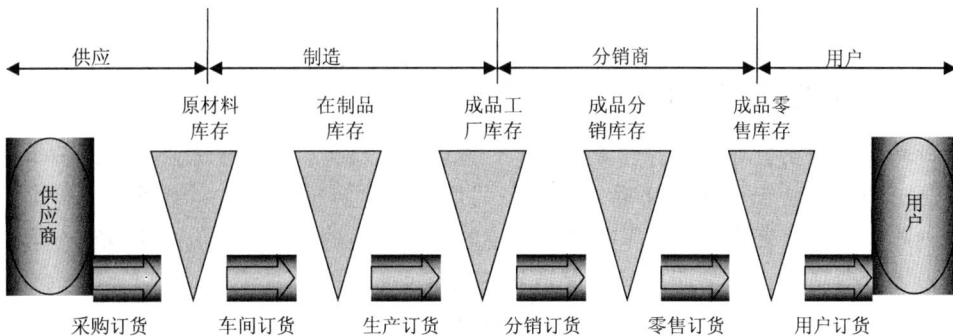

图 6.7 库存结构

案例分析

台湾宝洁的供应链管理方式

宝洁公司算是在中国台湾推行供应链管理相当成功的企业。本案例旨在通过了解宝洁公司实际执行供应链管理的流程，分析这个系统建制前后的绩效与再修改的原因和做法，最后总结宝洁公司执行成功的原因。

1. 传统销售体系

宝洁公司传统的销售体系运作模式大致可以得出如下的流程：

1）销售点观察与统计销售资料，并制定安全库存，依据销售与库存状况同供货商下订单。

2）供货商依据销售点的订单配送货品。

3）根据过去的经验值与销售点的订单资料，供货商规划自身的生产排程与库存/物料管理系统。

在这样的运作体系下，很容易发生如下状况：

1）销售点太晚发现库存不足，致使货架出现缺货状况。

2）销售点延误订货时机，导致补货速度延迟。

3）供货商因按照过去的经验值排定生产计划，因此当市场呈现较大变动时，无法及时反应与调整。

4）从消费者购买→销售点盘查→销售点订货→供货商备货→供货商配送→销售点上架的整个供应链中，过程冗长且缺乏效率。

5）由于自第一线的消费者至终端的供货商中间需经过极多关卡，因此，供货商会面临到所谓的"时间递延效应"，而使供货商错估市场状况，制定出错误的制造与销售计划。

2. 建立供货商管理库存系统以缩短供应链

既然现存的供应环节里存在着如上的许多问题，那么通过何种方法可以改善这种状况并显著提升供应链运作效率呢？宝洁公司所提出的解决方案就是管理供货商管理销售点的库存，将所有的销售与库存资料直接进入供货商的系统中，供货商即可在第一时间内做出补货决定，并立即将货品配送到各销售点或零售商的发货仓库。

基本上，由于宝洁公司的客户有各种不同的类型，如诉求价格低廉、进货量大的某福利中心，或是一些连锁超商体系，而这些客户的运作形态、补货周期、品项数量等都不尽相同，因此宝洁公司也发展出不同的系统工具，分别如下：

1）EDR。是适用于一般经销商的配销管理工具。

2）CRP。是特别为某福利品通路开发出来的工具。

3）KARS。主要客户补货系统，适用的对象是零售商。

不管是和哪一类型的伙伴合作推动所谓的供货商管理库存系统，有几个考量点是宝洁公司特别重视的：

1）慎选有能力的伙伴。由于要建立运作良好的供应商库存管理系统，不仅双方的企业信息基本环境要达到一定水准，同时双方的管理能力、组织运作、人员素质、经管理念等地都必须有相当程度的契合，因此选择出有能力的伙伴一起推动，将大幅提升供应商库存管理的成功几率。

2）创造弹性供应链系统。虽然宝洁公司将客户主要分为三类，即福利体系、经销商与零售商等，但在每一类中仍有为数众多的个别从业者，这些从业者的运作情形与需求互异，对供应商库存管理系统的要求也不尽相同，若要针对个别客户设计专属的信息系统，显然不符合成本-效益原则，因此，如何开发出一套具有弹性的供应商库存管理工具，让宝洁公司能以此为基础，再针对客户的个别需求作局部调整，以达到最通化的目标，即是系统设计的重要考量。

3）复制成功经验。宝洁公司认为，推动供应商库存管理的经验是应该可以累积学习的，也就是说，如果曾经成功地与 A 经销商合作推行供应商库存管理，那么当企图与同类型的 B 经销商发展供应商库存管理合作关系时，就应该能预期过程中可能面临的困难与解决途径，进而缩短摸索沟通的时间，并快速提升运作效率。为了实现成功经验转移的理想，全球宝洁的客户服务部门与产品供应部门随时都会进行全球的观摩交流活动，并保持紧密的互动与联系。

3. 宝洁公司推动供应商管理库存后绩效衡量具体指针

供应商管理库存的基本构想是希望能借助供货商直接管理库存、及时供货以降低销售点的存货压力，因此希望推动后可获得以下成果：

1）提高供应链效率。

2）舒缓价格压力及不断上升的成本。

3）突出与竞争对手的差异。

根据双方实际运作 KARS 系统后的统计资料显示，自 1998 年 9 月至 1999 年 2 月，整个供应商管理库存实施后的结果在某些项目上已比未实施前有明显的进步，但是有几个项目却反而此实施前略为退步或表现不佳，包括：

1）订单项目满足率，即宝洁是否能全数提供销售点所需商品数量的比例。

2）订单项目修正率，即发生订单错漏的比例，实际值明显比目标价高出甚多。

3）货架商品供应服务水准，另外，宝洁为因应订单满足率偏低的情形，决定增加此衡量指针，而这个指针的衡量方式为：①货架上缺货，在货架上只有一件商品或无商品；②店内缺货，整个店内都没有此商品。

4. 供应商管理库存成功的关键要素

一直以来，多数人皆认为要在中国台湾推动库存管理系统存在着许多先天的限制，如从业者本身的信息环境与能力不足等，更重要的是，台湾销售业者非常难打破过去的经营心态，总是认为应该要自己管理库存、下订单，才能掌握企业经营的命脉。

然而宝洁公司却让台湾从业者看到供应链管理的可行性与成效，整体归结而言，其供应链管理推动成功的要素主要有三：

1）慎选绩效衡量指针。系统必须对企业活动具有正面影响才值得推动，因此务必设定绩效衡量指针，并持续掌控推动状况，据此拟定改善方向与目标。

2）建立小组对小组的有效沟通环境。由于供应链牵动的范围甚广，因此不仅是在企业内部要有良好沟通，包括合作伙伴间的沟通管道也必须畅通无阻，尽可能降低部门间或企业间的错误认知与沟通成本。所以双方的沟通由彼此公司的财务、业务、物流、信息等专业人才各自组成小组来进行小组对小组的沟通，将交易条件以套餐的方式公开，使双方不必投入人力与时间谈判交易条件。业务部也从谈价钱、推销产品的角色到协助零售商做品管、促销，更能增加销售。这无形中节省了不少沟通时间，也增加体系间的运作效率，提升彼此之间的互信与关系。

3）双方管理高层对目标的承诺。双方高层经理人必须对供应链管理推动计划有高度的认同与支持，同时所有参与其中的部门也应全力配合。

当企业真能掌握上列三项成功要素，同时还能与"有能力的合作伙伴"一起前进时，由供货商管理库存的理想就能具体呈现。

5. 未来努力的方向

宝洁公司建置上述供应商管理库存系统之后，经实际访谈该公司后发现仍有部分问题有待解决，以下将分点叙述原因及可能的解决方向：

1）加强彼此间的信任。依照供应链管理计算出来的订单建议，常被客户端的人，尤其是资深销售人员主导订货决策的公司质疑其准确性，资深销售人员常凭本身的直觉作下订单的判断，不信任系统、科学性的分析建议，使得此类客户公司发出的实际订单常和原先的建议不同，使宝洁公司不能依系统设计出来的最佳订单量供货，从而使整套系统不能发挥设计上的最大效率。在这个方向上，建立合作客户端认知"自动补货概念"的可行性是重要的。宝洁公司的做法上是偏向以诱因制度的设计加强客户的合作，把系统可能产生的成本节省利益转作折扣的方式，给愿意彻底配合的客户较大的折扣，来提升客户采用系统建议订单的比率，但成效如何仍有待日后的追踪评估。

2）降低促销影响供货的变动。促销是供应链管理上的例外因素，会降低系统提供之规律性，愈多促销动作会使系统原本产生的规律订单建议愈不可信。目前宝洁公司尝试的做法是去辨识出促销活动会影响的期间有多长，效益有多大，即照原先规律备货计算之后，研究分析个别促销活动会多增加的订单数及促销延续期，作为系统建议订单的修正，希望借此降低促销对供应链管理的干扰。

3）不同客户端订单格式的统一。与不同的客户目前采用的订单规格不相同，如 A 超市和 B 的订单格式就不相同，增加订单接收之后宝洁公司内部统整业务的繁复性，有关这部分的动作，宝洁公司以全球化的观念，目前先和沃尔玛进行调整，之后将把规格化的订单逐步推展至所有合作客户端。

由上述问题可知，推行供应链管理，尤其在网络技术近成熟的今日，能带来不少的利益也有不少的困难，即转换的过程中，旧心智模式如何跳脱过去的思考（直觉判断订货量），改以网络科技时代的新心智模式去学习，是成功拥抱电子化的重要参数，如果公司里的旧职员能有新思维，加上不断对运作流程进行改善，相信宝洁公司的供应链系统未来将带来更多可见的效益。

（资料来源：http://guide.ppsi.com.cn/art/8095）

小　　结

众所周知，库存管理在企业经营管理中处于重要地位，供应链作为一种"扩展型"企业，库存管理在其运作中更为重要，原因是库存不仅影响着某一节点企业的成本，而且也制约着供应链的综合成本、整体性能和竞争优势。

理想的供应链库存管理是一种基于合作伙伴关系基础上的，强调信息共享、利益共享、风险分担的库存管理模式。合作伙伴关系把库存管理提升到整个供应链的层次，库存管理不再单是供应商、生产商个人的管理活动，而是合作伙伴共同参与库存的管理活动，他们对共同参与库存管理活动提出了实施的目标构架。

本章详细分析了供应链管理中的库存问题，并指出了供应链库存管理的几种重要的管理模式，通过对传统库存管理、供应链管理库存、联合库存管理及协同式供应链库存管理等的对比分析，介绍了几种库存管理模式的特点及适用情况。本章还详细介绍了供应链库存管理的作业流程，在信息技术的辅助下，供应链的库存管理将向着更合理化的方向发展，大大降低库存成本，优化库存作业流程，提高作业效率，这些都能为企业的利润创造源泉。

第7章 供应链中的运输管理

运输是为了使物品从生产者手中转移到消费者手中而发生的物品空间位移。因为产品很少在同一地点进行生产和消费，所以运输在每一条供应链中都发挥着极其重要的作用。运输费用是供应链成本的重要组成部分。随着电子商务和送货上门服务的发展，运输成本在零售业中的地位越来越重要。从网上书店到网上百货商店，在线企业不再采用整车装运为零售店送货的办法，而是将商品装在小包裹中送货上门。也正因为如此，运费在电子商务的送货成本中占有很大的比例。

7.1 供应链中的运输经济分析

学习目标

- 了解运输的功能与作用；
- 熟悉合理的运输形式，能针对不同运输情况提出运输改进意见；
- 了解运输成本的组成及影响因素。

案例导入

任何供应链的成功与运输方式的合理选择都有一定的关联。沃尔玛公司就采用了一种非常高效的快速反应运输系统来降低总成本。为了使产品在合理的价位上能保持较高的供给水平，沃尔玛公司只有很低的库存量，每当商品售出，它就立即补充库存。为了降低频繁补充库存的运输成本，沃尔玛公司采用以下方法：在一个供应商处，给每一辆载货汽车集中装载配送给不同零售店的产品。沃尔玛公司还利用这一运输系统，使不同的商店能够在商品出现缺货或过剩时，互相调剂余缺。快速反应的运输系统与对接配送体系使公司降低了库存成本，增加了利润，可见合理运输方式的选择是该公司既提高供给与需求的匹配性又保持较低成本的关键。

必备的理论知识

供应链中运输系统的经济分析，是指以物流系统为整体进行运输成本及经济效益分析。进行物流条件下运输规划的根本目的和重要原则之一，就是要以合理的运输成本获得最低的物流系统成本和最佳的经济效益。一般是通过经济指标方面的计算与分析以及规划前后费用效益的比较来进行分析与论证。

7.1.1 供应链下的运输管理概述

运输管理是指产品从生产者到中间商再至消费者的运送过程的管理。随着社会分工越来越细，物品的种类越来越多，不同场所之间的物品交换活动也越来越频繁。运输就是从场所上给物品定位的一个物流作业领域，其任务在于物理性地移动物品，从而产生场所功效。供应链中的物流部门通过运输活动实现了物品生产和消费之间的有机联系。由此，运输系统常常被誉为国民经济的动脉系统，是供应链的中心环节。

除库存管理之外，供应链物流管理的另一个重要方面就是运输管理。但是运输管理相对来说，没有像库存管理那样要求严格、关系重大。因为现在运力资源丰富，市场很大，只要规划好了运输任务，很容易找到运输承包商来完成它。

1. 运输的功能

（1）产品和货物的转移功能

无论产品处于哪种形式，是原材料、零部件、装配件、在制品，还是制成品，也不论是在制造过程中将被转移到下一阶段，还是转移到最终的顾客，运输都是必不可少的。运输的主要功能就是帮助产品在价值链中来回移动。既然运输利用的是时间资源、财务资源和环境资源，那么，只有当它确实提高产品价值时，该产品的移动才是重要的。

运输之所以涉及利用时间资源，是因为被运输的产品在运输过程中是难以存取的。被运输产品通常是指转移中的货物和产品，是各种供应链战略中所要考虑的一个因素，通过运输时间的占用，减少生产线上和配送中心的存货。运输之所以要使用财务资源，是因为会发生驾驶员劳动报酬、运输工具的运行费用以及一般杂费和行政管理费用的分摊。此外，还要考虑因产品灭失损坏而必须弥补的费用。

> 想一想：
> 运输的转移功能都涉及哪些方面？

运输直接和间接地使用环境资源。在直接使用方面，运输是能源的主要消费者之一；在间接使用环境资源方面，由于运输造成拥挤、空气污染和噪声污染而产生环境费用。运输的主要目的就是要以最低的时间、财力和环境资源成本，将产品从原产地转移到规定地点。此外，产品灭失损坏的费用也必须是最低的；同时，产品转移所采用的方式必须能满足顾客有关交付履行和装运信息的可行性等方面的要求。

（2）产品和货物的储存功能

对产品进行临时储存是一个不太寻常的运输功能，也就是将运输车辆临时作为储存设施。然而，如果转移中的产品需要储存，但在短时间内如几天后又将重新转移的话，那么，该产品在仓库卸下来和再装上去的成本也许会超过储存在运输工具中每天支付的费用。

2. 运输的基本原则

就物流而言，组织运输工作，应贯彻执行及时、准确、经济、完全的原则。

1）及时。在供应链系统管理中，要求运输管理必须按着产、供、销情况把货物从产地运往销地，尽量缩短货物在途时间，及时满足客户的需要。

2）准确。在货物运输过程中，要切实防止各种差错事故，做到不错不乱，保质保量，准确无误地完成运输业务。

3）经济。采取最经济、最合理的运输方案，有效地利用各种运输工具和运输设施。节约人力、物力和运力，提高运输经济效益，降低货物运输费用。

4）安全。在货物运输过程中，不发生霉烂、残损、丢失、燃烧、爆炸等事故，保证货物安全运送到目的地。

3. 运输管理的参与者

运输管理的参与者见图 7.1。

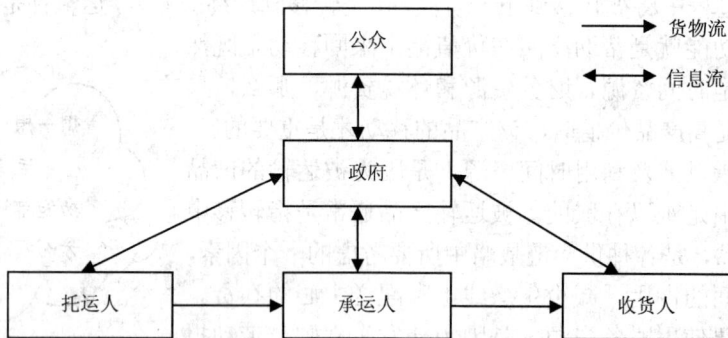

图 7.1　运输管理的参与者

（1）托运人和收货人

托运人和收货人的共同目的是要在规定的时间之内以最低的成本将货物从起始地转移到目的地。运输服务中应包括具体的提取货物和交付货物的时间、预计转移的时间、零灭失损坏以及精确和合时地交换装运信息和签发单证。

（2）承运人

承运人作为中间人，其的目的与托运人和收货人多少有点区别，他期望以最低的成本完成所需的运输任务，同时获得最大的运输收入，这种观点表明，承运人想要按托运人（或收货人）愿意支付的最高费率收取运费，而使转移货物所需要的劳动、燃料和运输工具成本最低。要实现这一目标，承运人期望在提取和交付时间上有灵活性，以便于能够使个别的装运整合成经济运输批量。

（3）政府

由于运输对经济的影响，所以政府要维持交易中的高利率水平。政府期望一种稳定而有效率的运输环境，以使经济能持续增长。运输能够使产品有效地转移到全国各市场中去，并促使产品按合理的成本获得。

与其他商品企业相比，许多政府更多地干预了承运人的活动，这种干预往往采取规章、促进或拥有等形式。政府通过限制承运人所能服务的市场或确定它们所能收取的价格来规范其行为；政府通过限制承运人所能服务的市场或确定它们所能收取的价格来规范其行为；政府通过支持研究开发或提供诸如公路或航空交通控制系统之类的通行权来促进承运人的活动。

（4）公众

公众是最后的参与者，关注运输的可达性、费用和效果以及环境上和安全上的标准。公众通过按合理价格产生对周围商品的需求最终确定运输的需求。

显然，由于各方之间的相互作用，使得运输关系很复杂。这种复杂性会导致托运人、收货人和承运人之间的频繁的冲突、政府和公众之间的频繁冲突，这些冲突已导致了运输服务备受规章制度的限制。

7.1.2 运输合理化

所谓运输合理化，就是在一定的产销条件下，货物的运量、运距、流向和中转环节合理，能以最适宜的运输工具、最低的运输费用、最少的运输环节、最佳的运输线路、最快的运输速度，将物资产品从原产地转移到规定地点。

1. 影响运输合理化的因素

影响物流运输合理化的因素很多，起决定作用的有五个方面被称为合理运输的五要素。

（1）运输距离

在运输过程中，运输时间、运输运费等若干技术经济指标都与运输距离有一定的关系，运输距离的长短是运输是否合理的一个最基本的因素。

（2）运输环节

每增加一个运输环节，势必要增加运输的附属活动，如装卸、包装等，各项技术经济指标也会因此发生变化，因此，减少运输环节有一定的促进作用。

（3）运输工具

各种运输工具都有其优势领域，对运输工具进行优化选择以最大限度地发挥运输工具的特点和作用，是运输合理化的重要的一环。

（4）运输时间

在全部物流时间中运输时间占绝大部分，尤其是远程运输，因此，运输时间的缩短对整个流通时间的缩短起决定性的作用。此外，运输时间缩短还可以加速运输工具的周转，充分发挥运力效能，提高运输线路通过能力，在不同程度上改善不合理的运输情况。

（5）运输费用

运输费用在全部物流费用中占很大的比例，运输费用的高低在很大程度上决定整个物流系统的竞争能力。实际上，运输费用的相对高低，无论对货主还是对物流企业而言都是运输合理化的一个重要的标志。运输费用的高低也是各种合理化措施是否行之有效的最终判断依据之一。

2. 不合理运输的主要形式

不合理运输是在现有条件下可以达到的运输水平而未达到，从而造成了运力浪费、运输时间增加、运费超支等问题的运输形式。目前我国存在的主要不合理的运输形式如下：

（1）返程或启程空驶

空车无货载行驶，可以说是不合理运输的最严重形式。在实际运输组织中，有时候必须调运空车，从管理上不能将其看成是不合理运输。但是，因调运不当、货源计划不周、不采用运输社会化而形成的空驶，是不合理运输的表现。造成空驶的不合理运输主要有以下几种原因：

1）能利用社会化的运输体系而不利用，却依靠自备车送货提货，这往往出现单程重车、单程空驶的不合理运输。

2）由于工作失误或计划不周，造成货源不实、车辆空去空回，形成双程空驶。

3）由于车辆过分专用，无法搭运回程货，只能单程实车，单程回空周转。

（2）对流运输

对流运输亦称相向运输、交错运输，指同一种货物，或彼此间可以互相代用而又不影响管理、技术及效益的货物，在同一线路上或平行线路上作相对方向的运送，而与对方运程的全部或一部分发生重叠交错的运输称对流运输。已经制定了合理流向图的产品，一般必须按合理流向的方向运输，如果与合理流向图指定的方向相反，也属于对流运输。

在判断对流运输时需注意的是，有的对流运输是不很明显的隐蔽对流，例如，不同时间的相向运输，从发生运输的那个时间看，并无出现对流，可能做出错误的判断，所以要注意隐蔽的对流运输。

（3）迂回运输

迂回运输是舍近取远的一种运输，可以选取短距离进行运输而不办，却选择路程较长路线进行运输的一种不合理形式。迂回运输有一定复杂性，不能简单处之，只有当计划不周、地理不熟、组织不当而发生的迂回才属于不合理运输，如果最短距离有交通阻塞、道路情况不好或有对噪音、排气等特殊限制而不能使用时发生的迂回，不能称不合理运输。

> 想一想：
> 如何解决不合理运输问题？

（4）重复运输

重复运输指本来可以直接将货物运到目的地，但是在未达目的地之处，或目的地之外的其他场所将货卸下，再重复装运送达目的地，这是重复运输的一种形式。另一种形式是，同品种货物在同一地点一面运进，同时又向外运出。重复运输的最大毛病是增加了非必要的中间环节，这就延缓了流通速度，增加了费用，增大了货损。

（5）倒流运输

倒流运输是指货物从销地或中转地向产地或起运地回流的一种运输现象。其不合理程度要甚于对流运输，其原因在于，往返两程的运输都是不必要的，形成了双程的浪费。倒流运输也可以看成是隐蔽对流的一种特殊形式。

（6）过远运输

过远运输是指调运物资舍近求远，近处有资源不调而从远处调，这就造成可采取近程运输而未采取，拉长了货物运距的浪费现象。过远运输占用运力时间长、运输工具周转慢、物资，占压资金时间长，远距离自然条件相差大，又易出现货损，增加了费用支出。

（7）运力选择不当

运力选择不当指未选择各种运输工具优势而不正确地利用运输工具造成的不合理现象，常见有以下若干形式：

1）弃水走陆。在同时可以利用水运及陆运时，不利用成本较低的水运或水陆联运，而选择成本较高的铁路运输或汽车运输，使水运优势不能发挥。

2）铁路、大型船舶的过近运输。不是铁路及大型船舶的经济运行里程却利用这些运力进行运输的不合理做法。主要不合理之处在于火车及大型船舶起运及到达目的地的准备、装卸时间长，且机动灵活性不足，在过近距离中利用，发挥不了运速快的优势。相反，由于装卸时间长，反而会延长运输时间。另外，和小型运输设备比较，火车及大型船舶装卸难度大、费用也较高。

3）运输工具承载能力选择不当。不根据承运货物数量及重量选择，而盲目决定运输工具，造成过分超载、损坏车辆及货物不满载、浪费运力的现象。尤其是"大马拉小车"现象发生较多。由于装货量小，单位货物运输成本必然增加。

（8）托运方式选择不当

对于货主而言，在可以选择最好托运方式而未选择，造成运力浪费及费用支出加大的一种不合理运输。例如,应选择整车而未选择,反而采取零担托运,应当直达而选择了中转运输,应当中转运输而选择了直达运输等都属于这一类型的不合理运输。

注意:

在实践中,对于不合理运输必须将其放在物流系统中做综合判断,在不做系统分析和综合判断时,很可能出现"效益背反"现象。

上述的各种不合理运输形式都是在特定条件下表现出来,在进行判断时必须注意其不合理的前提条件,否则就容易出现判断的失误。例如,如果同一种产品,商标不同,价格不同,所发生的对流,不能绝对看成不合理,因为其中存在着市场机制引导的竞争,优胜劣汰,如果强调因为表面的对流而不允许运输,就会起到保护落后、阻碍竞争甚至助长地区封锁的作用。类似的例子,在各种不合理运输形式中都可以举出一些。

7.1.3 运输成本

运输成本即完成运输所产生的各项费用。一般又以单位运输产品的营运支出来表示。任何种类的运输方式,其运输费用均由两大部分构成,即场站费用和途中运输费用。场站费用包括货物的装卸、仓库、码头、管理经营机构和保养等费用。这项费用的大小只与货物的体积、质量等有关,而与运输距离无关;途中运输费用包括线路折旧、管理维修、运输工具磨损、动力消耗、保险等。这部分费用的大小和货物运输距离成正比。

1. 各种运输方式的运输费用

各种运输方式的运输费用是由各种运输方式在生产过程中所消耗的各种支出费用构成的。由于各种运输方式的特点不同,运输费用的组成项目就不一定相同,各种费用在总成本中所占的比例也就不一样,各种运输方式的运费构成也就不一致。

铁路运输费用是综合机务、车辆、车站等直接从事运输生产的单位发生的各种费用来进行计算的,各项费用中包括员工工资、材料、燃料、物料、电力、固定资产的折旧和管理费用等。

水运运输企业的运费可分为船舶费用和企业管理费用两大类。其中船舶费用是指船舶从事运输生产所发生的各项费用,如船员工资、燃油料、材料、基本折旧、修理、港口费用、事故损失费用和其他分摊的费用等。

港口费用按不同业务所发生的费用分为装卸费用、堆存费用、拖驳运输费用等。港口装卸费用是由装卸作业费用和分摊的企业管理费用所组成。其中的装卸作业费用包括人员工资、机械费、装卸工具费、过驳费、库场费、劳保费、作业区管理费等。

汽车运输费用项目分为车辆费用和企业管理费用两大类。车辆费用包括员工工资、燃料费、轮胎费、营运车辆保修费、大修理提存、折旧费、养路费等。

各种运输方式运输费用的组成各不相同，各项费用在总费用中所占的比重也不相同。在铁路运输费用中，铁路线路的维修包括在内，在内河运费中则不包括航道维护费用，而在公路运输费用中养路费用则占很大的比重。在铁路运费中，员工工资的比重较大，这是因为在铁路运输中除了有庞大的运输组织工作人员外，还有线路和线路建筑物以及机车车辆维修人员；水运则不计航道和航标工作人员，工资支出所占比重相对铁路就小；汽车运输只计驾驶员及助手的工资，服务和管理人员的工资计入管理费用，工资在成本中的比重则较小。

2. 影响运输成本的因素

影响运输成本的因素有距离、装载量、产品密度、空间利用率、搬运的难易、责任以及市场等。

1）距离。距离是影响成本运输的主要因素。

2）装载量。大多数快递活动中存在着规模经济，装载量的大小也会影响运输成本，装载量增加时，每单位重量的运输成本减少，这是因为装载、运送及管理成本等固定成本可以分摊到每一装载量。

3）产品密度。是指产品的质量和体积之比。通常密度小的产品每单位重量所花费的运输成本比密度大的产品要高。

4）空间利用率。是指产品的具体尺寸及其对运输工具的空间利用程度的影响。由于某些产品具有古怪的尺寸和形状以及超重或超长特征，因而通常不能很好地利用空间。

5）搬运的难易。显然同质的产品或通用设备搬运的产品比较容易搬运，而特别的搬运设备则会提高总的运输成本。

6）责任。责任主要关系到货物损坏风险和导致索赔事故，对产品要考虑的因素是易损坏性、货运财产损害责任、易腐性、易盗性、易自燃性或自爆性等。承运人承担的责任较大时，其索要的运输费用就越高。

7）市场。除了与产品有关的因素外，市场因素也对快递成本有重要的影响，影响比较大的市场因素有：同种运输方式间的竞争以及不同运输方式间的竞争；市场的位置；政府对承运人限制的现状和趋势；运输活动的季节性。

相关作业

【作业一】

合理化运输的措施有哪些？

【作业二】

讨论运输成本的构成。

【案例实践】

1）为案例导入中的沃尔玛公司制定一份运输配送计划。

2）讨论沃尔玛公司的运输成本。

作业展示及点评

1）运输配送计划的可行性。

2）合理化运输措施的可行性。

3）计划书的完整性。

7.2 供应链中的运输管理

学习目标

- 了解供应链下的运输管理任务；
- 掌握供应链运输决策应考虑的问题；
- 能够合理选择运输供应商；
- 能够制定运输计划。

案例导入

TNT物流公司成功使用运输管理软件

在当今时代，商界竞争激烈，与时间的赛跑几乎无处不在。而要在此中胜出，最基本的要求即是在恰当的时间将所需的产品以合理的价格送到需要的地点。为此，TNT物流公司使用了一套先进的供应链与运输计划方案，为其客户缩减的总物流成本达到了33%。

TNT物流公司在世界上23个国家提供的服务主要集中于运输、分销配给和仓储三方面。为顾客量身定制的物流方案中则包括工厂供给及零部件的境内运输交付、向终端顾客境外交付成品以及产品修理所需的备用零件的仓储和交付。此外，TNT物流公司还提供93处仓储设备，总建筑面积达到120万平方米。

随着TNT物流公司客户的业务拓展，它们的供应链和管理上需求的复杂程度也深化了。客户要求的已不仅是将货物从一处搬运到某个目的地的简单工作，而是已意识到了多地提取和多式联运方案的必要性。业务的扩大产生了日益复杂的供应链系统。TNT 物流公司的分析家无法再以人工方式有效地分析供应链数据的多个来源。

　　为了满足客户需求，并从返程业务中获利，TNT 物流公司的分析家需要一套复杂、尖端、专业化的供应链与运输规划应用软件。现有的方案已无法应付 TNT 物流公司所要办理的多地点运输业务。于是 TNT 物流公司对三套不同的供应链与运输规划软件进行了评估。它们选中了 CAPS/Baan 的一套方案——"供应链套餐及运输设计"。该方案优秀之处在于它的运输工具安排与运输路线评估能力以及它能够将政府对货物征收的关税计算进成本的功能。现在，TNT 物流公司正使用 CAPS/Baan 的软件工具为其绝大部分客户服务。"对于那些由于供应链要求复杂而聘请TNT物流公司出任主要物流伙伴的客户，我们都使用CAPS/Baan来提供服务，" TNT 物流公司的总经理说。"而在我们总的客户群中，60%～70%的顾客都已经将我们当成了他们最主要的物流伙伴。"

　　为了始终站在物流领域的最前沿，TNT 物流公司前瞻性地对其现存客户信息库内的方案进行分析，试图寻找出同一地区不同客户的货物运输可以结合的地方。通过使用 CAPS/Baan 软件工具，分析家们就能够覆盖现有的多个客户的供应链并将数据组整合起来进行假定分析。这些假定分析包含对五六条供应链的分析评估来创建一条单一的供应链。该系统还能在开始一项优化模型设置项目之前能够先决定从现存及潜在的客户处所应获得信息量的最低限度。

　　对于 TNT 物流公司服务所能为客户提供的便利，它与一家大汽车制造商目前正在进行的项目即是其明证之一。在售后服务领域，该公司拥有一整条专为备用零部件使用的供应链。TNT 物流公司对这条供应链进行了彻底的研究，涵盖了从供应商到零件分销中心再到包装商的全套境内零件流转过程。使用了 CAPS/Baan 工具，TNT 物流公司能够将少于一卡车容量的需运货物整合起来并建立起一条运输路线将其运送到该制造商位于东南部 A 市的包装商处。"我们运用 CAPS/Baan 的软件工具来评价和指定货物运输的模式，并在整个供应链过程创立了无危险的飞行任务，目的在于选择出可能实现的最佳服务。"TNT 物流公司的物流专家 Ty Clark 如是说。

（资料来源：http://www.cnii.com.cn/20080623/ca545272.htm）

必备的理论知识

7.2.1　供应链下的运输管理任务

　　供应链运输管理的任务重点就是三个，一是设计规划运输任务，二是找到合适的运输承包商，三是运输的组织和控制。

1. 设计规划运输任务

设计规划运输任务就是要站在供应链的整体高度，统一规划有关的运输任务，确定运输方式、运输路线，联合运输方案，设计运输蓝图，达到既能够满足各点的运输需要，又使总运输费用最省的目的。因为供应链运输问题是一个多点系统的运输问题，涉及供应商到核心企业、核心企业到分销商以及供应商之间、分销商之间等多个企业、多个品种、多种运输方式、多条运输路线的组织规划等问题。要根据供应链正常运行的节拍，确定各点之间的正常运量，然后统一组织联合运输、配送和准时化供货。这个通常要建立模型，仔细地优化计算得出运输方案、建立运输蓝图。具体的做法可以运用运输规划法、配送计划法等方法来完成。这种做法比较完美，但是工作量比较大，需要运用计算机来进行计算和规划。在实际生活中，人们常常习惯于采用实用主义的做法，就是各个运输任务自发产生、单独处理，不进行统筹考虑，这样做，虽然简单、方便，但是常常造成运输资源不能够充分利用、空车率高、浪费大。

运输方式的选择，首先要了解不同的运输方式的特点及适合运输的范围（见表7.1），根据物流系统要求的服务水平及可以接受的物流成本等，来决定距离的物流运输。

表 7.1　各种运输方式比较

运输方式	特　点	运输对象
铁路	初始投资大，运输容量大，成本低廉，占用的土地多，连续性强，安全性高	适合于大宗货物、大件杂货等中长途运输
公路	机动灵活，适应性强，短途运输速度快，能源消耗大，成本高，空气污染严重，安全性能较差	适合短途、零担运输，门到门运输
水运	运输能力大，成本低，速度慢，连续性差，能源消耗及土地占用少	中长途大宗货物运输，海运和国际货物运输
空运	速度快，成本高，运费高，安全性好，空气和噪声污染严重，运量小，运送范围小	中长途及贵重货物运输，保鲜货物运输
管道	运输能力大，成本低，连续输送，运送货物范围小	适合于长期稳定的流体、气体及浆化固体物运输

在决定运输手段时，应以运输机具的服务特性作为判断的基准。一般要考虑的因素是：

1）运费——高低。

2）运输时间——到货时间的长短。

3）频度——可以运、配送的次数。

4）运输能力——运量的大小。

5）货物的安全性——运输途中的破损及污染。

6）时间的准确性——到货时间的准确性。

7）适用性——是否适合大型货物的运输。

8）伸缩性——是否适合多种运输需要。

9）网络性——和其他运输机具的衔接。

10）信息——货物所在位置的信息。

2. 运输承包商的选择

运输任务方案确定下来后，就需要找运输承包商。现在运输资源很丰富，很容易找，但是一般应当找正规的运输企业或者物流企业并建立稳定的合作关系，甚至可以把它们拉入供应链系统之中来。不要轻易找那些没有资格、没有能力的运输承包者，以避免运输风险。

（1）服务质量的比较

在同等运费的情况下，客户总是希望能够得到更好的服务，现代企业更重视的是运输服务质量。它的价值体现在把货物从一个地方运送到另一个地方，完成地理上的位移，无需对货物本身进行任何加工。如果运输保管不当，对货物质量就会产生影响，因此，客户在考察运输服务时，首要考察运输服务质量，特别是供应链管理模式下，一旦选择好合适的运输服务商，就不会轻易做出调整。要考虑的不仅仅是服务商的运输工具、装卸水平、工作人员的态度，还要考虑其服务理念、运输的准确率、信息查询能力、处理运输的反应机制是否完善等。

> 想一想：
>
> 对于服务质量，主要考虑哪些因素？

（2）运输价格比较

由于现代市场竞争的残酷，各种运输服务商都在竞相提高自己的服务质量，对于某些货物运输而言，运输服务几乎大同小异，在这样的情况下，价格就成为运输服务商们竞相竞争的手段，它们凭借自己不同的优势，降低各方面的费用，从而降低价格，由顾客根据自身的情况做出选择。

（3）综合选择

供应链企业在选择运输服务商时都非常慎重，往往不会因为单方面的原因就做出判断，要综合服务质量、运输价格、服务商的品牌、经济实力、服务商的网点数量等，如果以公式来表示，即为

$$S = k_1 Q / k_2 P + k_3 B + k_4 C + k_5 N + \cdots + k_n O$$

式中：S——综合因素；

k_n——不同因素的权数，$n = 1, 2, 3\cdots$；

Q——服务质量；

P——运输价格；

B——运输服务商的品牌；

C——运输服务商的总资产状况；

N——运输服务商的网点数；

O——其他因素。

客户可以根据自己的需要，调整不同因素的权数，然后做出决策。

3. 运输的组织和控制

运输的组织和控制就是按照给定的运输方案、运输蓝图对运输承包商的运输活动过程和运输的效果进行组织、管理和控制。

供应链管理要求发展社会化的运输体系，构建物流集团，增强国际竞争能力。组建运输物流集团公司，形成辐射全国铁路、水运、公路联运网络，在速度、成本、管理上占据竞争优势。建成全国商品物流配送中心，形成全国连锁网点提供物流配送，同时还尝试开展社会化物流配送服务降低成本，提高竞争能力。组建区域性仓储集团公司，在主要港口码头和交通枢纽建立大型仓储，适应日益扩大的物流量，为企业提供仓储服务。建立物流信息网络，为用户提供配送、运输、加工、仓储、配送和技术咨询为一体的新型物流信息。

7.2.2 供应链运输决策应考虑的问题

1. 运输部门的激励机制

进行运输决策时应确保运输战略对企业的发展战略起促进作用。如在决策时只考虑降低运输成本而不顾客户响应程度，将使企业总成本增加。所以企业运输部门的业绩考核应综合考虑运输成本、受运输决策影响的库存成本以及所达到的客户响应程度。

2. 选择自营运输和外包运输

考虑使用自营运输，外包运输或二者兼而有之，应基于企业的运输管理能力和运输对企业发展战略的重要性。当运量较小、运输不是企业成功的关键因素时，可以将运输外包给第三方承担，节约成本。然而当运量大、客户响应程度重要时，运输对企业发展战略的成功影响非常大，企业应拥有自己的运输车队。

3. 运输网络的柔性

进行运输网络设计是应考虑需求的不确定性和运输的可利用性。忽视需求不确定性会导致大量采用廉价、非柔性的运输方式，如果运输计划不变，这种运输网络会执行得很好。然而当运输计划改变时，往往就很差。如果企业考虑了不确定性，在运输网络设计中采用一些柔性的运输方式，虽然会昂贵一些，但可以让企业以较低的成本提供高水平的客户响应。

4. 运输成本与其他相关成本

供应链中的运输决策必须考虑对库存成本、设备和加工处理成本上升，协作成本以及提供给客户的响应水平、对不同的运输配置进行评估，按不同的成本、收入以及协作的复杂性把它分成不同的等级，然后进行合适的运输决策。

（1）运输与库存成本

运输与库存成本间的权衡包括运输方式的选择和库存集中。

1）运输方式的选择。包括规划决策和运作决策两方面，规划决策侧重于承运商的选择，运作决策针对的是某次运货的具体运输方式的选择。对于这两种决策，发货方都必须权衡运输与库存成本。成本最低的运输方式不一定降低供应链总成本，越廉价的运输方式提前期越长，装货量也越大，库存水平升高；装载量小的运输方式可降低库存水平，但相对昂贵。因此，价值与重量比值高的货物适合速度快的运输方式，对它来说降低库存是重要的；比值低的货物则适合速度慢的运输方式，对它来讲降低运输成本是重要的。

> 想一想：
> 如何平衡运输与库存成本的关系？

2）库存集中。将分散的库存集中起来可以使企业显著降低安全库存，然而集中库存会增加运输成本。当库存、设备成本占供应链总成本很大一部分时，集中库存是一个可以考虑的办法。对价值与重量比值高并且具有高度需求不确定性的货物集中库存也是有效的。

（2）运输成本与客户响应

供应链中运输成本与供应链提供的客户响应程度密切相关。如果企业的响应程度高、当天从客户接收到的订单当天完成，由于运量小、车辆利用率低，将导致很高的运输成本。反过来，如果降低响应程度，在发货前经过一段时间集中订单，将会因运量增大带来的规模经营而使运输成本降低，但集中订单因为耽搁了及时发货使客户响应程度降低。

7.2.3 供应链运输的不确定性

在供应链中运输是一个由多方共同参与的过程，它具有很强的不确定性。运输过程中出现的问题不仅会影响运输活动自身的正常进行，而且降低供应链绩效，甚至可能使供应链停止运作。如何避免运输不确定性带来的副作用是个值得关注的问题，只要有预见性和周密的规划，供应链中出现的运输问题大多可以成功解决。

1）制定备选规划和具体和可选方案，使其成为偶然突发事件的基础，一旦运输出现问题，立即启动备选方案。

2）注意收集、更新有关数据，如燃料价格、承运商的经营状况等，通过对这些数据的分析，提高对运输问题的预见性。

3）选择承运商时，应进行全面、严格的考核与分析，不能仅仅基于价格进行选择。

总之，在信息技术飞速发展的今天，供应链运作的基础依然是运输这个往往不被人重视的环节。当它正常运作时没有多少人会考虑到它，然而运输中一个极小的问题可能会让整个供应链崩溃，同时运输也是供应链物流成本中比重最大的部分，所以，在供应链管理中应当高度重视运输问题。

相关作业

【作业一】

如何选择最优运输路线？

【作业二】

选择运输服务商应考虑哪些因素？

小组模拟仿真

选择运输服务商

1. 活动背景

部分小组分别选定自己公司的业务经营类型，根据经营货品等选择适合自己的物流运输服务商。

部分小组担任不同运输方式的服务商，也可以担任相同运输方式的运输服务商，制定自己的服务方案，提供服务清单，由客户进行选择。

2. 活动要求

1）各小组分配好自己的任务（角色可轮流担任）。
2）准备各自资料。
3）制定策略。

3. 模拟步骤

1）不同小组根据各自不同任务进行选择，担任运输服务商的小组要对自己的服务等进行适当的宣传。
2）模拟谈判。
3）模拟达成合作协议。
4）评估。

7.3 供应链合作新概念——协同运输管理

学习目标

- 了解协同运输管理的含义;
- 熟悉协同运输管理实施的方法;
- 掌握影响协同运输管理的各种因素。

案例导入

2000年,全球最大零售商沃尔玛向供应商宝洁公司、货运巨头亨特公司提出了一个新型的合作方案,要在三者间实现更透明的信息交换,共同进行决策,这就是协同运输管理(CTM)的开始。达成合作关系以后,沃尔玛大大减少了货物处理过程的步骤,而亨特公司减小了16%的装卸货等待时间,空载率下降3%,宝洁公司也实现了库存的下降。

目前,日本、中国台湾等地都非常重视协同运输的研究及推广。日本运输省流通对策部出台了《协同运输系统导入推进纲要》,旨在推动协同运输的发展。台北市的"协同运输股份有限公司"已有较大的知名度和影响,该公司是提供协同运输信息、协同运输策划、协同运输协调组织服务的专业性企业,不失为一种可行的协同运输组织形式,有望成为一种受欢迎的新型行业。在北美,协同运输管理已经在不同的公司之间进行,从先期的协同运输管理项目中已经证实取到很好的效果,其效果可从以下三方面看出:

1)从供应商来看,通过计划进行安排,可以提前与运输商分享信息,以保证运输工具及时到位,提高回程货物装载率,并获得最低运价。从调查结果看,此战略的实施,增加了产品按时送货率,按时服务提高了35%,库存降低了50%,通过增加服务给客户,使销售提高了23%,提前期减少了75%,管理成本减少了20%。

2)从运输商来看,减少了运输商装货卸货的等待时间,使得运输资源配置和利用率达到最优化;通过优化运输网络,它可以更好地安排运输次序和路线,减少空载率;减低了运输疏忽造成的货物流失;它减少了单据错误和不准确的沟通。无利润里程减少了15%,滞留时间减少了15%,运输设备利用率提高了33%,司机流动率降低了15%。

3)从客户角度来看,由于货物的及时运送以及整个运输过程可视化程度的提高,其满意度大大提高。

(资料来源:http://www.modern56.com/webpage/Paper/200803/2008031114432800001.htm)

必备的理论知识

全球化生产，使得全球供应链的概念越来越清晰，而物流的距离也大大地增加。电子商务，也与物流的反应速度息息相关。要保证物流的及时性，第三方物流服务起到了最关键的作用。生产商与销售商的关系越来越密切，把第三方物流服务商包揽进来，使得货物在中间流动过程更准确、更快速。因此，在协同计划预测补货（CPFR）的基础上，行业间商业标准化委员会（Voluntary Inter-industry Commerce Standards Association，VICS）发展了新一代的合作概念——协同运输管理。

实际上，供应链管理的本质就是协调，解决供应链中的问题和矛盾，更好地优化供应链运作，而协同使得整个供应链能够实现高效的顾客反应。因此，供应链中运输的矛盾可以采用一种新型运输管理模式——协同运输管理来解决。协同运输管理能够将运输整合到供应链各成员的运营计划当中，不但使运输商减少无效运输，而且能够预见性地管理运输需求，满足订货响应时间，从而使产品及时运送到客户手中。

7.3.1 协同运输管理的含义

协同运输管理的雏形是货运合并，保持货车的满载移动。这就意味着公司可以更好地利用自身的资源，减少空载浪费。这种方法在北美相当流行，合作关系已在超过 1600个合作伙伴中形成，它们建成一个统一的信息平台，通过多站式的装卸货，保持着货车的最低空载率。而对于最终消费者而言，不仅使服务时间大大缩短，成本还降低了 15%～25%。而目前，协同运输管理的含义远远不仅于此。

根据 VICS 在白皮书里的定义：协同运输管理是一种在协同计划预测补货的基础上发展而来的新的模型，在原有"供应商—销售商"的合作关系上，扩展至"供应商—发货人—第三方物流—收货商"的战略联盟，通过信息共享和供应链协作，制定计划、预测、运输、库存等商品服务全过程的共同决策，不仅包括协同计划预测补货里原有的协同计划预测补货，还延伸至运输和配送的领域。

过去，据美国的调查，运输成本占全美国 GDP 的 5.5%，它在各公司的总收益当中的比例也大致如此。随着物流行业的重整和发展，此比例已有一定程度的下降。但是，重整后的环境却极大地加剧了运输商之间的竞争，在紧张的竞争下，承运人为了保持效率和准时，运营成本势必增加。现在，运输车的空载率为 15%～20%，运输商和司机都不得不忍受真实成本和机会成本的增加。

在运输的问题中，服务水平也是一个重要的考虑因素，运输服务的一个主要代表因素是从订单确认到订单完成的时间，即订单交货期。订单交货期的不确定性主要源于运输的不确定性，如货车中途出现问题、天气原因，甚至运输商破产。当越来越多的公司按照准时制的模式进行运作，运输过程的错误空间就少之又少了。

考虑到这些因素，公司间实现合作，特别是运输公司，就显得尤为重要了。合作关系的形成，不仅消除无效运作、减少成本，也保证货物流动的准确性。在很多情况里，供应链中的单个成员所能做的事情非常有限，有时候仅仅是合作也是不够的，所以协作成为公司战略的基本选择。协作比合作的概念更广，它首先要求合作伙伴间建立共同目标和信息共享，还有知识、风险和利润的协议，还包括持续的合作模式。

协同运输管理的重点在于提高三方包括发货人、承运人或第三方物流服务提供商、接受人之间的交流与合作。协同合作的参与者通过共享需求和供应信息（如预测、事件安排、所需能力）、理念甚至运作能力来提高运输规划和作业整体流程的绩效，也会在一定程度上提高资产（如卡车、仓库）的利用效率。协同运输管理始于订单发货预测（订单可能来自合作计划、补货或者其他程序），主要包括运输能力的预测和时间安排、生成订单、装货、送货、付款等程序。

7.3.2 协同运输管理的实施过程

协同运输管理代替了传统运输的合作。当在发货人和承运人之间建立协作之后，协同运输管理为合作者定义了新的过程，在发货人、接收人、第三方物流公司之间提供了一个空前的机会，获得了可视的进入未来商务的机会。更重要的是，协同运输管理提供给承运人、重要的发货人和接收人建立商务计划，以满足他们的货源需求。协同运输管理商务过程对发货人和接收人也是一种新过程，在与承运人的相互关系中，通过货物的传递发展了合作关系。

在供应链管理中，协同运输管理的实施过程包含以下三个不同的阶段：

1. 计划（由2个步骤组成）

1）各个商务伙伴建立协作协议确立合作关系，确立运输出货、例外情况处理和主要绩效指数等多方面的关系协议和处理方法。

2）建立总计划，决定资源和设备需求，并与运输计划相匹配。

2. 预测（由3个步骤组成）

1）分享各自订单和出货计划，承运商根据计划量的变化来调整设备要求。

2）发现生产商、分销商、承运商的例外情况。

3）协同解决。

3. 执行（由4个层次、9个步骤组成）

（1）货运补给

1）在已解决的订单预测中，创建订单和货运补给。

2）在已知的设备能用性、装货和运输需求情况下，鉴别例外情况。

3）协同解决。

（2）分配（包括物理分配和运输状态的透明性）

1）创建最终运输合同，协同确定补给协议和运输条件。

2）通过发现分配周期和任何例外情况，持续更新运输状态。

3）解决运输例外情况。

（3）支付

1）发现支付中的例外情况。

2）协同解决。

（4）回顾

衡量整个分配过程的绩效，寻找机会继续改进。

7.3.3　成功实施协同运输管理的关键因素和障碍

1. 成功实施的关键因素

（1）建立和掌握运输的最佳实践

最佳运输实践对于供应链的无缝连接（包括原材料从供应地送到生产线、库存在不同工厂和配送中心的转移、运输成品给客户等）起到非常重要的作用。最佳运输实践主要指良好的运输控制和集中运输管理；建立一个核心运输计划；制订正确合同条款；优化每天的运输计划；实施电子支付，撰写运输状态报告并使订单、运输和库存可视化；不断改进运作程序；实施准确的货物成本配置和成本报告；进行运输成本分析等。

（2）注重供应链各方关系管理

包括成员之间对共同利益的理解，保证一定的开放性，进行信息共享，供应链各方认识到协同运输管理是供应链活动中的重要部分，成员之间遇到问题相互帮助，相互理解，工作努力并相互协调，进行合作；相互信任，利益共享等。

（3）应用先进的信息技术

协同运输的成功离不开先进的信息技术，它可以保证数据传输真实，减少交易成本和风险。信息技术是协同运输管理的神经系统，对于提高运输运作效率，保证了资金、物资和信息的高效有序流动和交互起着至关重要的作用。信息技术主要包括计算机软硬件技术、网络技术、条形码技术、射频识别技术、地理信息系统、全球定位系统、电子数据交换技术、Internet 技术和资源配置技术等。

2. 成功实施的主要障碍

协同运输管理在实际运作上可能会遇到困难，并经常运作实施效果不理想或运作失败。总结原因，其主要的障碍包括传统管理思想和体制的禁锢，仍采用传统的方法运作和进行成本核算；成员之间对供应链的视野仍停留在自己一方，而没有从供应链整体看待；每次谈判过程要花大量时间和经历，因此供应链各方过于注重各自利益或对协同运输管理的预期期望过大、信息传递的不准确等。

相关作业

【作业一】

讨论在中国协同运输管理的前景。

【作业二】

思考协同运输管理面临哪的挑战。

【案例实践】

寻找中国企业实施协同运输管理的案例，并分析其成功与失败，撰写总结报告。

小　　结

　　运输工作是整个物流工作的重要环节，也是供应链管理中节省成本的重要环节。一个现代化的综合运输体系是由五种运输方式以及各种相应的配套设施组成的。这五种重要的运输方式是江海运输、航空运输、铁路运输、公路运输以及管道运输。各种运输方式都有自己固有的技术经济特征及相应的竞争优势。如何恰当地选择运输方式，是物流合理化的重要问题，也是降低物流成本的重要问题。

　　运输提供了两个重大的功能，产品的空间移动和短期储存。在整个运输活动中，费用和服务是最重要的组成部分。在本章中，主要分析了运输中的各种经济指标，强调了运输成本的重要性。同时，对于在供应链管理环境下，如何有效地进行运输管理进行了详细介绍。运输方式的选择、运输路线的规划、运输车辆的调度、运输服务的提供、运输信息技术的应用等都是运输策划中必须考虑的因素。本章同样介绍了协同运输管理，并分析了该管理模式的意义及应用。

　　在供应链管理中，往往最容易忽视的就是运输这个环节。但是，就是这个小小的环节，却很有可能让整个供应链崩溃，同时运输也是物流成本中比重最大的部分，我们必须重视运输管理，努力控制成本。

第**8**章　客户关系管理

供应链管理与客户关系管理（customer relationship management，CRM）都是在市场日益多变、顾客个性化需求日益明显的条件下，为了更加准确、有效地满足顾客的需求而产生的。供应链管理中包含客户关系管理，而客户关系管理作为独立的管理模式更加专业有效。

8.1　客户关系管理概述

学习目标

- 了解客户关系管理的核心思想；
- 明确客户关系管理的重要性；
- 掌握客户关系管理的策略。

案例导入

首都机场实例：企业信息化也可从客户关系管理起步

传统上，人们将企业资源计划归为企业内部信息化，而将客户关系管理、供应链管理划分为外部的信息化，如果企业没有实施企业资源计划就要上客户关系管理系统，就如同未学走路先学跑一样。但是，凡事都有一个例外，日前，记者采访了北京首都国际机场股份有限公司运营管理部经理孔越、运营管理部经营分部朱天柱，他们传递了这样一个信息：信息化也可以从客户关系管理起步。

低调的起步

据了解，首都机场的直接服务对象是各家航空公司，围绕着这个服务对象，机场方面就约有 140 多家的合作伙伴，其中有直接为航空公司提供服务的，如加油、机务维修、配餐等服务性公司，也有场道维护、保洁等提供间接服务的公司。如何协调、管理好这些公司，共同为航空公司和广大旅客服务，现实的问题就摆在了面前。但市场上还没有成熟的系统可供使用。

针对这些问题，孔越的选择是低调起步，从最简单的地方入手，追求实用性。按照孔越的思考，传统的作业模式已经运行了很多年，要改变业务人员的习惯，可不是一件轻而易举的事情。新的信息化的方法，只有得到业务部门发自心底的接受，才能够被真正使用起来。构建信息化系统的目的，是为了更好地为航空公司服务，在这样的情况下，孔越就想到了客户关系管理。

从客户关系管理扩展

客户关系管理系统如何开始，孔越他们最先做的就是把与客户服务相关的信息收集进来，从 2003 年底开始，孔越和同事就不断的与业务部门接触，一起讨论需求，开始的时候，一天就要接收 200 多条的信息，现在减少到每天 30 条左右。据孔越回忆，刚开始的时候是一段痛苦的时期，因为白天没有时间，几乎都是晚上 10:00 之后上网，哪怕只是一句简单的"收到了"，孔越始终坚持每天回复信息，也带动了同事们坚持这样做。其结果，充分调动了业务部门的积极性，从开始的客户信息，到后来的合同，越来越多的信息被放进客户关系管理系统中，当各种工作日志也被收录进来之后，越来越多的工作中的问题就被摆到了桌面上。相应地，为解决这些问题的客户关系管理功能就被开发了出来。

总结客户关系管理系统的好处，孔越表示一是统计和查询很方便，使得信息不至于被遗忘和疏漏；再有就是可以提高工作的效率，由于信息被充分共享，问题的监控和落实就得到了解决。以工作日志为例，最初这些信息都是记录在纸张上，后来好一些，采用 Word 文档进行保存，但是原有信息都是保留在各个部门的手里，不易调阅和查询。现在，利用局域网，透过客户关系管理，相关信息一清二楚，问题很快就得到了反馈和解决。例如，有一家航空公司反映办公室总是有饭菜的味道，要在以往，这样的问题最快也要 1 周的时间反馈，结果往往是不了了之。但现在第 2 天就有反馈。航空公司对于机场的满意度大大提高。

据朱天柱介绍，目前首都国际机场客户关系管理系统管理的信息和功能已经有十大项，包括客户信息、供应商信息、合作伙伴信息、合同管理、日志管理、日常工作管理、经营计划管理、安全与其他全年运营任务管理、员工管理、日程管理。系统的很多功能都是应用的过程中被提炼出来的。孔越用摸着石头过河来形容整个信息化的过程。

（资料来源：http://www.ctiforum.com/technology/CRM/2007/08/Crm0816.htm）

必备的理论知识

8.1.1 客户关系管理的定义

客户关系管理的概念引入中国已有数年，其字面意思是客户关系管理，但其深层的内涵却有许多的解释。以下摘录国外研究客户关系管理的几位专家对其下的不同定义，通过这些定义让我们对客户关系管理有一个初步的认识。

最早提出该概念的 Gartner Group 认为：所谓的客户关系管理，就是为企业提供全方位的管理视角；赋予企业更完善的客户交流能力，最大化客户的收益率。

客户关系管理是一项营商策略，透过选择和管理客户达至最大的长期价值。客户关系管理需要用以客户为中心的营商哲学和文化来支持有效的市场推广、营销和服务过程。企业只要具备了合适的领导、策略和文化，应用客户关系管理可促成具效益的客户关系管理。

客户关系管理是关于发展和推广营商策略和支持科技以填补企业在获取、增长和保留客户方面目前和以后表现的缺口。它可为企业做什么？客户关系管理改善资产回报，在此，资产是指客户和潜在客户基础。

客户关系管理是信息行业用语，指有助于企业有组织性地管理客户关系的方法、软件以至互联网设施。譬如说，企业建造一个客户数据库充分描述关系。因此管理层、营业员、服务供应人员甚至客户均可获得信息，提供合乎客户需要的产品和服务，提醒客户服务要求并可获知客户选购了其他产品。

客户关系管理是一种基于 Internet 的应用系统。它通过对企业业务流程的重组来整合用户信息资源，以更有效的方法来管理客户关系，在企业内部实现信息和资源的共享，从而降低企业运营成本，为客户提供更经济、快捷、周到的产品和服务，保持和吸引更多的客户，以求最终达到企业利润最大化的目的。

客户关系管理是一项综合的 IT 技术，也是一种新的运作模式，它源于"以客户为中心"的新型商业模式，是一种旨在改善企业与客户关系的新型管理机制。是一项企业经营战略，企业据此赢得客户，并且留住客户，让客户满意。通过技术手段增强客户关系，并进而创造价值，最终提高利润增长的上限和底线，是客户关系管理的焦点问题。当然客户关系管理系统是否能够真正发挥其应用的功效，还取决于企业是否真正理解了"以客户为中心"的客户关系管理理念，这一理念是否贯彻到了企业的业务流程中，是否真正提高了用户满意度等。

客户关系管理是企业为提高核心竞争力，达到竞争制胜，快速成长的目的，树立客户为中心的发展战略，并在此基础上展开的包括判断、选择、争取、发展和保持客户所需的全部商业过程；是企业以客户关系为重点，通过开展系统化的客户研究，通过优化企业组织体系和业务流程，提高客户满意度和忠诚度，提高企业效率和利润水平的工作实践；也是企业在不断改进与客户关系的全部业务流程，最终实现电子化、自动化运营目标的过程中，所创造并使用的先进的信息技术、软硬件和优化管理方法、解决方案的总和。

注意:

　　在国内，当一个企业开始关注客户关系管理时，往往也伴随着业务流程的调整，通过引入先进的营销管理理念、可借鉴的流程制度以及自动化工具，来实现企业的战略目标。

　　客户关系管理的主要含义就是通过对客户详细资料的深入分析，来提高客户满意程度，从而提高企业的竞争力的一种手段。客户关系是指围绕客户生命周期发生、发展的信息归集。客户关系管理的核心是客户价值管理，通过"一对一"的营销原则，满足不同价值客户的个性化需求，提高客户忠诚度和保有率，实现客户价值持续贡献，从而全面提升企业盈利能力。

　　客户关系管理不仅仅是一个软件，它是方法论、软件和IT能力综合，是商业策略。

8.1.2　客户关系管理的核心思想

　　客户关系管理就是企业在运营过程中不断累积客户信息，并使用获得的客户信息来制定市场战略以满足客户个性化需求。客户关系管理意味着观念的转变，开始以客户为中心，它实施于企业的市场营销、销售、服务与技术支持等于客户相关的领域。客户关系管理解决方案着力于以产品和资源为基础，以客户服务为中心，以赢得市场并取得最大回报为目标，通过信息的有效集成为基础进行的客户快速反应，给予客户一对一交互式的个性化服务，达到商业过程自动化并改进业务流程。

　　1. 客户是企业经营的最重要因素

　　客户关系管理是一种企业新的经营理念，即企业真正经营的是"客户"，而不是过去认为的"产品"。这种经营理念的转变主要是因为企业营销哲学由"生产观念、产品观念"转向"营销观念"。以市场为经营导向的企业，必须树立起经营中心为"客户"，才真正意义上成为市场导向型企业。

　　2. 企业的行为内容是"对客户需求的关注和满足"

　　"关注"的层级可以分为响应、预知、创造。"满足"的层级可以分为属性、价值、关系。企业客户关系管理的实施，就是为了在对客户需求关注上能从"现实需求的响应－萌芽需求的预知－未来需求的创造"；在对客户需求满足上能从"属性满足－价值满足－关系满足"。

3. 企业的行为方式，由"大众化营销"到"一对一营销"

通过高效双向的客户信息系统，企业能更好地理解客户的需求和偏好，随着信息系统的能力上升，甚至企业可以依据每个个体客户需求来提供定制化的产品和服务。

> 想一想:
>
> 客户关系管理的核心是什么？

4. 对企业与客户发生的各种关系进行全面管理

企业与客户之间发生的关系，不仅包括单纯的销售过程所发生的业务关系，如合同签订、订单处理、发货、收款等，而且要包括在企业营销及售后服务过程中发生的各种关系。如在企业市场活动、市场推广过程中与潜在客户发生的关系。在与目标客户接触过程中，内部销售人员的行为，售后服务过程中企业对客户的各种关怀等。

对企业与客户间可能发生的各种关系进行全面管理，将会显著提升企业营销能力、降低营销成本、控制营销过程中可能导致客户抱怨的各种行为，这也是客户关系管理的重要思想。

5. 企业经营追求的目标的转移

由过去关注"一次交易的达成"转向"与客户长久关系的构建"。在总结的诸多学者对客户关系管理的定义中，几乎所有的定义都提到"最大限度地发展客户与本企业的良好关系，实现顾客价值的最大化"。

6. 实施客户关系管理必须有一整套完整的硬件系统来支持

必须有高效的信息管理、传递、共享、双向沟通系统，必须有柔性化的各种制造模块，必须有优秀的客户合作管理系统、数据挖掘分析系统等。所以很多情况人们谈客户关系管理都是在谈这些硬件系统的架构问题。

7. 确立客户贡献差异化营销的思想

不同的客户具有不同的关系价值，企业必须将最大的精力放在最有价值的客户身上。虽然那些低价值的客户在数量上占有绝对比例，但对公司的销售和利润贡献却很小。客户关系管理并不是主张放弃这些价值较低的客户，而是强调仔细甄别良性客户关系和恶性客户关系，并加以区别对待。通过对关系的有效识别，发展与特定客户之间良性的、长期的、有利可图的关系，坚决剔除不具有培养前景的恶性客户关系，这也是通过对客户的深入分析应用销售理论中的"2/8"法则来进行客户关系管理。

8. 进一步延伸企业供应链管理

客户关系管理系统解决了企业供应链中的下游链管理，将客户、经销商、企业销售部全部整合到一起，实现企业对客户个性化需求的快速响应。同时也帮助企业清除了营销体系中的中间环节，通过新的扁平化营销体系，缩短响应时间，降低销售成本。

随着各种现代企业的发展，企业之间产品的差异越来越难以区分，产品同质化的趋势越来越明显。通过产品差别来细分市场从而创造竞争优势也变得越来越困难。客户消费行为越来越成熟，期望越来越高，研究客户的需求和提高对客户的服务水平就变得异常重要。客户关系管理就是旨在改善企业与客户之间关系的新型管理机制，一方面通过提供快速周到的优质服务吸引客户，另一方面通过对业务流程的全面管理降低企业的经营成本。

8.1.3 客户关系管理的策略

1. 优化客户体验

公司都在努力寻求一种不仅能够保留现有的客户，而且能够赢得竞争对手的客户的经营战略。许多公司把期望寄托在客户关系管理上，而客户关系管理要想真正发挥作用，必须要能够为客户带来一种全新的体验，因此我们做客户关系管理，就应该优化客户体验。当然优化方法有很多，可以借助高新技术，也可以不涉及技术，关键在于要有一种"以客户为中心"的观念，管理好与客户的每一个接触点。

2. 管理客户全接触

企业与客户关系的建立常常通过广泛的接触点得以实现，这些接触点虽然不同但却相互关联，如广告、销售、拜访、接待、网站、直邮、服务等。接触点是客户关系管理中的一个最基本的概念，描述了企业与客户任何一次接触活动及其结果，任何一个接触点都是一"真实瞬间的客户体验"。客户有成百上千个和企业接触的方法。显然，企业任何一个部门都无法控制全部的接触点，无论是营销、销售或服务部门。

通过记录客户接触点的信息，形成企业精确、广泛的客户数据库——包括销售、订单、履行和客户服务的历史记录。使得企业对每一名客户的历史资料有一个详细的了解和把握，能够根据客户的不同情况选择参数量体裁衣，为客户提供他们所喜好的渠道交互方式。

3. 识别潜在大客户

企业都认识到，满足所有客户的需求并不能保证增加企业的收入或利润，所以全面客户体验并不意味着单一追求所有的

> 想一想：
>
> 如何识别潜在大客户？

客户满意度,它的最终目标还是追求企业利润的提升,它必须和客户价值结合起来运用。细分价值客户正是客户关系管理的核心思想之一,客户关系管理认为客户是应该分等级的,价值客户是企业利润的源泉。每个企业都应该建立自己的客户价值金字塔,通过客户价值精确量化,实现客户关系的量化管理,找出企业的价值客户,而不是凭经验和感觉管理客户关系。

企业必须努力寻求方法为对它有巨大价值的客户提供超值服务,满足一般客户的需求,同时找到为低价值客户提供服务的低成本替代方法。这就反过来要求企业了解客户价值的驱动力所在,关注不同客户群的价值构成,从而形成以每个客户创造的利润为基础而不是以笼统的收益为基础的新的客户价值衡量方式。

4. 提升客户价值

360 度进行客户全接触,不是目的,仅仅是手段。通过识别潜在大客户,帮助企业把握潜在大客户个性化需求;通过对客户接触信息的分析,帮助企业得到客户的完整视图,从而判定什么样的接触最重要,接触应该达到什么标准、什么程度,持续优化客户体验,实现客户购买行为的提升。而客户价值的提升是通过客户生命周期推进来实现的。

客户关系管理强调,关注 360 度完整的客户生命周期——客户与企业之间的关系要经历一个由远及近、自浅入深的发展过程。通过广告、直邮、会议等营销活动找到可能的对象,对这些对象进行更为深入的沟通、识别、促进,对具有现实购买机会的客户进行人员跟踪并实现销售,对已购买产品和服务的用户提供有效的支持服务,以留住用户并实现交叉 / 升级销售,可为企业建立良好的口碑以赢来更多的客户。广义地讲,企业长期价值的客户生命周期是一个一环推一环、更大的、完整的 360 度循环,而企业长期价值客户完整生命周期的大小,又取决于企业对客户每一次需求创造、销售推进、价值挖掘、忠诚维系之微循环的良好、完整的实现。

生、老、病、死是大自然的客观规律,客户处于不同的客户生命周期状态,其对企业的期望不同,这就要求企业能准确地把握客户的脉搏,对症下药,最大限度地延长客户的生命周期。而把对脉,又要求企业通过各种渠道,与客户进行 360 度接触,获得客户的 360 度视图。企业要有效地服务于客户,必须要对其具体客户历史资料有一个详细的了解和把握。客户数据是企业最具价值的竞争力资产,广义的客户数据还包含了竞争对手、合作伙伴、供应商的部分信息。360 度客户视图是企业极为重要的独特资产之一,可以帮助企业拥有一个精确、广泛的客户数据库,持续提炼企业的合作伙伴、供应商、供需链上成员的价值信息。随着业务的进展,企业会逐步加深对客户情况的认识和理解,同时也会获得更为深入的客户价值体验。

5. 保留与提升客户

整个客户生命周期,客户价值体现在如下几个方面:首先是"挽留客户",这关系到客户停留在企业的时间长短。其次是客户购买的额度和频率，这关系到企业的利润。最后是获得客户和挽留客户所花费的成本。通过对客户的关注，企业期望达到如下三方面的目标：保持对企业有利可图的客户；识别对企业无利可图的客户；对无利可图的客户，企业要有一个很好的策略，使得他们有利可图，或停止与无利可图的客户的交往。

随着时间的推移，寻找更多适合客户的商品和服务成了企业首要任务。一旦发现企业的产品或服务与客户的需求匹配，就要在合适的机会提醒客户，使客户关注企业具有的产品或服务。通过细分价值客户、客户全生命周期分析，我们的根本目的是，运用最低的成本、最有效的方式，尽可能多的让客户在金字塔上升级。对于高价值客户要强化客户关怀，最大限度地保留客户；对于一般客户通过努力促使其转化为价值客户。

所有这些，需要企业能够在客户生命周期中对客户进行全方位、全阶段的管理。首先要了解真实的客户信息，通过 360 度客户全接触，如实记录客户信息，各部门、各接触点的信息必须完整，能够实时反映客户状况。然后对所有客户进行价值细分，形成客户价值金字塔，对客户金字塔以及客户接触信息进行分析，找出最有潜力的升级客户。在此基础上确定客户升级目标，评价升级后的利润贡献。通过对客户接触信息分析，确定客户最满意、最有效的接触方式，制定客户接触计划，包含活动预算、活动方式等。最后是对客户活动、市场活动的执行，并进行实时监控以及反馈，实现不断提升客户利润贡献度。

8.1.4 客户关系管理的作用

1. 客户关系管理可以加速企业对客户的响应速度

客户关系管理改变了企业的运作流程。企业运作多种方式直接与客户交流，大大缩短对客户的响应速度。企业也可以更敏捷地捕捉到客户的需求，为业务改进提供了依据。

2. 客户关系管理可以帮助企业改善服务

客户关系管理主动地向客户提供主动的客户关怀，根据销售和服务历史提供个性化的服务。利用客户关系管理系统，可使企业跨越系统功能和不同的业务范围，把营销、服务活动的执行、评估、调整等与相关的客户满意度、忠诚度、客户收益等密切联系起来，提高了企业整体营销、服务活动的有效性，同时对客户信息和数据进行有效的分析，为企业商业决策提供分析和支持，这从根本上总体保证企业投入足够而适当的资源培育其竞争优势。

3. 客户关系管理可以帮助企业提高工作效率

由于客户关系管理建立与客户打交道的统一平台，客

> 想一想：
> 客户关系管理能否在中国企业中实施得到如此效果？

户与企业一点接触就可以完成多项交易任务，因此办事效率大大提高。实施客户关系管理采用各种新技术，业务处理流程自动化程度大大提高，实现了企业范围内的信息共享，提高了企业员工的工作能力，使企业内部能够更高效地运转。

4. 客户关系管理可以有效地降低成本

客户关系管理的有效运用，使团队的销售效率与有效性大大提高，服务质量的提高也使服务时间和工作量大大下降，这些都在无形间降低了企业的运作成本。客户关系管理的实施不仅会改变销售、营销和服务部门的业务活动，还会影响财务、生产、计划和运输等后台所有部门的业务活动。它需要大范围的业务流程重组，需要信息技术的支持。客户关系管理能够实现业务的全面重组和管理，提高工作效率，节约营销费用，从而降低成本。

5. 客户关系管理可以规范企业的管理

客户关系管理提供了统一的业务平台，并且通过自动化流程将各项业务紧密地结合在一起，这样就将个人工作纳入企业规范的业务流程中，与此同时发生各项业务信息进入统一的数据库，从而避免重复性工作与员工流动带给企业的损失。

6. 客户关系管理可以帮助企业深入挖掘客户的需求

客户关系管理系统可以把其"为客户解决需求"的理念贯彻到其电话服务系统、自动销售系统、市场推广系统和售后服务系统等与客户打交道的所有环节中，帮助公司把这些潜在客户变为现实的客户。企业通过客户关系管理系统实施形成的统一的客户联系渠道和全面的客户服务能力，将成为企业获取并保持竞争优势的重要组成。企业细心了解客户的需求，专注于建立长期的客户关系，并通过实施"以客户为中心"的战略来强化这一关系，通过统一的客户联系渠道为客户提供比竞争对手更好的服务。

相关作业

【作业一】

制定本公司的客户关系管理方案。

【作业二】

分析中国企业目前的客户关系管理程度。

【案例实践】

调查本地某行业或某具体企业是否实施了客户关系管理，成效如何，并写出调研报告。

作业展示及点评

1）各小组阐述自己的调研报告。
2）集体讨论报告的真实性与可行性。

8.2 供应链中的客户关系管理

学习目标

- 明确供应链管理与客户关系管理的关系；
- 了解供应链下的客户关系管理的构建方法；
- 了解客户关系管理价值链；
- 了解客户关系管理的实施方法。

案例导入

上海航空公司北京营业部的客户关系管理

该公司的机票销售基本上通过分销的方式进行，以委托旅游公司、建立机票代理点来完成大量的销售。直接到机场买票的旅客，所占的比重很小。对于这类企业来说，企业要管理的重头并不在企业的内部，而在于那些与企业有密切联系的伙伴。这类企业的需求集中在这几个方面：

1）能够管理所有下游伙伴的基本档案信息，如代理的地址、电话、联络人、规模、成立时间、行业渗透率等。

2）能够管理不同类型的代理协议。

3）能够根据代理级别制定价格政策，并且在代理下订单的时候，自动识别价格是否符合政策，能根据政策计算返点、返利、返货，并及时进行统计。

4）能够和下游伙伴及时沟通信息，包括定期传送销售情况、库存情况、商业机会信息。

5）能够为平衡代理利益提供数据支持，保证在各区域中的销售覆盖面，并维持正常的市场价格。

6）能够分配市场投放资金，在代理协助下完成本区域的广告或活动。

7）能够监督当地市场的物流配送过程，最好可以收集到最终客户的信息。

8）能够根据业务数据对代理进行价值划分，并总结出每类代理的特征，对代理进行有效甄别。

总之，以分销为主要销售模式的企业，需要的客户关系管理是与现有的供应链构成紧密相关的。

作为管理软件的提供商，必须深刻地了解当前中国的供应链模式。TurboCRM在 TurboLINK 这一新上市的套件中，通过 Internet 技术，代理可以上报每日、每周、每月的销售情况。客户可以在线下订单，查看订单的处理情况，在线进行信息反馈并得到回复。

（资料来源：http://www.ctiform.com/technology/CRM/2002/03/Crm0322.htm）

必备的理论知识

客户关系管理主要是指一个公司与它的客户相关的管理，供应链管理则是与公司产品供应相关的业务管理，很多时候，二者之间会有密切的联系，因为公司的最终目标是获取利润，这取决于更多、更好的客户，要做好客户关系管理，就得需要对客户提供更好的服务和更多的让渡价值，这就需要我们有良好的供应链管理，以此来满足客户的需要。可以说供应链管理是为了更好地服务于客户，做好客户关系管理。

8.2.1 供应链管理与客户关系管理的关系

供应链管理与客户关系管理最大的共同点是都十分重视客户。面对市场竞争的残酷，所有企业都必须在提高客户服务水平的同时努力降低运营成本，必须在提高市场反应速度的同时给客户以更多地选择。

对客户实际需求的绝对重视是供应链发展的原则和目标，因而供应链应从客户开始到客户结束。为了赢得客户、赢得市场，企业管理进入了以客户及客户满意度为中心的管理。他以客户为起点，得到市场的需求量，再制定相应的生产计划，然后再进行生产，从而达到满足客户需求、提高客户满意度的目的，最终使企业生产出来的产品转化为利润。在这里企业必须要走可持续发展的道路，对产品有合理的定价和合理的利润空间，对客户负责，把合适的产品卖给合适的客户，只有适合企业或者消费者需求的产品才是好产品。供应链管理思想也由以前的"推式"转为以客户需求为原动力的"拉式"供应链管理，也就是更加重视客户。它的精髓表现在：以客户的需求为大前提，通过供应链内各企业紧密合作，有效地为顾客创造更多的附加价值；对从原材料供应商、中间生产过程到销售网络的各个环节进行协调；对企业实体、信息及资金的双向流动进行管理；强调速度及集成，并提高供应链中各个企业的即时信息可见度，以提高效率。

> 想一想：
> 供应链管理与客户关系管理有何异同？

客户关系管理主要应用于企业市场营销、销售、服务与技术支持等企业外部资源整合的领域。应用客户关系管理系统的企业一方面通过提供快速和周到的优质服务吸引和保持更多的客户；另一方面通过对企业业务流程的重组降低企业成本。因此，客户关系管理是通过对客户详细资料的深入分析，来提高客户满意度，从而提高企业竞争力的一种手段。客户关系管理帮助企业最大限度地利用以客户为中心的资源，并将这些资源集中应用于现有客户和潜在客户身上。因此，客户关系管理是供应链管理与外部客户打交道的平台，它在企业系统与外部客户之间树立一道智能的过滤网，同时又提供了一个统一、高效的平台，两者应该形成一个无缝的闭环系统。

8.2.2 供应链条件下企业客户关系管理的目标

现在的客户不仅对产品质量，而且对服务的要求越来越高，在商品同质化越来越严重的情况下，要让自己的商品区别于其他的商品，客户难以从技术上加以区别的，要让自己的商品区别于其他竞争者，就要给产品增值。客户关系管理就是能够通过独特的创意和细节的改进，让有限的资源尽可能发挥更大的价值，是产品增值的首要源泉。

客户永远是对的。一个企业只有确切知道"客户真正需要什么"，企业的营销才能有序开展，实现企业和客户的交易行为。例如，笔记本电脑销售人员在推销的过程中，不应该一味强调自己推销的电脑有多好、配置有多高，而是要站在购买人的角度上，了解他买电脑的真正用途是什么，再按照他的实际经济情况，选择配置适中、价格适中的产品给顾客。刚才所讲到的只是客户关系管理的一种表现形式，把产品卖出去。那么企业运用客户关系管理的手段具体的意图是什么呢，概括起来，客户关系管理有六大目标，包括交叉销售、追加销售、客户维系、客户获取、客户再生和售后服务。这六大目标最终归结为一个核心目标：实现客户资源价值的最大化。

8.2.3 客户关系管理系统的构建原则

大多数企业的销售、营销、客户服务与支持之间等业务是分开进行的，这些前台的业务在后台部门以及供应链上各企业中也是分开进行的。这使得企业内部与供应链上各环节间很难以合作的姿态对待客户。企业客户关系管理的构建原则是在最大化满足客户需要的同时，完整地认识整个客户生命周期，提供与客户沟通的统一平台，提高员工与客户接触的效率和客户反馈率，真正解决企业下游供应链管理问题。

1. 将客户与供应链链接起来

首先，这意味着在伙伴之间共享交易数据，以保证较低的库存。其次，可以在供应链中通过正确的数据将位于第一线的员工联系起来。第一线员工接到订单之后，应该清楚地了解不断更新的库存和产品数据，据此就可以为客户提供准确的交付信息。同时，网络使得这些信息在供应链伙伴们中的共享成为可能。海尔集团通过与上游供应商一起实施客户关系管理以后，实现了双方的信息共享，上游供应商随时关注海尔的生产和库存情况，以前是海尔集团下单给供应商，这种模式逐步进行转变，由供应商直接进行补货。

2. 帮助实现供应链运作的可计划性和可控制性

企业系统中的计划体系主要包括生产计划、物料需求计划、能力计划、采购计划、销售执行计划、利润计划、财务预算计划等。而且计划功能与价值控制功能已完全集成到整个供应链系统中。在供应链的每一个环节上，要通过协同运作保持各种计划的协调一致。同时，销售和营运计划必须能起到监测整个供应链的作用，以使供应链及时发现需求变化的早期警报，并据此安排和调整生产和采购计划。另外，通过新技术的运用，使业务处理流程的自动化程度提高，提高企业员工的工作能力，减少培训需求，使整个供应链能够更高效地运转。

3. 倾听市场的需求信息，及时传达给整条供应链

在瞬息万变的动态环境下，通过营销策略和信息技术掌握确切的需求，使得企业供应链上的供应活动建立在可靠的基础上，保持需求与供应的平衡。同时，客户关系管理使企业通过新的业务模式，利用最新信息技术，扩大企业经营活动范围，及时把握新的市场机会，拥有更多的市场份额。例如，奇瑞轿车完全以市场为导向，生产出符合百姓需求的质优价低的经济型轿车，其业绩在轿车领域节节攀升。

4. 全面管理企业与客户发生的各种关系

企业与客户之间发生的关系，不仅包括在单纯的销售过程中所发生的业务关系，如合同签订、订单处理、发货、收款等，而且也包括在企业营销及售后服务过程中发生的各种关系，如市场推广过程中与潜在客户发生的关系等。对企业与客户间可能发生的各种关系进行全面管理，将会显著提升企业营销能力、降低营销成本、控制营销过程中可能导致客户抱怨的各种行为。

5. 使企业与客户有一种互动式关系，促进企业与外界的沟通

企业可以选择客户喜欢的方式同客户进行交流，方便地获取信息，使客户得到更好的服务，提高客户的满意度，帮助保留更多的老客户，并更好地吸引新客户。目前国内众多企业都开展了网上客户服务，相关产品一旦出现问题，客户可以通过上网来咨询解决方案，此种模式方便、快捷。这就要求企业积极推进电子商务的具体应用，改变过去的客户服务模式，拉进客户与企业之间的距离。

8.2.4 供应链下的物流企业客户关系管理的有效实施

客户关系管理作为一种集现代市场营销理念、营销战略管理思想、方法和 IT 技术为一体的全新管理系统，物流企业在实施过程中，必须从以下几点入手，才能保证实施的有效性。

1. 调整企业经营管理理念，树立供应链管理理念，形成适合客户关系管理实施的企业文化体系

客户关系管理的核心理念是"以客户为中心"，在大多数物流企业中，以客户为中心往往停留在表面上，并没有成为企业的核心能力，这需要企业上下各级人员首先学习这一理念，形成一种以客户为中心，重视客户利益、关注客户个性需求的企业文化特征，并加强企业间的沟通与合作，实现资源共享和合理配置，以充分满足客户的需求。

2. 调整组织架构，规范企业内部流程

企业在设计客户关系管理系统架构时，应当进行企业组织结构和业务流程重组，这是客户关系管理实施的基础。要真正地以客户为重，企业必须采用一个以了解客户、服务客户为目标的组织形态。否则，客户关系管理难以取得成功。供应链要求企业组织结构必须以供应链的客户为中心，但企业的组织结构对这些客户信息缺乏有效的管理，无法对供应链进行有效的管理与分析，企业间也没有实施对客户资源的共享，从而导致对客户的需求无法充分的满足，无法提高客户满意度，造成客户的流失。

3. 建立完善的数据仓库

为了使客户服务能够协调一致，物流企业与客户的所有交互行为都必须通过建立在有先进技术支撑的一套通用的系统平台上来进行管理，这个系统平台就是数据仓库。数据仓库是客户关系管理的核心，它把客户关系管理流程的所有相关数据都集中于此，可以使市场分析人员从库中的数据分析细化出目标市场、决定促销活动；销售人员可以及时了解客户的详细信息以作为销售力量自动化系统的一部分。从本质上说，就是让所有的使用者从中获取分析结果再反馈于其中使得以后的分析更准确、更适用。

4. 进行客户分析

在客户关系管理中，数据仓库将复杂的客户行为数据集中起来，建立一个整合的、结构化的数据模型，在此基础上对数据进行标准化、抽象化、规范化的分类、分析，为物流企业管理层提供及时的决策信息，为业务部门提供有效的反馈数据。因此，对客户进行分析便成为实施客户关系管理的一个重要环节。

首先，要利用系统识别客户。客户数据库中的数据资料既可通过市场调查来获得，也可通过企业的业务记录和业务人员个人与客户的接触等渠道获得。应将尽可能多的客户信息输入数据库，以提高分析和应用客户信息的效率。

其次，是对客户进行差异分析。不同的客户对于企业的价值不同，就要对最有价值

的客户给予最多的关注与投入；不同客户对于服务的需求也不同，企业可以分别为它们提供不同的服务。

5. 实施不同的客户管理策略

供应链管理的客户关系管理重点就是针对不同等级客户实施不同营销策略。物流企业应根据自己的实际情况，针对不同等级的客户，采取适宜的客户管理策略，同时也意味着为客户提供不同的个性化服务。

1）针对潜在的客户。我们把具有购买能力和购买需求，但并没有成为企业的客户的消费者称为潜在客户。它们只是对能够提供自己所需服务的企业感兴趣，并收集这些企业的信息和资料，针对这些潜在客户，供应链上各成员必须协力通过各种措施与之建立联系，取得长期的信任。一是可以通过信息沟通取得信任。客户第一次购买某项服务时存在信息泛滥和不对称现象，此时可以通过各种有效途径向潜在客户传达客观、准确的信息，如通过广告、中间商的促销活动、可供消费者 24 小时查阅的综合性互联网主页等来宣传产品的功能及所能提供的一切相关服务，提升在消费者心目中的形象。二是可以通过经济手段，激起购买欲望。在短期内，可以通过限期优惠价格、直接向潜在客户进行有诱惑力的推销。长期看来，可通过重复购买优惠政策增加其购买频率，从而提升客户的价值。

2）针对成熟的客户。对于成熟客户的客户关系管理重点是客户关系的维系，因为成熟客户是客户关系管理中企业获取利润的黄金客户，因此企业一是可以通过约束性措施来进行客户关系维系。企业通常会使用经济手段、技术手段和契约手段等设置高的客户退出壁垒或转移壁垒如支付违约金，或使客户对企业的服务有依赖性。二是可以通过情感维系锁住客户关系。情感性维系比约束性维系要更好一些，因为供应链上企业与客户之间没有情感维系，供应链设置的退出壁垒一旦消失，则客户会毫不犹豫地转向其他竞争者，而情感维系做得好的，即使退出壁垒消失了，客户也仍然会选择原来的供应链。

6. 利用网络和信息技术实现企业间的资源共享

目前，在同一供应链上的物流企业之间客户资源是无法共享的。这主要因为供应链上各企业的信息技术水平多样，进行信息技术整合难度大、成本高，而且由于信任的缺乏，企业对于提供各种信息存在着戒备，因此只得各个企业去搜集客户资料。但往往在同一供应链上的企业，其最终用户是完全相同的。这样不仅形成企业之间的信息闭塞，增加重复收集信息的成本，而且与终端客户越远，从而导致客户的流失乃至整个供应链的消失。

相关作业

【作业一】

企业在供应链管理中如何实施客户关系管理?

【作业二】

讨论:在供应链环境下,单纯实施客户关系管理是否可行?

8.3 客户关系管理系统

学习目标

- 能够准确、熟练地使用客户关系管理系统;
- 了解客户关系管理系统的主要功能和作用;
- 掌握客户关系系统的实施。

案例导入

客户关系管理系统的使用

客户关系管理软件可以使销售人员快速得到所有有用的客户信息,这使得他们能够高效地完成一项交易。不过,为了能让客户关系管理系统发挥出最大的作用,企业及其销售人员必须努力学习如何正确使用该系统,并且尽自己的职责让它正常运转。

作为其一套完整的企业产品的一部分,VormITtag Associates 公司向企业用户出售客户关系管理系统并对它提供技术支持。"我们的用户主要用它来与客户以及潜在客户沟通以及全方位的审视客户关系。" VAI 制造部门经理 Pete Zimmerman 说。

"除了能够管理与客户与潜在客户的关系外,客户关系管理软件还可以帮助企业了解有关个人或企业的信息,并且吸收和存储学习到的知识或经验教训," AMB Marketing 公司总裁 Steven Hosmer 说。AMB Marketing 公司是一个总部位于加登城的培训公司,主要从事客户关系管理系统以及销售力量自动化系统的安装、支持和培训业务。

Hosmer 举了下面这样一个例子来说明某家公司如何使用客户关系管理系统将

可能的销售线索转化成真实的客户。

"当用户在网上注册时，也许是为了回应推销信息，他们就会收到一封由产品销售人员签名的自动电子邮件，感谢他进行注册并告知这位用户该公司将会通过邮件快递给他一个资料包，"Hosmer 说。"第二天，这些材料就会邮寄出去，同时还有一封销售人员签名的信。三天后，第二封电子邮件就会自动发送到该用户的邮箱里，主要是评论所发送的资料，并提醒用户在未来几天内，销售人员会和他进行联系。这样，公司就对用户做出了多个承诺，正是这些承诺使得该公司与用户建立起了信任关系，"Hosmer 接着说。"几天后，当销售人员给这位客打电话时，他已经收到了来自这位销售人员的三封信函，并且知道了这位销售人员的姓名和公司名称。"销售人员打电话之前与用户所有的交流是由客户关系管理系统和管理人员自动处理的，从而使他们能够腾出更多的时间和精力去做更有意义的事情——追逐热点线索和完成交易。

"客户关系管理放大了销售人员的时间利用率，"Hosmer 说，"这使得销售人员看起来工作非常积极，但实际上，他只不过给心存感动的潜在客户打了一个电话而已。"

此外，客户关系管理系统还可以让销售人员互相分享信息变得更加容易，Future Tech Enterprise 公司的总裁兼首席执行官 BOb Venero 说。Future Tech Enterprise 是一个销售、集成和支持多种客户关系管理软件的公司。举例来说，如果几个销售人员为同一个客户服务，通过客户关系管理系统他们都可以有关该客户的各种信息，比如最后一次打电话的时间、成功或失败信息等，并使用这些情报来完善自己的销售活动。

客户关系管理系统还有机遇管理功能，这使得销售人员可以根据一定的标准，比如潜在用户的规模或改潜在用户是否要求提供关于产品或服务的信息等，对潜在销售线索进行评分，客户关系管理 Magazine 主编 David Myron 说。Myron 还补充说，合同管理功能可以使企业在客户的合同到期之前提前与客户接触和协商，鼓励他们续约，而不是把他供售送给自己的竞争者。

客户关系管理软件也可以用于基于事件的营销，某些客户可能在某个特定的时间需要某些产品，通过搜集这些客户信息并将这些信息用于产品营销，能够大大提高营销人员的成功率。

举例来说，如果一家银行看到客户的账户余额突然从 2000 美元增加到 20 000 美元，那么它就可以与这位客户进行联系，询问他是否有投资的意向。或者，如果某个客户有一个 17 岁的孩子，银行可以与他联系询问他是否需要高校贷款。

客户关系管理的局限性

Qosina 公司在 2003 年安装了一套客户关系管理系统。"我们使用它作为与我们的客户打交道的前端系统，" Qosina 首席运营官 Gerry Quinn 说。这包括发送样品和目录，回答客户提出的问题，跟踪每一个步骤。"在销售行为完成之前，它可以可处理所有的活动，" Qosina 说。

不过，让自己的员工学会使用客户关系管理软件"花了时间"，Qosina 补充说，"我们专门请了一个客户关系管理培训师用了大约两个月的时间才让它正常运转。"

销售人员接受或拒绝客户关系管理系统可能依赖于它是如何被引进的，Celent 资深分析师 Jacob Jegher 说。Celent 是一个总部位于波士顿的专门从事金融服务业 IT 应用研究和咨询的公司。"为了能让员工接受客户关系管理系统，需要对他们进行培训并让他们了解客户关系管理给企业和个人带来的好处。如果只是简单地把一个软件仍给他们，却不教他们如何使用，这肯定没有任何意义。"部署客户关系管理软件还需要企业文化的转变，Venero 指出。"但是，只有销售人员亲身体验到它是如何使自己的工作效率提到的并且增加销售额的，他们才会支持它，" Venero 说。"大多数销售人员都是拿销售额说话的，如果这有助于他们增加销售额，他们肯定会使用它。"

为了推广客户关系管理系统，奖惩机制也必须与客户关系管理系统的使用结合起来，Jegher 说。"如果销售人员不使用客户关系管理系统的话，他们的个人绩效考核就会受到一些影响，通过类似的方式强迫他们使用它，" Jegher 说。

客户关系管理系统可以做很多事情——不过，有时由于该系统被添加了太多华而不实的功能，这使得系统过于复杂很难学习或使用。Quinn 承认，Qosina 并没有使自己部署的客户关系管理系统发挥最大的作用。"四年了，我们仍然没有找到一种如何更好地利用客户关系管理系统的方式，"他说。"我们的客户关系管理产品来自微软。我认为没有人使用了微软产品的全部功能，甚至 40%都不到。"

客户关系管理系统的为一个局限性是成本太高。"该软件安装、维护的成本非常昂贵，再加上目前的经济气候积极不景气，IT 预算相当紧缺，" Jegher 说。

（资料来源：http://it.guozi.org/data/info/index.php?modules=show&id=12805）

必备的理论知识

客户关系管理系统是一种通过计算机对客户档案资料的管理，它实施于企业的市场营销、销售、服务于技术支持等与客户有关的部门。通过客户档案资料库对客户进行分析、销售跟踪，给予客户一对一、交互式的个性化服务，达到商业过程自动化并改进业务流程的目的。

客户关系管理系统可以有效地把各个渠道传来的客户信息集中在一个数据库里。在公司各个部门之间共享这同一个客户资料数据库，发生在这个客户上的各种接触，无论是他何时索要过公司简介，还是他是否曾经购买过产品都记录在案，每个与这一顾客打交道的部门经手人可以很轻易地查询到这些数据，让这个顾客得到整体的关怀。

8.3.1 客户关系管理系统的主要功能

客户关系管理系统的核心是客户数据的管理。我们可以把客户数据库看作是一个数据中心，利用它，企业可以记录在整个市场与销售的过程中和客户发生的各种活动，跟踪各类活动的状态，建立各类数据的统计模型用于后期的分析和决策支持。为达到上述目的，一套客户关系管理系统大都具备包括客户管理、联系人管理、时间管理、潜在客户管理、销售管理、电话销售、营销管理、电话营销、客户服务等功能，有的软件还包括了呼叫中心、合作伙伴关系管理、商业智能、知识管理、电子商务等功能。

1）客户管理。主要功能有：客户基本信息；与此客户相关的基本活动和活动历史；联系人的选择；订单的输入和跟踪；建议书和销售合同的生成。

2）潜在客户管理。主要功能包括：业务线索的记录、升级和分配；销售机会的升级和分配；潜在客户的跟踪。

3）联系人管理。主要作用包括：联系人概况的记录、存储和检索；跟踪同客户的联系，如时间、类型、简单的描述、任务等，并可以把相关的文件作为附件；客户内部机构的设置概况。

4）时间管理。主要功能有：日历；设计约会、活动计划，有冲突时，系统会提示；进行事件安排，如To-dos、约会、会议、电话、电子邮件、传真；备忘录；进行团队事件安排；查看团队中其他人的安排，以免发生冲突；把事件的安排通知相关的人；任务表；预告/提示；记事本；电子邮件；传真。

5）销售管理。主要功能包括：组织和浏览销售信息；对销售业务给出战术、策略上的支持；对地域（如省市、邮编、地区、行业、相关客户、联系人等）进行维护；把销售员归入某一地域并授权；地域的重新设置；根据利润、领域、优先级、时间、状态等标准，用户可定制关于将要进行的活动、业务、客户、联系人、约会等方面的报告；提供类似BBS的功能，用户定可把销售秘诀贴在系统上，还可以进行某一方面销售技能的查询；销售费用管理；销售佣金管理。

6）电话营销和电话销售。主要功能包括：电话本；生成电话列表，并把它们与客户、联系人和业务建立关联；把电话号码分配到销售员；记录电话细节，并安排回电；电话营销内容草稿；电话录音，同时给出书写器，用户可作记录；电话统计和报告；自动拨号。

想一想：

是否需要添加其他功能？

7）营销管理。主要功能包括：产品和价格配置器；在进行营销活动（如广告、邮件、研讨会，网站、展览会等）时，能获得预先定制的信息支持；把营销活动与业务、客户、联系人建立关联；显示任务完成进度；提供类似公告板的功能，可张贴、查找、更新营销资料，从而实现营销文件、分析报告等的共享；跟踪特定事件；安排新事件，如研讨会、会议等，并加入合同、客户和销售代表等信息；信函书写、批量邮件，并与合同、客户、联系人、业务等建立关联；邮件合并；生成标签和信封。

8）客户服务。主要功能包括：服务项目的快速录入；服务项目的安排、调度和重新分配；事件的升级；搜索和跟踪与某一业务相关的事件；生成事件报告；服务协议和合同；订单管理和跟踪；问题及其解决方法的数据库。

9）呼叫中心。是一个能够处理呼入/呼出电话、电子邮件、传真、Web 以及电话反馈的综合客户交流枢纽，是一个将营销电话中心、销售电话中心和服务中心功能集成的综合体。具体功能包括：呼入呼出电话处理；互联网回呼；呼叫中心运行管理；软电话；电话转移；路由选择；报表统计分析；管理分析工具；通过传真、电话、电子邮件、打印机等自动进行资料发送；呼入呼出调度管理。

10）合作伙伴关系管理。主要功能包括：对公司数据库信息设置存取权限，合作伙伴通过标准的 Web 浏览器以密码登录的方式对客户信息、公司数据库、与渠道活动相关的文档进行存取和更新；合作伙伴可以方便地存取与销售渠道有关的销售机会信息；合作伙伴通过浏览器使用销售管理工具和销售机会管理工具，如销售方法、销售流程等，并使用预定义的和自定义的报告；产品和价格配置器。

11）知识管理。主要功能包括：在站点上显示个性化信息；把一些文件作为附件贴到联系人、客户、事件概况等上；文档管理；对竞争对手的 Web 站点进行监测，如果发现变化的话，会向用户报告；根据用户定义的关键词对 Web 站点的变化进行监视。

12）商业智能。主要功能包括：预定义查询和报告；用户定制查询和报告；可看到查询和报告的 SOL 代码；以报告或图表形式查看潜在客户和业务可能带来的收入；通过预定义的图表工具进行潜在客户和业务的传递途径分析；将数据转移到第三方的预测和计划工具；柱状图和饼图工具；系统运行状态显示器；能力预警。

13）电子商务。主要功能包括：个性化界面、服务；网站内容管理；店面；订单和业务处理；销售空间拓展；客户自助服务；网站运行情况的分析和报告。

8.3.2 客户关系管理系统的作用

1. 客户资料管理

将零散、不集成的客户资料集中管理，可以及时、准确地了解老客户和新客户的准确信息和发送批量的信件、E-mail 和 Fax。

2. 客户跟踪管理

跟踪销售人员的每次业务联系中与客户的联系情况，可以对销售人员的活动做提醒设置。

3. 客户服务管理

对客户意见和投诉及处理过程进行记录；对企业的售后服务进行统一管理。

4. 业务知识管理

将企业日常工作中大量的业务信息/知识、标准文档集中管理，方便查找、更新、管理。

5. 客户管理研讨

提供企业人员网上讨论的场所，可以将自己的经验在网上发布，与大家一起共享，提高整体工作能力及水平。

6. 整合客户、企业、员工资源，优化业务流程

在客户关系管理系统中，承载着客户、企业、员工等各种资源。客户关系管理系统一方面对资源分门别类存放，另一方面可以对资源进行调配和重组，其发挥出的功效将是惊人的。以往许多企业管理模式和应用软件系统比较教条和僵硬，强迫企业人必须遵从一种事先闭门造车、自以为是、缓慢的、单一的业务流程，无法满足加入 WTO 后市场门户开放后的局面以及市场和客户主导的、快节奏的、灵活多变的、多种线程的工作方式。客户关系管理系统可以根据需要千变万化地、围绕某个方面去整合资源，并可同时从其他多个角度探寻事物的相关属性，优化业务流程。

7. 客户关系管理系统改善企业服务、提高客户的满意度

服务管理是客户关系管理的核心业务组成部分，客户关系管理系统可以改善企业的服务能力和质量。客户对服务的满意度不仅要求外部营销，而且还需要内部营销和互动营销。在客户关系管理系统中，服务管理是企业整体营销中的一个重要环节。客户关系管理系统把营销思想不仅引入到企业的销售组织，还引入到企业的服务组织，并强调内外兼修的营销思想，同时减少了部门壁垒所带来的内耗，促使客服组织中的每一个人都实行市场营销。

客户评价服务质量不仅看其技术质量（如是否很快就维修好），也看其功能质量（例如服务人员是否对客户表示关心、是否对维修表示信心以及是否给客户日常维护建议）。专业人员以及其他服务提供者必须同时传递"高度的技术"和"高度的感受"。客户关系管理系统中的服务可以是个性化的，对购买同样产品的不同客户，服务合约和服务方式可能有所差别。客户关系管理系统中的客户满意度是可以计量和评测的，可以一次或多次进行评测。

客户关系管理系统有效避免了销售组织和服务组织之间的壁垒。销售代表与客户的

接触中，可以及时把客户的服务请求和感受传达给客服代表，及时响应、解决问题并提高客户满意度；或者销售经理及时了解客户对服务的满意度。客服代表与客户的接触中，迅速把新的生意机会转达给销售代表或直接受理。

8.3.3 如何实施客户关系管理系统

客户关系管理系统把客户放在了核心位置，这符合"新经济"的"批量定制"的特点。通过实施客户关系管理系统，企业可以更了解现存和潜在客户，能够及时地判断竞争对手的行为，同时追赶上日新月异的信息技术。国外很多企业都成功地实现了客户关系管理系统的搭建，成功实施了客户关系管理，并取得了很好的成效。

1. 软件客户化能力对客户关系管理系统实施周期影响很大

客户关系管理系统的应用部门主要是营销与服务部门，人员的变动通常比较频繁，由于直接面对客户与市场，管理需求也会随着时间迁移、应用人员变化而变化，因此，客户关系管理系统实施过程中应控制实施周期，以保障需求在现有管理框架内相对稳定，同时系统上线后，也可取得阶段性的应用成果，有利于客户关系管理系统应用的进一步深入与扩展。

从软件角度看，除实施人员经验、产品行业化程度等因素外，软件的客户化能力是项目周期的关键因素。通常，客户关系管理软件的客户化会涉及以下几方面的内容：

1）信息模型建立与数据格式定制。

2）流程定制与配置。

3）权限定制与配置。

4）应用功能扩展。

5）报表与分析定制。

6）外部数据接口。

7）历史数据导入与数据的初始配置。

8）应用界面的定制。

从管理上看，各企业营销与服务模式差异性较大，再好的软件也不可能涵盖到所有应用需求，在企业应用中，客户关系管理软件的客户化工作是难以避免，也是为企业管理量身定制系统的过程。通常，行业化越高、配置性越强的客户关系管理软件在客户化方面的工作就越小，客户化的质量与进度也越容易保障。

由于许多通用型客户关系管理产品在设计上未考虑客户化问题，仅能进行简单的信息录入与展现，或实现固定的简单流程，在客户化上缺乏产品平台与工具，因此，面对客户化需求时，只能通过人工方式直接修改代码。此外，在客户化实施过程中，由于没有应用系统的原型进行引导，客户关系管理应用需求容易反复，代码也经常被迫重复修改，导致实施周期无法控制，甚至导致系统失败。

2. 数据质量是对应用至关重要

"数为什么老不准呢？报表怎么对不上？……"在上线应用过程中，许多客户都会遇到类似的问题。这里涉及的原因很多，但最关键的是数据质量控制问题。

常言道"垃圾进、垃圾出"，错误的数据或不正确的信息只能导出不正确的结果，数据输入的质量很大，决定了系统的应用效果。在客户关系管理系统中，由于营销人员管理难度较大，信息经常无法按时保质提供，数据质量需要从管理与系统两个方面进行控制：管理上应明确信息录入的时间与信息项要求，最好在绩效考核上有配套的措施，以确保信息采集的准确性，此外，对外购信息或批量处理的信息应有熟悉业务的专人进行过滤与确认；在系统上，应根据业务经验，提供信息校验、排重、修整与批量处理等机制，实施人员还要与业务部门确认数据模型与相关计算算法，保障数据计算与业务一致。

3. 客户关系管理应用应融入业务过程

企业没有脱离业务而存在的纯粹管理，自然也不会有纯粹客户关系管理应用。应用过程中，客户关系管理系统用于支持营销与服务的业务运作与管理，系统融入行业特点或业务应用是不可避免的。例如，在租赁、票务或旅游等服务企业中，预留预订、变更、退订、结算、会员管理等业务是服务中最常见的业务，而在常见客户关系管理产品中，通常不是标准平台的必备模块，实施过程中，为保障系统的易用性，可将这些日常服务业务操作考虑进去，使系统与业务实践更贴近，以满足应用要求。

当然，有些业务如电信、金融企业的营销与服务业务系统本身很复杂，可采用客户关系管理系统与现有业务系统集成的模式，或在现有业务系统上升级与扩展客户关系管理系统的模式，来满足应用需求。

从发展趋势上看，客户关系管理软件产品也正在逐步吸收行业业务应用特点，把各行业中营销与服务业务所涉及的基础业务功能融合到产品中，形成行业产品平台。企业在应用上，可选择接近业务应用的产品，并在客户化过程中将关键业务操作融入系统，以保障应用的效果。

注意：
随着越来越多管理信息系统在企业中应用，企业也会越来越理性地看待客户关系管理系统，选择合适的软件平台与实施服务商，来构建企业营销与服务的信息化基础设施。

4. 客户关系管理系统实施是一个持续改进的过程

应该说，如果仅仅是安装客户关系管理产品的话，如系统环境环境具备，大部分客户关系管理软件服务商在一周内（甚至1天内），应该都可以把产品安装上，但要客户关系管理软件应用起来，并实现管理目标，需要一个持续的过程。不仅要根据业务的轻重缓急来分析需求，配置、定制和应用客户关系管理系统，还需要根据营销与服务管理的变化来调整客户关系管理系统。

由于营销与服务部门面向市场与客户，管理上经常发生调整，同时通常又是公司较难管理的部门，实施上建议采取渐进策略，如先进行个别部门应用，再扩展到整个企业；或先进行部分业务应用，再整合其他业务应用；或先在分子公司试点，再推广到整个集团。

此外，企业的规模也会随着变化而变化，不同规模的企业对管理的要求也会有所不同，企业信息管理人员应根据公司战略或业务状况，及时调整信息化策略，并定期回顾客户关系管理系统应用状况，评估业务新增需求与变更需求，调整客户关系管理系统以适应业务发展。

相关作业

【作业一】

讨论：怎样避免客户关系管理系统实施中过高的失败率？

【作业二】

思考：中小企业如何实施客户关系管理系统？

【作业三】

讨论：零售业实施客户关系管理系统的意义是什么？

作业展示及点评

填写如下考核评分表。

考核评分表

考评小组		被考评小组	
考评内容	中小企业如何实施客户关系管理系统		
考评标准	内容	分值	实际得分
	方案内容	40	
	可行性	40	
	逻辑性	20	
	合计	100	

小　结

在市场日益多变、顾客个性化需求日益明显的条件下，作为独立管理模式的客户关系管理在准确、有效地满足顾客需求方面显得更加专业有效。

首先，从客户关系管理的定义、作用、核心思想和管理策略几个方面阐述了其基本知识，使学习者能初步了解客户关系管理。

其次，在了解基础知识的前提下，进一步明确供应链管理与客户关系管理的关系、如何构建供应链下的客户关系管理、客户关系管理价值链和如何实施客户关系管理。

最后，在使学习者了解客户关系管理系统的主要功能和作用的基础上，能够准确、熟练地掌握并使用客户关系管理系统（CRMS）。从而实现通过计算机对客户档案资料的管理，并通过客户档案资料库对客户进行分析、销售跟踪，给予客户一对一、交互式的个性化服务，达到商业过程自动化并改进业务流程的目的。

在经济全球一体化的趋势愈来愈明显的情况下，企业竞争的方式已经变成一条供应链与另一条供应链的竞争，从而创建了一个完整的价值传递系统。因此在传递价值需求上，最终目标是关注客户的需求，提高客户关系的管理能力。供应链管理思想的精髓之一就在于以客户的需求为大前提，通过供应链内各企业紧密合作，有效地为顾客创造更多的附加价值。因而供应链应从客户开始到客户结束，供应链模式下必须重视客户关系管理，以客户为起点，得到市场的需求量，再制定相应的生产计划，然后再进行生产，从而达到满足客户需求、提高客户满意度的目的，最终使企业生产出来的产品转化为利润。供应链中的各企业必须要走可持续发展的道路，对产品有合理的定价和合理的利润空间，对客户负责，把合适的产品卖给合适的客户，只有适合企业或者消费者需求的产品才是好产品。

第9章 供应链管理信息系统

在当前竞争环境下，不重视信息和信息技术的作用盲目地进行供应链管理，就会影响到企业的成功，甚至企业的生存。在信息社会中，信息已成为企业生存和发展的最重要资源。企业是一个多层次多系统的结构，信息是企业各系统和成员间密切配合、协同工作的"粘合剂"。为了实现企业的目标，必须通过信息的不断传递，一方面进行纵向的上下信息传递，把不同层次的经济行为协调起来；另一方面进行横向的信息传递，把各部门、各岗位的经济行为协调起来，通过信息技术处理人、财、物和产、供、销之间的复杂关系，因此，企业就有一个信息的集成问题。供应链作为一种"扩展"的企业形态，其信息流动和获取方式不同于单个企业下的情况。在一个由网络信息系统组成的信息社会里，各种各样的企业在发展的过程中形成了一个相互依赖的"生态链"。企业通过网络从内外两个信息源中收集和传播信息，捕捉最能创造价值的经营方式、技术和方法，创建网络化的企业运作模式。在这种企业运作模式下的信息系统和传统的企业信息系统是不同的，需要新的信息组织模式和规划策略。因此，我们研究供应链管理模式，首先要从改变原有的企业信息系统结构、建立面向供应链管理的新的企业信息系统入手，这是实施供应链管理的前提和保证。

9.1 物流管理信息系统

学习目标

- 了解物流管理信息系统的功能；
- 掌握物流管理信息系统的特点；
- 了解物流管理信息系统的构成。

案例导入

中铁联合物流有限公司引进管理信息系统

1. 中铁联合物流有限公司简介

中铁联合物流有限公司是在铁道部和各铁路局、分局的大力支持下，在铁道部多种经营发展中心的帮助和指导下，以全路各铁路局、分局货运代理企业为主，由36家路内股东和2家路外股东共同出资组建的有限责任公司，股东单位涉及全路的14个铁路局。公司业务经营领域涉及国际国内货运代理、进出口、仓储运输、物流综合服务以及公共营销等。经营网络遍布全国除西藏、海南、台湾以外的各省、自治区和直辖市。

在国内总体物流市场潜力巨大、物流行业飞速发展的形势下，中铁联合物流依托铁路资源优势和雄厚的资金实力，通过经营管理"六个统一"（即统一品牌标识、统一报价体系、统一服务规范、统一作业标准、统一结算办法、统一企业形象），借助现代物流管理体制和信息技术，提高企业综合效益，计划在五年内将中铁联合物流建成国内物流企业的航空母舰。

2. 信息系统的实施背景

在资本构成、商业模式、管理体制等方面追求创新的中铁联合物流，从企业成立之初就将企业信息化建设置于战略性高度。公司决策层认识到，企业在提高内部运作效率、加强客户服务、进行资源整合以及业务拓展等方面必须依靠信息系统。更重要的是，企业还在充分研究论证的基础上，找到了利用信息系统平台开发新利润增长点的有效途径。因此，信息化建设对中铁联合物流具有深远的意义。

为了能够更快、更好地推进企业信息化进程，总公司专门成立了由高层决策者直接领导的信息化建设委员会，制定和指导企业长期的 IT 战略，推动和监督信息化工作，并委托具有资深 IT 行业背景的北京中铁联合物流有限公司负责具体运作和管理。

3. 信息化建设策略

北京中铁联合物流在对企业的发展策略、管理体系、信息化现状以及 IT 资源等进行全方位调查和评估的基础上，按照总公司"整体规划、分步实施"的指导原则，制定出适合自身特点的信息化建设策略。

中铁联合物流的基础业务 - 运输、仓储、货运代理是传统业务，在业务模式和管理模式上较为成熟，相应的信息系统建设需求也较为明确。然而，许多新兴的并且是未来发展方向的业务，如综合物流服务以及公共营销业务在经营管理模式上还处于不断优化创新的阶段，需求尚不完整清晰，这对于信息系统如何适应和支持业务发展、变化提出了挑战。中铁联合物流将信息化建设工作不仅仅定位于 IT 基础设施和应用系统的开发建设，而是定位于业务流程重组（BPR）。信息化的建设是伴随着业务模式、管理体系的变革不断升级优化。

在具体运作方面，北京中铁联合物流根据企业的整体现状，参照国内外大型复杂 IT 项目的管理模式，引进了北京软通动力科技有限公司（简称"软通动力"）等多家具有较强业务和技术实力的外部资源，参与业务咨询、项目管理和技术实施，加强了技术的领先性和实用性，并大大降低了项目风险和建设成本。

4. 管理信息系统解决方案

以软通动力为主的多家企业在充分调研的基础上，为中铁联合物流度身定制了详细的管理信息系统解决方案。

（1）中铁联合物流业务模式

解决方案是从对中铁联合物流的业务模式理解开始的。中铁联合物流通过整合内部物流资源、业务伙伴资源以及业务支持资源（如银行、海关、商检、保险机构等），搭建以信息技术为基础的开放式电子商务平台，向客户提供综合物流服务以及公共营销服务。在对以上业务模式理解的基础上，设计出中铁联合物流信息系统应用模式。

（2）中铁联合物流信息系统的应用

在运营管理中，中铁联合物流信息系统平台是企业内部业务操作和管理决策的基础，也是企业与客户、合作伙伴和外部资源协同商务的枢纽。

无论是业务应用的多样性、个性化还是基础设施建设规模，中铁联合物流信息系统都是非常复杂庞大的。在充分考虑既要满足当前业务需要，还要适应未来业务发展的基础上，设计出中铁联合物流信息系统总体架构，并以此架构为蓝图，统一规划、分步实施。

整体信息系统的设计采用了目前最先进的企业信息门户技术，在统一的平台上开发和集成企业各种应用系统，避免了信息孤岛现象。所有的应用子系统通过统一的数据库平台进行数据整合，实现信息高度共享、数据挖掘以及提供综合决策支持。系统用户的管理利用 LDAP 标准实行集中式管理，在大大方便用户使用的同时，加强了系统的内部安全防范。整体系统开发主要基于 Java 技术，遵循 J2EE 标准，支持 XML，提供多种数据库、WEB 服务器接口，适应中铁联合物流的快速业务扩展，系统的稳定性、安全性、扩展性从技术上得到了充分保证。

在应用系统方面，以中铁联合物流六大主营业务系统为主体。其中，在相关子业务系统中，充分考虑了专业物流企业的管理运作需要，高度集成了主流物流技术的应用系统，如条形码、无线射频、GPS/GIS、高架立体仓库、自动分拣等。应用系统还包括企业网站、内联网、办公自动化系统、财务系统、决策支持系统等。

5. 管理信息系统为中铁联合物流带来的收益

通过管理信息系统的实施，建立起中铁联合物流电子商务平台，提高了中铁联合物流的综合竞争力。主要体现在：

1）内部运作效率提高，能够从容地处理各种复杂物流业务。

2）通过与客户的实时信息共享，提高了客户服务质量。

3）在对大量的客户业务数据进行统计分析的基础上，使得向客户提供增值服务成为可能，并挖掘出巨大的销售潜力。

4）加强了总部对分支机构的管理以及与股东单位、合作伙伴、支持资源的信息沟通、业务合作，向管理层、决策层提供实时的统计分析数据，提高了市场反应速度和决策效率。

（资料来源：http://www.modern56.com/webpage/Solutions/200709/20070925144724E24BB.htm）

必备的理论知识

物流管理信息系统通过对物流系统内外信息的收集、存储、加工处理，获得企业物流活动中的有用的信息，并以表格、文件、报告、图形、声音等各种形式输出。企业可以通过利用这些信息组织物流活动，协调和控制各业务子系统的正常运行。

9.1.1 物流管理信息系统的特点

在众多的物流信息系统中，都具备以下特点。

1. 高集成性

物流信息系统是采用现代信息技术将物流的各项作业功能与运作管理要素按照一定的方式组合在一起的多功能系统，按照主营业务的不同，作业功能可以有不同的选择。但物流运作与管理的各个要素必须有机地整合在物流信息系统中。因此，物流信息系统并不只是具备物流信息流通的专项功能，还为物流企业或企业的物流活动的运作与管理提供支撑平台；加上物流信息本身的内容包括物流活动与管理中的各类信息，是物流决策、运作与管理的依据。这些使得物流信息系统具备高集成性的特征。集成性的物流信息系统是电子商务环境下提高物流效率的有力保证。

2. 高技术性

信息系统是一个人机交互的开放式系统，它以网络技术、通讯技术、计算机技术、数据技术等现代信息技术为技术支撑，没有现代信息技术的应用就没有现代意义的物流信息系统。首先，信息系统是建立在 Internet 基础上的。网络本身就是现代信息技术的集成。其次，信息的采集、整理、加工、传输与利用都以相应的信息技术为手段。条形码技术、地理信息系统、等都是信息技术在物流信息系统中应用的具体体现。

3. 高效率性

提高物流效率是建立物流信息系统的目的之一，由于现代物流已经发展到一体化物流阶段，物流活动不再仅仅是流通环节的事情，它已渗透到包括生产、流通在内社会再生产过程之中，物流作为企业或企业联盟全面降低成本、提高效率的重要环节，是"企业的第三利润源"。物流信息系统在建设中虽然需要较大的前期投入，但物流信息系统运行所带来的效率大幅度提高的诱人前景、驱使企业提高企业的信息化程度，建立物流信息系统。物流信息系统的运行，通过对物流组织与管理方式的改变、通过对物流方案的优化以及物流设施的合理化使用，使物流效率得以提高。

9.1.2 物流管理信息系统的功能和作用

1. 物流管理信息系统的功能

（1）数据处理功能

物流管理信息系统的数据处理功能包括数据收集、输入、存储、加工、检索、传输和输出等。

（2）业务管理功能

物流管理信息系统的业务管理功能是利用数据处理功能提供的信息企业完成各种业务管理工作。

（3）决策支持功能

物流管理信息系统的决策支持功能是指利用积累的数据、方法、管理模型、典型案例等资料代替人的经验，结合某些业务活动的具体要求和目标，做出合乎逻辑的分析、推理和判断，辅助企业完成制订计划、最优控制等管理决策。

2. 物流管理信息系统的作用

物流管理信息系统是以计算机和网络通信设施为基础、以系统思想为主导建立起来的为了进行计划、操作和控制而为物流经理提供相关信息及为业务人员提供操作便利的人员、设备和过程相互作用的结构体，是一个以采集、处理和提供物流信息服务为目标的系统，存储、管理、控制物流信息，辅助使用者决策，达到预定目标。信息管理在现代物流管理中具有特别重要的作用，它贯穿于整个物流过程，将传统意义上的多式联运逐步发展为综合物流，即逐步从点到点的服务，发展到流程到流程的服务，既提升企业综合竞争力，又提高企业服务水平。

物流管理信息系统也是把各种物流活动与某个一体化过程连接在一起的通道，实现业务处理、管理控制、决策分析以及制定战略计划四个功能层次。物流信息管理的作用表现在以下方面：

1）使物流各环节的工作更加协调。

2）信息共享，提高效率。

3）信息统一管理，减少冗余，避免信息的不一致。

4）提供决策支持。

5）与客户的信息共享、互动。

6）提高服务质量，改善客户关系。

9.1.3 物流管理信息系统的构成

物流管理信息系统是控制物流的总系统。因此，它涉及的范围很广，贯穿于整个物流过程，涉及企业的进货、储存、配送、运输等物流活动。它主要包括以下几个子系统。

1. 决策支持系统

决策支持系统（DDS）是辅助决策者通过数据、模型和知识，以人机交互方式进行半结构化或非结构化决策的计算机应用系统。它是管理信息系统向更高一级发展而产生的先进信息管理系统。它为决策者提供分析问题、建立模型、模拟决策过程和方案的环境，调用各种信息资源和分析工具，帮助决策者提高决策水平和质量。一个决策系统不仅仅是提供信息，还能够允许管理者在给定资金或管理参数的情况下进行"如果怎么样，就……"的分析。其主要功能如下：

> 想一想：
> 物流管理信息系统还可以增加哪些系统？

1）管理并随时提供与决策问题有关的组织内、外部信息。例如，订单要求、库存状况、生产能力与财务报表等内部信息以及政策法规、经济统计、市场行情、同行动态与科技进展等外部信息。

2）收集、管理并提供各项决策方案执行情况的反馈信息。例如，订单或合同执行进程、物料供应计划落实情况、生产计划完成情况等。

3）能以一定的方式存储和管理与决策问题有关的各种数学模型、方法、计算法，且上述数据、模型与方法能容易地修改和添加。例如，创建回归分析方法、线性规划、最短路径算法等，并可以使用定价模型、库存控制模型与生产调度模型等。

2. 运输信息系统

运输信息系统主要是处理各种运输问题，目的在于选择最接近用户的仓库，然后对用户实行快速直达运输。

3. 库存信息系统

库存信息系统主要有以下三个目的：

1）掌握各分散地点的库存量及生产企业库存量。

2）具体于某一仓库中进行库存管理。

3）在高层货架仓库中建立库存信息分系统等。

库存信息系统是应用较为广泛的系统，也可以说是各类物资及物流管理信息系统基础系统。无论进行哪种管理，库存都是首先要掌握。

4. 配送信息系统

配送信息系统有一定的综合性，主要目的有：向各营业点提供配送物资的信息，根据订货查询库存及配送能力，发出配送指示，发出结算指示及发货通知；汇总及反配送信息。

5. 订单处理系统

由接到客户订货开始至准备着手拣货之间的作业阶段，称为订单处理，包括有关客户、订单的资料确认、存货查询、单据处理乃至于出货配发等。订单处理系统通过信息技术高效管理各类订单，特别适合大量的订单，解决了人工处理订单的错误率高的问题，极大地降低企业成本。

相关作业

【作业一】

结合案例分析物流管理信息系统的好处。

【作业二】

实施物流管理信息系统会有哪些问题？

【案例实践】

结合本学校的超市，谈谈是否有必要建立管理信息系统？

作业展示及点评

填写如下考核评分表。

考核评分表

考评小组		被考评小组	
考评内容	校园超市建立管理信息系统分析报告		
考评标准	内容	分值	实际得分
	调研真实性	20	
	调研内容是否全面	40	
	逻辑分析	40	
	合计	100	

9.2 供应链管理中的信息技术

学习目标

- 了解信息技术在供应链管理中的作用；
- 掌握条形码技术在供应链管理中的应用；
- 掌握射频技术在供应链管理中的应用；
- 掌握 GIS\GPS 技术在供应链管理中的应用；
- 掌握电子数据交换技术在供应链管理中的应用。

案例导入

沃尔玛供应链管理中的信息技术

沃尔玛连续多年成为世界五百强第一名的企业，其成功的原因是沃尔玛始终将高质量、高效的供应链管理作为自己的核心竞争力在努力经营。

实现供应链的基础是信息共享，沃尔玛在运用信息技术支撑信息共享方面一直是不遗余力，走在许多零售连锁集团的前面。例如，最早使用条形码（1980 年），最早采用电子数据交换（1985 年），最早使用无线扫描枪（1988 年），最早与宝洁公司等大供应商实现 VMIECR 产销合作（1989 年）等。

1985 年，沃尔玛开始利用电子数据交换系统与供应商建立了自动订货系统，通过网络系统，向供应商提供商业文件、发出采购指令，获取收据和装运清单等，同时也让供应商及时准确把握其产品的销售情况。

在 1985～1987 年，沃尔玛投资 4 亿美元由体斯公司发射了一颗商用卫星。从此公司总部与全球 2400 多家分店、100 个配送中心以及数千家供应商通过卫星和共同的电脑系统进行联系。它们有相同的补货系统、相同的电子数据交换条形码系统、相同的库存管理系统、相同的会员管理系统、相同的收银系统。位于全球的门店通过全球网络可在1小时之内对每种商品的库存、上架、销售量全部盘点一遍。

90年代初，沃尔玛在总部建立了庞大的数据中心，全集团的所有店铺、配送中心每天发生的一切与经营有关的购销调存等详细信息，都通过主干网和通信卫星传送到数据中心。沃尔玛每销售一件商品，都会即时通过与收款机相连的电脑记录下来，每天都能清楚地知道实际销售情况，管理人员根据数据中心的信息对日常运营与企业战略做出分析和决策。

数据中心还与全球供应商建立了联系，实现了快速反应的供应链管理库存。供应商通过这套系统可以进入沃尔玛的电脑配销系统和数据中心，直接从POS得到其供应的商品流通动态状况，或查阅沃尔玛产销计划。这套信息系统为生产商和沃尔玛两方面都带来了巨大的利益。

1995年，沃尔玛和它的供应商WarnerLambert以及管理软件开发商联合成立了零售供应和需求链工作组，进行合作计划、预测与补给，即CPFR（collaborative planning forecasting and replenishment）研究和应用获得很大成功。在供应链运作的整个过程中，CPFR应用一系列技术模型，对供应链不同客户、不同节点的执行效率进行信息交互式管理和监控，对商品资源、物流资源进行集中的管理和控制。通过共同管理业务过程和共享信息来改善零售商和供应商的伙伴关系，提高采购订单的计划性、提高市场预测的准确度，提高全供应链运作的效率，控制存货周转率，并最终控制物流成本。

此外，沃尔玛还十分注重为员工提供信息，将公司的经营理念灌输给个人。90年代建立了覆盖整个公司的内联网——Pipeline，并在分店里都设有计算机，员工可以随时上网查阅公司或个人的信息、动态。

先进的商业管理思想和信息技术的结合，使沃尔玛摆脱了传统零售业分散、弱小的形象，并创造了零售业工业化经营的新时代。

（资料来源：http://www.56885.net/new_view.asp?id=17563）

必备的理论知识

9.2.1 供应链下的信息技术概述

1. 信息技术与供应链管理的关系

供应链管理的兴起缘于企业试图消除因信息传递太慢或错误而误导的生产及存货计划。20世纪90年代，一些计算机的制造商，如HP，或生产家庭用品的宝洁，开始将信息系统作上下游整合，希望通过正确和快速的信息传递、分析和整合，达到对市场的需求作快速反映并降低库存等目的。因此，有效的供应链管理是建立在高质量的信息传递和共享的基础上。

想一想：
没有信息技术的支持，供应链管理是否能够实行？

供应链信息流动的今天，信息成了决定企业生存与发展的关键因素，任何一个企业都要面对如何集成信息的问题。信息既有来自上下游企业的纵向信息，也有来自企业内部的横向信息，还有来自宏观层面上的信息。如何传递和共享这些信息，将上下游企业的经济行为以及企业内部各部门、各岗位的职能行为协调起来，就是供应链管理所要解决的核心问题。与单个企业情况相比，供应链作为一种扩展企业，其信息流动和获取方式表现出自己的特色。

覆盖范围广供应链中的信息流覆盖了从供应商、制造商到分销商，再到零售商等供应链中的所有环节。其信息流分为需求信息流和供应信息流，这是两个不同流向的信息流。当需求信息（如客户订单、生产计划、采购合同等）从需方向供方流动时，便引发物流。同时供应信息（如入库单、完工报告单、库存记录、可供销售量、提货发运单等）又同物料一起沿着供应链从供方向需方流动。单个企业下的信息流则主要限定在企业内部的进销存记录。

我们前面所述的最常见的供应链管理方法，如快速反应、有效客户反映、电子订货系统（EOS）和企业资源计划系统等，这些方法都离不开现代信息技术的支持，如条形码、电子数据交换、射频技术（RF）、地理信息系统、全球定位系统、数据库技术、网络技术及计算机处理技术等。

信息技术已成为有效进行供应链管理的工具，如多媒体、互联网络、交互式网页等都被广泛应用于供应链管理的各个领域。而 Internet、物流信息系统和 IT 技术的应用都为信息共享提供了有力的技术支撑。供应链的协调运行建立在各个节点企业高质量的信息传递与共享的基础上，因此，有效的供应链管理离不开 IT 系统提供的可靠支持，而IT 技术又可以促进供应链管理的发展，它可以节省时间和提高企业信息交换的准确性，减少在复杂、重复的工作中的人为错误，从而减少由于失误而导致的时间浪费和经济损失，提高了供应链管理的效率。

2. 信息技术对供应链管理的影响

（1）采用新信息技术，获得供应链管理上的竞争优势

供应链有物流、信息流与资金流三种形态，它们密切相关，只有信息广泛流通，才能正确指导物流，物流畅通才能保证资金流的畅通，这样反馈的信息流又有效地指导了物流，如此循环，整个供应链上的物流才能达到最佳配置。它们要实现良性循环互动，必须有一定的技术支撑。这个技术支撑就是新信息技术发展所形成的电子商务网络，而在当代谁掌握了新信息技术，谁就可以降低成本、提高服务水平。然而其中最为关键的

是相关信息的实时性和可靠性。今天，信息成了决定企业生存与发展的关键因素，任何一个企业都要面对如何集成信息的问题。信息既有来自上下游企业的纵向信息，也有来自企业内部的横向信息，还有来自宏观层面上的信息。如何传递和共享这些信息，将上下游企业的经济行为以及企业内部各部门、各岗位的职能行为协调起来，就是供应链管理所要解决的核心问题。与单个企业情况相比，供应链作为一种扩展企业，其信息流动和获取方式应表现出自己的特色。因此，越来越多的企业在向它们的顾客提供以信息技术为基础的增值服务，并以此作为在市场上实施差异化战略的一种方式，同顾客建立稳定的长期联系。

企业的内部联系与企业外部联系是同样重要的。如在企业内建立企业内部网络并设立电子邮件系统，使得职工能在相互之间收发信息。像 Netscape 和 WWW 的应用就使得企业可以从其他地方获得有用数据，这些信息使企业在全球竞争中获得成功，使企业能在准确、可靠的信息的帮助下做出准确的决策。

（2）重新构筑企业或企业联盟之间的价值链

国内外的许多企业早已采用现代化的电子手段进行信息处理和顾客服务，通过业务外包，整合外部资源为己所用，从而拓展了自己的发展空间，而将有限的资源集中在自己的核心能力上，这样的信息技术就开始用来重新构筑企业间的价值链。例如，音像等软件产品多年来一直是以 CD 或磁盘等方式投入市场进行流通销售的，这需要进行大量的分拣和包装作业。现在，许多软件产品通过互联网直接向顾客进行销售，无需分拣、包装、运送等物流作业。也就是说，随着电子商务的兴起和第三方物流的普及，生产厂家和零售商开始利用第三方服务，把物流和管理等业务外包，这样生产厂家、零售商以及第三方服务供应商便形成了一条新的价值链。

（3）建立新型的顾客关系，开发高效营销渠道

信息技术使供应链管理者通过与它的顾客和供应商之间构筑信息流和知识流来建立新型的顾客关系，使得从供应商直到顾客的整条供应链双向的、及时的、完整的信息交流成为可能。例如，GE 公司把企业内部各个部门的采购需要集中起来通过电子市场进行招标，不仅可以发现优良的供应商，节约采购成本，使采购业务合理化，而且为公司内部的采购人员提供了进入全球市场的机会。对于广大的供应商来说，通过 GE 开放式的在线互联网络，可以在任何时间进入 GE 的招标电子市场，了解 GE 的需要，参加投标活动。

用互联网络等信息技术来交换有关消费者的信息成为企业获得消费者和市场需要信息的有效途径。企业利用互联网与它的经销协作经销商协作建立零售商的订货和库存系统，通过这样的信息系统（如供应商库存管理系统）可以获知有关零售商商品销售的信息。在这些信息的基础上，进行连续库存补充和销售指导，从而与零售商一起进行营销渠道的效率，提高顾客满意度。

（4）提高全球化管理能力和消费者需求的大量生产的能力

随着全球经济一体化的形成，企业与企业之间的竞争突破了国与国的范围而日趋剧烈，同时顾客的消费需求也在朝着多样化、个性化方向发展。企业要在竞争中取得优势地位，必须改变原来传统的信息系统，采用先进的信息技术，进行供应链的优化和重组，实现供应链上各个节点的信息共享，从而缩短订货提前期，降低库存水平，提高运输效率，减少递送时间，提高订货和发货精度以及回答顾客的各种信息咨询等，提高供应链整体的竞争力。信息技术的发展及其成本的不断降低，使得上述的供应链管理的目标成为可能。许多企业已经与顾客和供应商之间进行计算机与计算机的联结，通过多媒体技术，及时、精确地传输图像、声音和文字等信息，方便地进行数据的存取，极大地提高了供应链的运作效率和顾客满意度。

当前，围绕高技术产品的市场环境变化迅速，由于这类产品的周期短，因此企业需要对这类产品不停地进行经营决策。由于进行决策时涉及的变量越来越多，范围越来越广，信息的多样性和复杂性使得传统的决策模型不能适应供应链管理的需要。在这种情况下，许多适应于供应链管理的决策模型软件被开发出来（如 WMS、ERP、SCP、CAPS、LOGISTICS 等）。

9.2.2 条形码技术

1. 条形码概述

条形码是由一组按一定编码规则排列的条、空符号，用以表示一定的字符、数字及符号组成的信息。这些条和空可以有各种不同的组合方法，从而构成不同的图形符号，即各种符号体系。条形码由条形码符号和人工适度识读代码两大部分构成。条形码符号是一组黑白（或深浅色）相间、长短相同、宽窄不一的规则排列的平行线条，是供扫描器识读的图形符号；供人工识读的字符代码是一组字串，一般包括 0～9 等 10 个阿拉伯数字、A～Z 等 26 个英文字母以及一些特殊的符号。

（1）条形码的制作

条形码具有唯一性与永久性。

1）条形码码制主要有三种，即 ITF-14、UCC/EAN-128 与 EAN-13。

2）单个大件商品的包装箱往往采用 EAN-13 条形码。

3）储运包装箱常常采用 ITF-14 或 UCC/EAN-128 条形码。

4）企业商品采用的条形码通常为 EAN-13 或缩短版商品条形码（EAN-8）。

EAN 为 European Article Number（欧洲商品编号）的缩写。标准版商品条形码所表示的代码由 13 位数字组成（见图 9.1）。

图 9.1　条形码

6 901234 567892

结构一：左 7 位为厂商识别代码，接下来 5 位表示商品项目代码，最后 1 位为校验码。

结构二：左 8 位为厂商识别代码，接下来 4 位表示商品项目代码，最后 1 位为校验码。

最左边 3 位前缀为国家码，EAN 分配给我国的前缀码为 690、691 和 692，当前缀为 690、691 时，其代码结构同结构一；当前缀为 692 时，其代码结构同结构二。

（2）条形码的结构

一个完整的条形码的结构次序依次为静空区（前）、起始符、数据符（中间分隔符，主要用于 EAN 码）、校验符、终止符、静空区（后），如图 9.2 所示。

图 9.2　条形码的结构

（3）条形码的扫描设备

条形码的扫描设备主要有光笔扫描器、台式扫描器、手持式扫描器、固定式光电及激光扫描器等。扫描过程分两阶段，即将印刷符号转换成光电信号；将光电信号翻译成数据，并输入到计算机系统。

（4）识读设备

条形码的识读设备分为如下几种：

1）光笔条形码扫描器（见图 9.3）。

2）手持式条形码扫描器（见图 9.4）。

3）台式条形码自动扫描器（见图 9.5）。

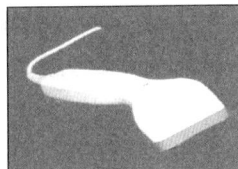

图 9.3　光笔条形码扫描器　　图 9.4　手持式条形码扫描器　　图 9.5　台式条形码自动扫描器

4）卡式条形码阅读器（见图9.6）。

5）便携式数据采集器（见图9.7）。

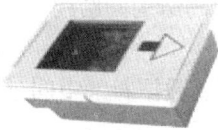

图9.6　卡式条形码阅读器　　　　　　　　图9.7　便携式数据采集器

2. 条形码技术的特点

1）输入速度快。与键盘输入相比，条形码输入的速度是键盘输入的 5 倍，并且能实现"即时数据输入"。

2）可靠性高。键盘输入数据出错率为三百分之一，利用光学字符识别技术出错率为万分之一，而采用条形码技术误码率低于百万分之一。

3）采集信息量大。利用传统的一维条形码一次可采集几十位字符的信息，二维条形码更可以携带数千个字符的信息，并有一定的自动纠错能力。

4）灵活实用。条形码标识既可以作为一种识别手段单独使用，也可以和有关识别设备组成一个系统实现自动化识别，还可以和其他控制设备连接起来实现自动化管理。

另外，条形码标签易于制作，对设备和材料没有特殊要求，识别设备操作容易，不需要特殊培训，且设备也相对便宜。

3. 供应链物流条形码的特点

供应链物流条形码是供应链中用以标识物流领域中具体实物的一种特殊代码，是整个供应链过程，包括生产厂家、配销业、运输业、消费者等环节的共享数据。它贯穿整个贸易过程，并通过物流条形码数据的采集、反馈，提高整个物流系统的经济效益。其主要特点如下：

1）储运单元的唯一标识。商品条形码是最终消费品，通常是单个商品的唯一标识，用于零售业现代化的管理；物流条形码是储运单元的唯一标识，通常标识多个或多种类商品的集合，用于物流的现代化管理。

2）服务于供应链的全过程。商品条形码服务于消费环节，商品一经售出到最终用户手里，条形码就完成了其存在的价值。物流条形码服务于物流全过程，生产厂家生产出产品，经过包装、运输、仓储、分拣、配送，直到零售商店，中间经过若干环节，物流条形码是这些环节中的唯一标识，因此它涉及范围更广，是多种行业共享的通用数据。

3）信息多。通常商品条形码是一个无含义的 13 位数字条形码；物流条形码则是一个可变的，可表示多种含义、多种信息的条形码，是无含义的货运包装的唯一标识，可表示货物的体积、重量、生产日期、批号等信息，是贸易伙伴根据共同的需求，经过协商统一制定的。

4）可变性。商品条形码是一个国际化、通用化、标准化的商品的唯一标识，是零售业的国际化语言；物流条形码是随着国际贸易的不断发展，贸易伙伴对各种信息需求的不断增加应运而生的，其应用在不断扩大，内容也在不断丰富。

5）维护性。供应链物流条形码的相关标准时一个需要经常维护的标准。及时沟通用户需求，传达标准化机构有关条形码应用的变更内容，是确保国际贸易中物流现代化、信息化管理的重要保障之一。

4. 条形码技术在供应链管理中的应用

一次完整的商务过程包括由生产厂家将产品生产出来，通过运输、仓储、加工、配送到用户、消费者的物流全过程。其中分为以下几个方面：生产厂家将生产的单个产品进行包装，并将多个产品集中在大的包装箱内；然后，经过运输、批发等环节，在这一环节中通常需要更大的包装；最后，产品通过零售环节流通到消费者手中，产品通常在这一环节中再还原为单个产品。人们将上述过程的管理称为供应链物流管理。

条形码技术是实现快速、准确而可靠地采集数据的有效手段。条形码技术的应用解决了数据录入和数据采集的"瓶颈"问题，为供应链管理提供了有力的技术支持。利用条形码技术，对企业的物流信息进行采集跟踪的管理信息系统。通过对生产制造业的物流跟踪，满足企业针对物料准备、生产制造、仓储运输、市场销售、售后服务、质量控制等方面的信息管理需求。

（1）物料管理

现代化生产物料配套的不协调极大地影响了产品生产效率，杂乱无序的物料仓库、复杂的生产备料及采购计划的执行几乎是每个企业所遇到的难题。

1）通过将物料编码、并且打印条形码标签，不仅便于物料跟踪管理，而且也有助于做到合理的物料库存准备，提高生产效率，便于企业资金的合理运用。对采购的生产物料按照行业及企业规则建立统一的物料编码从而杜绝因物料无序而导致的损失和混乱。

2）对需要进行标识的物料打印其条形码标，以便于在生产管理中对物料的单件跟踪，从而建立完整的产品档案。

3）利用条形码技术、对仓库进行基本的进、销、存管理，有效地降低库存成本。

4）通过产品编码，建立物料质量检验档案，产生质量检验报告，与采购订单挂钩建立对供应商的评价。

（2）生产管理

条形码生产管理是产品条形码应用的基础，它建立产品识别码。在生产中应用产品识别码监控生产，采集生产测试数据，采集生产质量检查数据，进行产品完工检查，建立产品识别码和产品档案。有序地安排生产计划，监控生产及流向，提高产品下线合格率。

1）制定产品识别码格式。根据企业规则和行业规则确定产品识别码的编码规则，保证产品规则化、唯一标识。

2）建立产品档案：通过产品标识条形码在生产线上对产品生产进行跟踪，并采集生产产品的部件、检验等数据作为产品信息，当生产批次计划审核后建立产品档案。

3）通过生产线上的信息采集点来控制生产的信息。

4）通过产品标识码条形码在生产线采集质量检测数据，以产品质量标准为准绳判定产品是否合格，从而控制产品在生产线上的流向及是否建立产品档案，打印合格证。

（3）仓库管理

1）货物库存管理仓库管理系统根据货物的品名、型号、规格、产地、牌名、包装等划分货物品种，并且分配唯一的编码，也就是"货号"。分货号管理货物库存和管理货号的单件集合，并且应用于仓库的各种操作。

2）仓库库位管理是对存货空间管理。仓库分为若干个库房；每一库房分若干个库位。库房是仓库中独立和封闭存货空间，库房内空间细划为库位，细分能够更加明确地定义存货空间。仓库管理系统是按仓库的库位记录仓库货物库存，在产品入库时将库位条形码号与产品条形码号一一对应，在出库时按照库位货物的库存时间可以实现先进先出或批次管理的信息。

3）条形码仓库管理包括货物单件管理。不光管理货物品种的库存，而且还管理货物库存的具体每一单件。采用产品标识条形码记录单件产品所经过的状态，从而实现了对单件产品的跟踪管理。

4）仓库业务管理包括出库、入库、盘库、月盘库、移库，不同业务以各自的方式进行，完成仓库的进、销、存管理。

5）更加准确完成仓库出入库操作。条形码仓库管理采集货物单件信息，处理采集数据，建立仓库的入库、出库、移库、盘库数据。这样，使仓库操作完成更加准确。它能够根据货物单件库存为仓库货物出库提供库位信息，使仓库货物库存更加准确。

6）一般仓库管理只能完成仓库运输差错处理（根据人机交互输入信息），而条形码仓库管理根据采集信息，建立仓库运输信息，直接处理实际运输差错，同时能够根据采集单件信息及时发现出入库的货物单件差错（如入库重号、出库无货），并且提供差错处理。

（4）市场销售链管理

为了占领市场、扩大销售，企业根据各地的消费水准不同，制定了各地不同的产品批发价格，并规定只能在此地销售。但是，有些违规的批发商以较低的地域价格名义取得产品后，将产品在地域价格高的地方低价倾销，扰乱了市场，使企业的整体利益受到了极大的损害。由于缺乏真实、全面、可靠、快速的事实数据，企业虽然知道这种现象存在，但对违规的批发商也无能为力。为保证政策有效实施，必须能够跟踪向批发商销售的产品品种或产品单件信息。通过在销售、配送过程中采集产品的单品条形码信息，根据产品单件标识条形码记录产品销售过程，完成产品销售链跟踪。

（5）产品售后跟踪服务

1）根据产品标识码建立产品销售档案。记录产品信息、重要零部件信息。

2）通过产品上的条形码进行售后维修产品检查，检查产品是否符合维修条件和维修范围。同时分析其零部件的情况。

3）通过产品标识号反馈产品售后维修记录，监督产品维修点信息，记录统计维修原因，建立产品售后维修档案。

4）对产品维修部件实行基本的进、销、存管理，与维修的产品一一对应，建立维修零部件档案。

通过产品的售后服务信息采集与跟踪，为企业产品售后保修服务提供了依据，同时能够有效的控制的售后服务带来的困难——销售产品重要部件被更换而造成保修损失、销售商虚假的修理报表等。

（6）为企业进行产品质量管理控制以及分析提供了强有力的依据

1）根据物料准备、生产制造、维修服务过程中采集的物料单品信息，统计物料质量的合格率，辅助产生物料质量分析报告。

2）通过生产线质量控制产品条形码信息采集点，采集产品生产质量信息，辅助打印合格证，提高产品生产质量的有效控制。

3）分析生产线质量控制采集点采集数据，提供生产质量分析数据。

9.2.3 射频识别技术在供应链管理中的应用

自 2004 年起，全球范围内掀起了一场无线射频识别技术（RFID）的热潮，包括沃尔玛、宝洁、波音公司在内的商业巨头无不积极推动射频识别在制造、物流、零售、交通等行业的应用。射频识别技术及其应用正处于迅速上升的时期，被业界公认为是本世纪最具潜力的技术之一，它的发展和应用推广将是自动识别行业的一场技术革命。

1. 射频识别技术概述

无线电射频识别技术，是利用无线电波对记录媒体进行读写，射频识别的距离可达几十厘米至几十米。射频识别标签具有读写能力，可携带大量数据，难以伪造，且具有智能功能。埃森哲实验室首席科学家弗格森认为射频识别是一种突破性的技术："第一，可以识别单个的非常具体的物体，而不是像条形码那样只能识别一类物体；第二，其采用无线电射频，可以透过外部材料读取数据，而条形码必须靠激光来读取信息；第三，可以同时对多个物体进行识读，而条形码只能一个一个地读。此外，储存的信息量也非常大"。

2. 射频识别系统的组成

1）数据库，用来管理所收集的数据。数据库应用软件可以是市场上各种数据库或供应链系统。用户能买到面向特定行业的高度专业化的数据库，或者把射频识别系统当作整修企业资源计划的一部分。特殊的应用情况，甚至可以自己编写数据库应用软件。

2）扫描器（即阅读器），用来扫描及获得标签数据。它是射频识别系统的中介，它从标签读取数据并传给应用软件。款式较新的阅读器在 3 平方米的范围内可以每秒钟最快同时读取 200 个标签。

3）感应器，如电子标签，含有数据。射频识别感应器类似条形码技术所用的标签。它的无源感应器（没有电池）只在被激活时才响应，是成本极低的一次性用品，大量用于酒店的电子钥匙、电子防盗系统及实时位置跟踪系统等。有源感应器（有电池为其供电）能向附近的接收器不断发送信息，能在恶劣的环境下使用多年，成本较高，被用于实时跟踪系统、目标资产管理和人员流动的场合。

3. 射频识别技术的优点

射频识别是一种非接触式的自动识别技术，可在各种恶劣环境下工作，被认为将最终取代现今应用非常广泛的条形码，成为物品标识的最有效方式。其优点如下：

1）数据读取方便快捷，读取无需淘汰，甚至可透过外包装进行。

2）识别速度快，标签一进入磁场，解读器就可即时读取其中的信息，并能同时处理多个标签，实现批量识别。

想一想：

射频识别的局限性是什么？

3）有效识别距离大，有源电子标准的有效识别距离可达 30 米以上。

4）数据容量大，射频识别标签可根据用户的需要扩充到数十 KB。

5）应用范围广，使用寿命长，可应用于粉尘、油污等等环境。

6）更好的安全性，可以嵌入或附着在不同形状、类型的产品上，且可为标签数据的读写设置密码保护。

7）标签与解读器能进行动态实时通信，只要射频识别标签所附着的物体出现在解读器的有效识别范围内，就可以对其位置进行动态的追踪和监控。

射频识别无论在识别速度与准确率，还是在密度与信息量方面都优于其他自动识别方式，此外还具有防水、防磁、耐高温等优点，是一种市场发展前景和应用规模巨大的高新技术。

4. 射频识别技术的应用

虽然射频识别技术的用途非常广泛，但是供应链与物流管理被认为是射频识别技术最大的舞台。信息的准确性和及时性是供应链与物流管理的关键，要想提高供应链管理的效益，必须使链上的成员及时获得各业务环节的运行信息。而射频识别技术可以实现从商品设计、原材料采购、半成品与产成品的生产、运输、仓储、配送，一直到销售，甚至退货处理和售后服务等所有的供应链上的环节进行实时监控，准确地随时获得例如各类、生产商、生产时间、地点、颜色、尺寸、数量、到达地、接收者等产品相关信息，较好地满足供应链对信息获取和处理的需求，极大地提高自动化程度，大幅降低差错率，显著提高供应链的透明度和管理效率。

（1）生产制造环节

应用射频识别技术，生产制造环节可以完全自动化生产线运作，准确地找到规格纷繁复杂的零部件，及时将其运送到生产线上，实现在整个生产线上对原材料、零部件、半成品和产成品的识别与跟踪，减少人工识别成本和出错率，提高效率和效益。射频识别技术还能帮助管理人员及时根据生产进度发出补货信息，实现存货管理的自动化和流水线的均衡、稳步生产，同时也加强了对质量的控制与追踪，特别适用于不允许任何一个环节的脱节的准时制生产方式。

DELL 采用了 EMS 公司的射频识别跟踪系统，除了实现自动化生产作业外，DELL还在装配过程中随时把新的信息写入射频识别标签，使顾客实时了解所购商品的生产流程，在提高电脑定制化生产能力的同时，显著地降低制定成本。联合利华和雀巢等企业也采用了类似的系统，进行物料跟踪与质量控制。通过汽车公司将射频识别技术用于它的生产与物料环节，并将在 3～5 年采用该技术来监控与跟踪其整个供应链的运行。

（2）存储环节

射频识别技术在仓库里最广泛的使用是存取货物与库存盘点。例如，使用射频识别技术为核心的智能托盘系统：解读器安装在托盘进出仓库的通道口上方，射频标签安装在托盘上，当驻车装载着托盘货物通过时，解读器进行识别搬运及货物，并自动比较装载货物总重量与存储在计算机中的单个托盘重量，了解货物的实时信息。这个系统解决了物品在仓库中装卸、处理和跟踪问题，提高了效率，并保证有关信息的准确、可靠。在整修仓库管理中，通过将供应链计划系统与射频识别技术相结合，能高效地完成各种业务操作，如指定堆放区域、上架取货与补货等。系统提供批处理或直接连接的方式和外部主机系统交换数据，避免不必要的重复输入和因此所造成的错误，增强了作业的准确性和快捷性，节省了劳动力、库存以及整修过程中由于商品误置、送错、偷窃、损害和出货错误等造成的损耗。

射频识别的设计就是使商品的登记自动化，盘点时不需要人工的检查或扫描条形码，更加快速、准确，并减少损耗。射频识别解决方案可提供有关库存情况的准确信息，由此可快速识别并改变低效率运作情况，实现快速供货并最大限度地减少库存成本。

（3）配送、分销环节

射频识别技术强大的功能可以满足较高的配送要求，加快配送的速度，提高拣选与分发过程的准确率，并减少人工，从而降低配送成本。如果到达的所有产品都贴有射频识别标签，在进入中央配送分销中心时，托盘通过一个阅读器，读取托盘上所货箱上的标签内容。系统将这些信息与发货记录进行核对，以检测出可能的错误，然后将射频识别标签更新为最新的产品存放地点的状态。确保了精确的库存控制，甚至可确切了解目前有多少货箱牌转运途中、转运的始发地和目的地以及预期的到达时间等信息。

沃尔玛的供应商为了满足其订货要求，根据配送中心发来的各个门店所需产品的订单信息与产品标签信息进行匹配，迅速拣出所需产品，旋转在托盘上直接送上传送带，可以方便地识别同一托盘上众多不同各类的产品，而无需人工处理，实现快速准确地发货。在沃尔玛配送中心的接货口，商品通过门口时即由射频识别解读器自动完成盘点并输入沃尔玛的数据库，随即交付运送。

在整修供应链中，跟踪产品和更新标签的信息被用于监控分销网络并自动记录发出及存储的产品数量，确保及时供货，并降低成本。

（4）运输环节

射频识别技术在运输环节的主要应用有高速公路的自动收费及交通管理、火车和货运集装箱的识别、防伪等。近来，便携式数据终端（PDT）和射频通信被频繁地用于运输作业中，通过便携式数据终端位置标签、产品数量等信息，再通过射频识别技术把这些数据传送到计算机管理系统，能够及时掌握在途物资和实时跟踪运输工具。射频识别技术允许企业跟踪供应链中特定的库存单元，起到传递中某一特定托盘上的商品。沃尔玛的供应商在商品发往各门店途中，借助全球定位系统（global positioning system，GPS）定位系统或者沿途的射频识别监测点，就可以准确地预知抵达的时间。射频识别目前还主要用于对托盘和集装箱的识别与跟踪，下一阶段的主要目标是应用于单件产品。

（5）零售环节

商品失窃现象是零售商的一个重要问题。由于射频识别标签的体积很小，很容易植入产品或者外包装中间，很难被小偷发现或者剪除，且标签的识别准确率几乎可达100%，可以有效地防止商品被盗。商品实现标签化之后，开架销售还可促进商品销售量的增长。

射频识别技术可改进零售商运营的多个环节，对商品有效期限进行监控，还能在付款台实现自动扫描和计费，取代人工收款方式。前面已提到，沃尔玛运用射频识别技术来进行拣货并对在途货物进行跟踪，而在货物运抵各门店后，卡车直接通过接货口安装的射频识别解读器，商品即清点完毕，或直接上架出售或暂时保存在门店的仓库中，门店数据库中的库存信息也随多更新；随着商品的减少，装有解读器的货架自动提醒店员进行补货；还可以通过覆盖整个门店的解读器很容易的找到货物并由店员归位。顾客商品结束后，只需推车从装有射频识别的解读器的过道中通过，商品的统计即时自动完成；一般顾客可以选择现金、信用卡等传统结算方式，使用带有射频识别标签结算卡的顾客则可以选择射频识别技术，即由系统自动扣除款项，排队付款的烦恼就会大幅甚至全部消除。

（6）售后服务环节

丰田汽车对射频识别技术的应用很好地体现到售后服务这环节。丰田公司的南非汽车制造的车辆跟踪系统项目的第一阶段采用耐高温、可重复使用的射频识别标签，在喷漆车间对车辆进行监控；在第二阶段增加一次性的纸质标签，对汽车零部件和整车进行监控，并且将监控范围扩大到整个生产线，将加工信息直接储存在标签中，从而无需频繁地查访中心数据库。目前，丰田已将该系统扩展到了分销领域，在南非的主要分销停车场对车辆进行跟踪，实现了准确地监控运抵时间和在卸货时才发票的功能。丰田的第三期试验将把系统延伸到零售和优质服领域，在车辆上植入永久性标签，不仅记录制造过程中的数据，而且记录顾客和车辆保修的有关信息。每次顾客架车去服务门店接受服务或者进行车辆保养时，门店系统就会自动读取标签中的数据，对顾客本人和车辆的服务记录一目了然，而无需顾客携带任何证明和维护记录等资料。

注意：

由于射频识别技术的显著优点，只要是用到识别和数据采集的地方，都有它的用武之地。它真正的应用潜力完全可以渗透于供应链的各个环节以及各行各业之中。

9.2.4　全球定位系统和地理信息系统在供应链管理中的应用

1. 全球定位系统概述

全球定位系统是由距离地球2万多公里的24颗人造卫星，基本均匀地分布在6个轨道平面内组成的卫星网向地球不断发射定位信号，用户通过全球定位系统接收设备（接收机）接收3颗或3颗以上的定位卫星信号，经信号处理而获得用户位置、速度等信息，从而实现对目标进行准确定位的高科技技术。全球定位系统监控调度系统指把先进的全球定位系统应用于车辆监控、调度和报警等方面构建的一套软硬件系统。这个系统在客车、货车、公安、押运、危险品运输等车辆上安装一套具有全球定位系统定位功能和通讯（通常为 GSM 短信、GPRS 或 CDMA 1X 三种模式）功能的车载全球定位系统终端，通过车载的手机卡发送短信或网络（GPRS 或 CDMA）信号到全球定位系统中心平台，全球定位系统中心平台对接收到的信号进行存储处理并发送到全球定位系统调度计算机，全球定位系统调度计算机通过全球定位系统调度软件或互联网连接全球定位系统中心平台，查看车辆运行情况和轨迹，接受报警信号，并对车辆进行监控调度和管理。车载全球定位系统的推广应用极大地提高了运输企业的科技管理水平和用户满意度。

（1）全球定位系统的组成

全球定位系统包括如下三大部分（见图9.8）：

1）空间部分——全球定位系统卫星星座。

2）地面控制部分——地面监控系统。

3）用户设备部分——全球定位系统信号接收机。

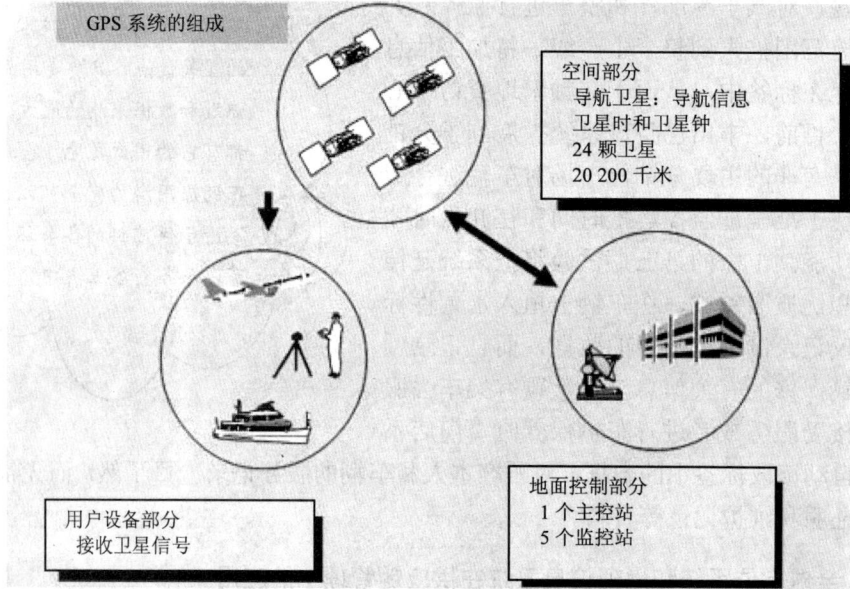

图9.8　全球定位系统的组成

（2）全球定位系统在货物运输管理中的应用

1）导航功能。

2）车辆跟踪功能。

3）提供出行路线规划功能。

4）信息查询功能。

5）话务指挥功能。

6）紧急援助功能。

（3）网络全球定位系统对物流所起的作用

1）实时监控功能。

2）双向通讯功能。

3）动态调度功能。

4）数据存储、分析功能。

5）可靠性分析功能。

6）服务质量跟踪功能。

2. 地理信息系统概述

地理信息系统（geographic information system，GIS）是以地理空间数据为基础，采用地理模型分析方法，适时地提供多种空间的和动态的地理信息，是一种为地理研究和地理决策服务的计算机技术系统。地理信息系统的基本功能是将表格型数据转换为地理图形显示，然后对显示结果浏览、操作和分析。其显示范围可以从洲际地图到非常详细的街区地图，显示对象包括人口、销售情况、运输路线以及其他内容。

地理信息系统的主要功能有：

1）数据采集、检验与编辑。

2）数据格式化、转换、概化，通常称为数据操作。

3）数据的存储与组织。

4）查询、检索、统计、计算功能。

5）空间分析是地理信息系统的核心功能。

6）显示。

地理信息系统应用于物流分析，主要是指利用地理信息系统强大的地理数据功能来完善物流分析技术。目前，国外已开发出利用地理信息系统为供应链管理提供分析的工具软件。完善的地理信息系统物流分析软件集成了车辆路线模型、最短路径模型、网络物流模型、分配集合模型和设施定位模型等。

3. 地理信息系统和全球定位系统在供应链管理应用中的优势

1）地理信息系统和全球定位系统的应用，必将提升物流企业的信息化程度，使企业日常运作数字化，包括企业拥有的物流设备或者客户的任何一笔货物都能用精确的数字来描述，不仅提高企业运作效率，同时提升企业形象，能够争取更多的客户。

2）地理信息系统和全球定位系统和无线通信的结合，使得流动在不同地方的运输设备变得透明而且可以控制。结合物流企业的决策模型库的支持，根据物流企业的实际仓储情况，并且由全球定位系统获取的实时道路信息，可以计算出最佳物流路径，给运输设备导航，减少运行时间，降低运行费用。利用全球定位系统和地理信息系统技术可以对车辆进行实时定位、跟踪、报警、通信等，能够满足掌握车辆基本信息、对车辆进行远程管理的需要，有效避免车辆的空载现象，同时客户也能通过 Internet 技术，了解自己货物在运输过程中的细节情况。比如在草原牧场收集牛奶的车辆在途中发生故障，传统物流企业往往不能及时找到故障车辆而使整车的原奶坏掉，损失惨重。而地理信息系统/全球定位系统能够方便地解决这个问题。另外，人的因素也处处存在，而地理信息系统/全球定位系统能够有效地监控司机的行为。

3）通过对物流运作的协调，促进协同商务发展，让物流企业向第四方物流角色转换。由于物流企业能够实时地获取每部车辆的具体位置、载货信息，故物流企业能用系统的观念运作企业的业务，降低空载率。这一职能的转变，物流企业如果为某条供应链服务，则能够发挥第四方物流的作用。物流企业通过无线通信、地理信息系统/全球定位系统能够精确地获取运输车辆的信息，再通过 Internet 让企业内部和客户访问，从而把整个企业的操作业务变得透明，为协同商务打下基础。物流企业的信息平台的物理架构如图所示。但是，将地理信息系统、卫星定位系统、无线通信（WAP）与 Internet 技术（Web）集成一体，应用于物流和供应链管理信息技术领域，国内还没有完全成熟。不过，相信随着人们的重视和技术的进步，地理信息系统、全球定位系统、WAP 和 Web 技术将结合在一起，共同描绘透明物流企业，减少物流黑洞，增强国内物流企业竞争力，在不久将开放的物流市场上站稳脚跟。

9.2.5 电子数据交换技术在供应链管理中的应用

1. 电子数据交换概述

国际标准化组织（ISO）将电子数据交换定义为"将商业或行政事务处理，按照一个公认的标准，形成结构化的事务处理或信息数据格式，从计算机到计算机的数据传输"。

在供应链管理的应用中，电子数据交换是供应链企业信息集成的一种重要工具，一种在合作伙伴企业之间交互信息的有效技术手段，特别是在全球进行合作贸易时，它是在供应链中连接节点企业的商业应用系统的媒介。通过电子数据交换，可以快速获得信息，提供更好的服务，减少纸面作业，更好地沟通和通讯，提高生产率，降低成本，并且能为企业提供实质性的、战略性的好处，如改善运作、改善与客户的关系、提高对客户的响应、缩短事务处理周期、减少订货周期，减少订货周期中的不确定性，增强企业的国际竞争力等。

想一想： 电子数据交换在中国的发展前景如何？

供应链中的不确定因素是最终消费者的需求，必须对最终消费者的需求做出尽可能准确的预测，供应链中的需求信息都源于而且依赖于这种需求预测。利用电子数据交换相关数据进行预测，可以减少供应链系统的冗余性，因为这种冗余可能导致时间的浪费和成本的增加。通过预测信息的利用，用户和供应商可以一起努力缩短订单周期时间。

将电子数据交换和企业的信息系统集成起来能显著提高企业的经营管理水平。如美

国的福特公司把电子数据交换视为"精细调整准时制的关键"，DEC 公司也是把电子数据交换和物料资源计划连接起来，使物料资源计划系统实现了电子化，公司库存因而减少 80%，交货时间减少 50%。GE 通用电器公司通过采用电子数据交换，采购部门的工作效率提高了，节约了订货费用和人力成本。

2. 电子数据交换的优点

由于电子数据交换的使用，改善了采购工作大量纸上作业的不便，如订购、运送、开发票、付款等所需的繁杂劳动，均由电子数据交换的终端机代劳，因此大大缩短了买卖双方交易的过程与时间。电子数据交换在作业上的优点主要如下：

1）简单。每一项资讯只有一种格式且只有一页，所有需要此项资讯的人，都知道如何存取，因此，许多迟延及混乱均可消除。

2）明确。每一项资讯均由最具资格的人来处理，事后亦无抄写，只需从电脑系统中直接列印出来。因此，在文书作业中最常发生的抄写错误，就可以避免了。

3）弹性。计划采用电子数据交换的任何企业，并不需要对其内容系统做重大的改变，只要它的电脑能接受其他电脑传输来的文件资料。

4）快捷。只要是存入电脑主要档案的资讯，在几秒钟内即可获得。

5）省钱。使用电子数据交换采购作业最重要的效益即是减少成本，虽然不同企业所能的成本不尽相同，最明显之处即是节省了大量花费在订单处理上的成本，亦即以人工处理订单的成本较高。

而导致成本上差异的原因主要有：①减少了以人工制造文件的麻烦；②省略了复杂资料的输入工作；③增加了资料的精确性；④减少于人员花在重复工作上的时间；⑤更快速的分析资料及下决策；⑥使买方可以把时间用在更具生产力的作用上；⑦减少了纸张及相关成本的花费；⑧减少邮寄成本；⑨减少了时间的延误并省下存货成本。

6）安全。电子数据交换系统的设计，只允许被授权的人才能存取资料。资料的存人必须查验其来源的合法性，至于资料由何人在何时从何地输入，亦能加以追踪审查。

3. 电子数据交换在供应链管理过程中的应用

电子数据交换是一种信息管理或处理的有效手段，它是对供应链上的信息流进行运作的有效方法。电子数据交换的目的是充分利用现有计算机及通信网络资源，提高贸易伙伴间通信的效益，降低成本。电子数据交换主要应用于以下企业：

1）制造业。及时响应以减少库存量及生产线待料时间，降低生产成本。

2）贸易运输业。快速通关报检、经济使用运输资源，降低贸易运输空间、成本与时间的浪费。

3）流通业。快速响应，减少商场库存量与空架率，以加速商品资金周转，降低成本。建立物资配送体系，以完成产、存、运、销一体化的供应链管理。

4）金融业。电子转账支付，减少金融单位与其用户间交通往返的时间与现金流动风险，并缩短资金流动所需的处理时间，提高用户资金调度的弹性，在跨行服务方面，更可使用户享受到不同金融单位所提供的服务，以提高金融业的服务品质与项目。

9.2.6 专家系统和决策支持系统

1. 专家系统

专家系统（expert system，ES）是一个含有知识性程序，可以解释专业性问题，具有人工智能的计算机应用系统，是人工智能学科领域中一个重要的学科分支。专家系统用计算机去模拟、延伸和扩展专家的智能，根据人们在有限范围的知识或经验去解决一个有限范围内的问题。

专家系统包括知识库、推理机制和用户界面。

2. 决策支持系统

决策支持系统（decision support system，DSS）是一个能对决策提供支持的交互式计算机系统。

一般情况下，决策支持系统可分为智能决策支持系统、分布决策支持系统和群体决策支持系统。

决策支持系统有如下功能：

1）市场预测、分析功能。

2）运输路线优化论证功能。

3）运输优化配载运输工具功能。

4）运输工具调度功能。

5）仓储库存优化决策支持功能。

6）效益分析功能。

7）配送中心地点分布优化功能等。

相关作业

【作业一】

信息技术的发展对于供应链管理有哪些方面的作用？

【作业二】

分析现代信息技术的优缺点和适用范围。

案例分析

请根据以下资料分析宝钢电子商务成功的因素。

宝钢在电子商务的应用实践，将由单一的销售、采购行为转向从客户经营销渠道到钢铁企业的协同供应链整个过程。企业之间的竞争不仅取决于自身的管理水平和竞争力，更对企业与协作伙伴之间的供应链协作提出了极高的要求。确立统一的数据交换业务单据标准、构建统一的数据交换集成平台、提供丰富的通信支持和健全的监控机制，形成一个宝钢独有的钢铁产品电子数据交换服务系统，将有助于全面提高宝钢与客户/供应商之间信息处理、传递、反馈的速度和效能，扩大或加强与下游客户间的协同协作。

宝钢钢铁产品电子数据交换服务系统包括：业务单据组织生成、电子数据交换标准格式转换、电子数据交换通信收发管理三个模块，并与电子商务在线服务系统、大客户通道系统、宝钢内部企业资源计划系统集成，完成宝钢内部业务数据信息的汇集、加工、处理，标准电子数据交换（宝钢标准电子数据交换或客户电子数据交换标准）格式翻译转换，电子数据交换收发及监控一系列完整数据交换过程，同时与客户/供应商电子数据交换服务系统建立链路衔接，完成宝钢与客户/供应商间标准、高效、快捷的电子数据交换。

单据格式标准规范原则采用国际标准 ebXML。ebXML 被设计用来使全球任意规模、任意位置的企业的电子市场，能够安全放心的通过基于 XML 的消息交换来进行商业交易。ebXML 是基于 Internet 的通用电子数据交换标准，类似于 HTTP、TCP/IP、MIME、SMTP、FTP、UML 和 XML，它可以在任意的计算平台上执行和实现，具有相对低成本和易于使用的优点。同时，宝钢钢铁产品 EDI 服务系统还支持客户指定电子数据交换标准的解析和转换，包括 ANSIX12、EDIFACT、VDA 等，满足特殊用户的特殊要求。

系统支持多协议、多接口的接入与传递，根据不同业务场景，可灵活实现从一个系统向另一个或多个系统实时或批量的进行数据迁移或多个系统间双向的数据交互，还可以通过路由查询分系统转发、调用多个外部或内部的远程函数，得以执行查询业务数据，获得良好的预期效果，同时可简便、快捷地实现标准间的数据格式翻译转换以及自定义的数据格式翻译转换。

（资料来源：华东钢铁在线）

作业展示及点评

填写如下考核评分表。

考核评分表

考评小组		被考评小组	
考评内容	宝钢公司 EDI 实施分析报告		
考评标准	内容	分值	实际得分
	报告的内容	60	
	全面性	30	
	逻辑性	10	
合计		100	

9.3 供应链管理信息系统概述

学习目标

- 认识快速反应系统;
- 认识有效客户反应;
- 认识电子订货系统;
- 认识配送需求计划。

案例导入

李明想为自己新成立的某纺织制品有限公司创建一套供应链管理信息系统。由于自身对信息技术和供应链管理理念的匮乏,李明很着急,不知道如何创建一套适合自己企业的管理信息系统。你能帮助他吗?

必备的理论知识

9.3.1 快速反应系统

1. 快速反应系统

快速反应系统是指通过零售商和生产厂家建立良好的伙伴关系,利用电子数据交换等信息技术,进行销售时点以及订货补充等经营信息的交换,用多频度、小数量配送方式连续补充商品。以此来实现销售额增长、客户服务的最佳化以及库存量、商品缺货、商品风险和减价最小化的目标的一个物流管理系统模式。快速反应的目的是减少原材料到销售点的时间和整个供应链上的库存，最大限度地提高供应链管理的运作效率。

2．企业实施快速反应系统必须具备的条件

1）改变传统的经营方式、经营意识和组织结构。
2）开发和应用现代信息处理技术。
3）与供应链各方建立战略伙伴关系。
4）改变传统的对企业商业信息保密的做法。
5）缩短生产周期和降低商品库存。

3．企业实施快速反应的好处

1）销售额的大幅度增加。应用快速反应系统可以降低经营成本，从而能降低销售价格，增加销售。
2）商品周转率的大幅度提高。应用快速反应系统可以减少商品库存量，并保证畅销商品的正常库存量，加快商品周转。
3）需求预测误差大幅度减少。

9.3.2 有效客户反应系统

1．有效客户反应系统的特点

（1）有效客户反应系统重视采用新技术、新方法

首先，有效客户反应系统采用了先进的信息技术，在生产企业与流通企业之间开发了计算机辅助订货系统（CAO）。计算机辅助订货系统通常与电子收款系统 （POS）结合使用，利用 POS 系统提供的商品销售信息把有关订货要求自动传向配送中心，由该中心自动发货，这样就可能使零售企业的库存降至为零状态，并减少了从订货至交货的周期，提高了商品鲜度，减少了商品破损率。还可使生产商以最快捷的方式得到自己的商品在市场是否适销对路的信息。

其次，有效客户反应系统还采用了两种新的管理技术和方法，即种类管理和空间管理。种类管理的基本思想是不从特定品种的商品出发，而是从某一种类的总体上考虑收益率最大化。就软饮料而言，不考虑其品牌，而是从软饮料这一大类上考虑库存、柜台面积等要素，按照投资收益率最大比原则去安排品种结构。其中有些品种能赢得购买力，另些品种能保证商品收益，通过相互组合既满足了顾客需要，又提高了店铺的经营效益。空间管理指促使商品布局，柜台设置最优化。过去许多零售商也注意此类问题，不同点在于有效客户反应系统的空间管理是与种类管理相结合的，通过两者的结合实现单位销售面积的销售额和毛利额的提高，因而可以取得更大的效果。

（2）有效客户反应系统建立了稳定的伙伴关系

在传统的商品供应体制上，生产者、批发商、零售商联系不紧密或相互间较为紧密，

发生的每一次订货都有很大的随机性，这就造成生产与销售之间商品流动的极不稳定性，增加了商品的供应成本。而有效客户反应系统恰恰克服了这些缺点，在生产者、批发商、零售商之间建立了一个连续的、闭合式的供应体系。改变了相互敌视的心理，使他们结成了相对稳定的伙伴关系，克服了商业交易中的勾心斗角，实现了共存共荣，是一种新型的产销同盟和产销合作形式。

（3）有效客户反应系统实现了非文书化

有效客户反应系统充分利用了信息处理技术，使产购销各环节的信息传递实现了非文书化。无论是企业内部的传票处理，还是企业之间的订货单、价格变更、出产通知等文书都通过计算机间的数字交换进行自动处理。由于利用了电子数据交换、生产企业在出产的同时，就可以把出产的内容电传给进货方，作为进货方的零售企业只要在货物运到后扫描集运架或商品上的电码就可以完成入库验收等处理工作。由于全面采用了电子数据交换，可以根据出产明细自动地处理入库，从而使处理时间近似为0，这对于迅速补充商品，提高预测精度，大幅度降低成本起了很大作用。

2. 有效客户反应实施的策略

1）计算机辅助订货。计算机辅助订货是通过计算机对有关产品转移（如销售点的设备记录）、影响需求的外在因素（如季节变化）、实际库存、产品接收和可接受的安全库存等信息进行集成而实现的订单准备工作。计算机辅助订货是一个由零售商建立的"有效客户反应"工具。应用计算机辅助订货使得公司能够配合客户的要求，控制货物的流动，达到最佳存货管理。

2）连续补库程序（CRP）。连续补货程序改变了零售商向贸易伙伴生成订单的传统补货方式，它是由于供应商从客户那里得到的库存和销售方面的信息，决定补充货物的数量。可见连续补货程序是根据客户信息，自行决定补货数量，采取频繁交货、缩短提前期等办法降低共同成本。

3）接力运输。仓库和配送中心作为转运场。到货应预先通知，具有自动识别与数据自动采集设备，具备交货接收的自动确认能力。

4）产品、价格和促销数据库。是无纸信息系统实施的基础，应面向供应链所有信息结点，有校准措施。

3. 实施有效客户反应应注意的问题

有效客户反应系统自提出以来，在美国得到较为广泛的采用。欧洲、日本等许多国家也纷纷引用该系统的技术，来改变本国陈旧的商品供应系统，并已出现了许多成功事例，因此，利用有效客户反应系统使流通过程合理化是今后不容回避的课题。但在实施过程中应注意以下问题：

1）高层决策者的作用至关重要。有效客户反应系统是改善企业经营管理工作的大工程，系统涉及产、供、销多个企业部门，任何部门出现错误都会对整个系统的启动产生很大的影响。因此，各部门的高层决策者的热情和决心对于推动这项工作非常重要，其积极支持和倡导有利于明确目标，提高业务改革速度，排除浪费，增强有效客户反应系统的应用质量。

2）正确地把握顾客的价值和需求。有效客户反应系统自始至终把增加消费者的利益和满足消费者的需求为根本宗旨，所有的业务改善和效率提高都是围绕这一宗旨展开的。只有正确地把握顾客价值和需求，才能制定出有效客户反应系统的工作目标，增强对顾客的适应能力。正确判断消费者的利益追求，把消费者的利益放在何种位置是开展有效客户反应工作的第一步。当前超市消费趋向于商品品质、鲜度、营养、包装、价格等方面，在品种结构上，顾客大多带有一次购妥的愿望。掌握了这些信息，有效客户反应系统才能真正发挥他的优越性。

3）制定明确的目标和标准。作为一项系统改善工作，有效客户反应要有明确的目标和工作标准。通过这些目标和标准，可以对照成果进行正确的评价。同时，有了目标和标准，员工才能明确需要完成的任务和达成的尺度。

4）积极改革组织机构。有效客户反应系统的有效开展必须获得相应的组织和机构保障。有效客户反应系统的基本思想是从流通过程和业务活动中寻求改革方案，因而传统职能划分的组织形式是不适应的，应构筑起新型的组织形式。有效客户反应系统可视为一种广泛的连锁系统，因而可按照连锁的模式来建立组织机构。

9.3.3 电子订货系统

1. 电子订货系统概述

电子订货系统（electronic ordering system，EOS）是指将批发、零售商场所发生的订货数据输入计算机，即通过计算机通信网络连接的方式将资料传送至总公司、批发商、商品供货商或制造商处。因此，电子订货系统能处理从新商品资料的说明直到会计结算等所有商品交易过程中的作业，可以说电子订货系统涵盖了整个物流。在寸土寸金的情况下，零售业已没有许多空间用于存放货物，在要求供货商及时补足售出商品的数量且不能有缺货的前提下，更必须采用电子订货系统。

电子订货系统采用电子手段完成供应链上从零售商到供应商的产品交易过程，因此，一个电子订货系统必须有：

1）供应商，即商品的制造者或供应者（如生产商、批发商）。

2）零售商，即商品的销售者或需求者。

3）网络，即用于传输订货信息（如订单、发货单、收货单、发票等）。

4）计算机系统，即用于产生和处理订货信息。

电子订货系统的运作流程如图9.9所示。

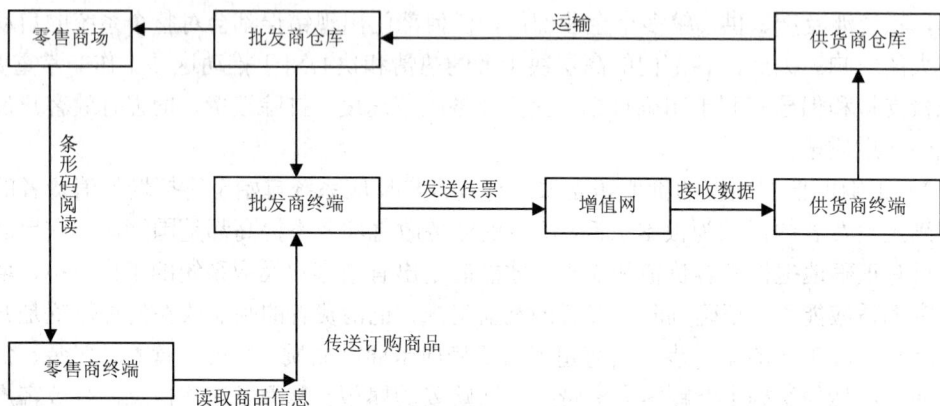

图9.9　电子订货系统的运作流程

2. 电子订货系统的特点

1）商业企业内部计算机网络应用功能完善，能及时产生订货信息。

2）销售时点信息系统（POS）与电子订货系统高度结合，产生高质量的信息。

3）满足零售商和供应商之间的信息传递。

4）通过网络传输信息订货。

5）信息传递及时、准确。

6）电子订货系统是许多零售商和供应商之间的整体运作系统，而不是单个零售店和单个供应商之间的系统。电子订货系统在零售商和供应商之间建立起了一条高速通道，使双方的信息及时得到沟通，使订货过程的周期大大缩短，既保障了商品的及时供应，又加速了资金的周转，实现了零库存战略。

3. 电子订货系统规划

导入电子订货系统首先要对本企业的情况以及社会配套条件等方面的问题进行全面的分析，如果决定导入，再考虑以下规划内容：

1）选择加入的社会配套信息管理系统。根据拟导入的电子订货系统的类型以及服务功能、价格、同业参加状况，选择最合适的社会配套信息管理系统。

想一想：
电子订货系统的作用有哪些？

2）与交易对象共同建立电子订货系统运作规范。如新商品加入、促销特价处理、适用商品扩大、变更登录、标签发行、例外状况处理等都应建立规范的运作办法。

3）建立标准的商品代号与企业代号。电子订货系统作业不仅要利用统一的商品条形码，还必须对商品分类码、企业代码、店内码等标准化。

4）建立商品订货簿和货架卡。订货簿和货架卡至少应标示的项目有商品代号、商品条形码、商品名称、售价。

5）建立标准的订货模式。①订货方式，如利用货架卡、订货簿，或两者并用，或采用安全存量订货法；②订货时间，如固定式或不定式；③订货周期，如每日、隔日、每周两次等；④订货人员，可选择专业订货人员、商品群负责人或店长；⑤电子订货系统终端机台数，根据订货作业量来确定；⑥设备操作，应制作标准的作业手册。

6）建立商品交易档案，即根据商品目录，建立或提供交易对象目录，以便有关方面进行分单处理和数据分析。

7）货架卡定位。货架卡是电子订货系统作业的必备条件，通常由连锁总部（或供应商、加值网络中心）制作发行，门店得到货架卡后应放置到指定的货架上，并随时注意其位置的变动。

8）建立统一的传票。使用统一的传票有利于交易各方交换信息，这也是电子订货系统作业的基础。

9）作业人员教育训练。导入电子订货系统需要有关部门和人员的理解和支持，这就必须在导入前进行必要教育，以建立共识，同时应对直接相关的人员针对维护、操作、例外处理等问题进行训练指导。

10）导入测试。正式导入之前，除了系统本身及通讯线路的测试外，还应在门店对货架卡、订货簿、终端机等为工具进行实地测试。测试无误后，才能选定日期正式导入。

9.3.4　配送需求计划

1. 配送需求计划的定义

配送需求计划（distribution requirement planning，DRP）是一种复杂的计划方法，它要考虑多个配送阶段以及各阶段的特点。配送需求计划在逻辑上是物料需求计划的扩展，但这两种技术之间存在着一个根本性的差异：物料需求计划是由企业制定和控制的生产计划所确定的；而配送需求计划则是由顾客需求引导的，企业无法加以控制。所以，物料需求计划通常是在一种相互需求的情况下运作的，而配送需求计划则是在一种独立的环境下运作，由不确定的顾客需求来确定存货需求。制造需求计划的构成需要协调从材料到制成品之间的计划和综合。因此，物料需求计划在制造或装配完成之前就一直控制着存货。一旦在工厂仓库中接收了制成品后配送需求计划马上就承担了协调的责任。

2. 配送需求计划的优缺点

（1）优点

1）营销上的好处：①改善了服务水准，保证了准时递送和减少了顾客的抱怨；

②更有效地改善了促销计划和新产品引入计划；③提高了预计短缺的能力，使营销努力不花费在低储备的产品上；④改善了与其他企业功能的协调，因为配送需求计划有助于共用一套计划数字；⑤提高了向顾客提供协调存货管理服务的能力。

2）物流上的好处：①由于协调装运，降低了配送中心的运输费用；②因为配送需求计划能够准确地确定何时需要何种产品，降低了存货水平；③因存货减少，使仓库的空间需求也减少了；④由于延交订货现象的减少，降低了顾客的运输成本；⑤改善了物流与制造之间的存货可视性和协调性；⑥提高了预算能力，因为配送需求计划能够在多计划远景下有效地模拟存货和运输需求。

（2）缺点

1）存货计划系统需要每一个配送中心精确的、经过协调的预测数。该预测数对于指导货物在整个配送渠道的流动是必需的。在任何情况下，使用预测数去指导存货计划系统时，预测误差就有可能成为一个重大问题。

2）存货计划要求配送设施之间的运输具有固定而又可靠的完成周期，而完成周期的不确定因素则会降低系统的效力。

3）由于生产故障或递送延迟，综合计划常易遭受系统紧张的影响或频繁改动时间表的影响。

9.3.5　销售时点信息系统

销售时点信息系统（point of sale，POS）是指通过自动读取设备在销售商品时直接读取商品销售信息，如商品名、单价、销售数量、销售时间、购买顾客等，并通过通讯网络和计算机系统传送至有关部门进行分析以提高经营效率的系统。销售时点信息系统最早应用于零售业，以后逐渐扩展到其他领域如金融、旅馆等服务性行业，销售时点信息系统的应用范围也从企业内部扩展到整个供应链。

1. 销售时点信息系统的作用

1）营业额及利润增长。

2）节约人力、物力。

3）缩短资金流动周期。

4）提高企业的经营管理水平。

5）提高企业信息面、管理面和企业内部稽核面上的效率。

2. 销售时点信息系统的软件结构

销售时点信息系统的软件结构如图9.10所示。

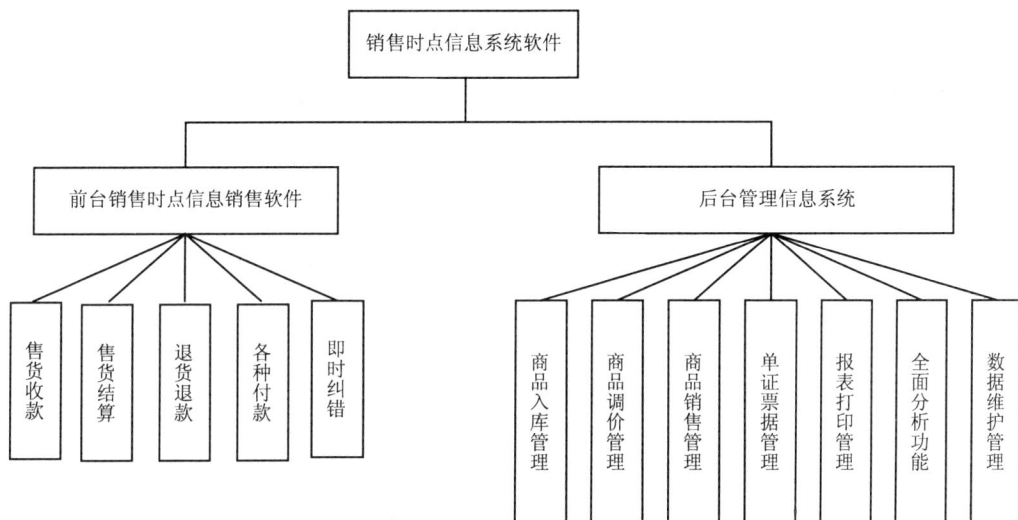

图 9.10　销售时点信息系统的软件结构

3. 销售时点信息系统的运行流程

1）条形码识别。

2）消费金额和总价确认。

3）信用卡刷卡。

4）输入密码。

5）建立数据传输。

6）打印凭条。

7）信息回流物流中心。

8）信息反馈后，做出相应的调整。

9）信息管理，制定计划。

相关作业

【作业一】

讨论：比较有效客户反应与快速响应的异同。

【作业二】

思考：分析快速响应策略成功的根本原因。

【作业三】

讨论：与利用键盘、人工录入订单相比，使用条形码和扫描仪录入订单有何优势？有何劣势？

【案例实践1】

美国某家冰箱生产商的物流经理受命建立公司的物流信息系统，你将怎样回答他的以下问题？如果你是这个经理，你将如何建立呢？

1）我能从信息系统中得到什么类型的信息？我从哪里可到这些信息？

2）我需要在计算机数据库中保留哪些内容？多余的数据如何处理？

3）该信息系统能帮我解决什么类型的决策问题？

4）处理这些问题，需要用到哪些分析方法？

5）系统的建设需要配备什么样的工作人员？

6）系统实施有无特别要求？

【案例实践2】

去附近超市调研该超市的销售时点信息系统及运作。

9.4 基于电子商务的供应链管理

学习目标

- 了解电子商务；
- 熟悉电子商务的应用；
- 了解电子商务下的供应链管理的优势；
- 掌握电子商务应用的主要技术手段。

案例导入

看上海贝尔电子商务的供应链管理

1. 上海贝尔面临的供应链管理问题

中比合资的上海贝尔有限公司成立于1984年，是中国现代通信产业的支柱企业，连续名列全国最大外商投资企业和电子信息百强前茅。公司总注册资本 12 050 万美元，总资产 142 亿元，现有员工 4000 多人，平均年龄 29 岁，72%以上的员工具有大学本科以上学历，拥有硕士和博士生 500 余名，其中科研开发人员占员工总数的 40%。2000 年，公司实现销售收入 108 亿元。

上海贝尔拥有国家级企业技术中心，在通信网络及其应用的多个领域具有国际先进水平。17 年来，公司建立了覆盖全国和海外的营销服务网络，建成了世界水平的通讯产品制造平台。公司的产品结构主要由两部分构成：①传统产品，指 S12 系列程控交换机系列；②新产品，相对 S12 产品而言，由移动、数据、接入和终端产品构成；产值比例约为 8:2。

上海贝尔企业内部的供应链建设状况尚可，例如，有良好的内部信息基础设施、ERP 系统、流程和职责相对明晰。但上海贝尔与外部供应链资源的集成状况不佳，很大程度上依然是传统的运作管理模式，而并没真正面向整个系统开展供应链管理。从 1999 年始，全球 IT 产品市场需求出现爆发性增长，但基础的元器件材料供应没及时跟上，众多 IT 行业厂商纷纷争夺材料资源，同时出现设备交货延迟等现象。由于上海贝尔在供应链管理的快速反应、柔性化调整和系统内外响应力度上有所不够，一些材料不成套，材料库存积压，许多产品的合同履约率极低，如 2000 年上半年普遍履约率低于 70%，有的产品如 ISDN 终端产品履约率不超过 50%。客观现状的不理想迫使公司对供应链管理进行改革。

2. 上海贝尔的电子商务供应链管理战略

电子商务是一种未来企业提高国际竞争力和拓展市场的有效方式，同时，它也为传统的供应链管理理论与方法带来了新的挑战。供应链管理与电子商务相结合，产生了电子商务供应链管理，其核心是高效率地管理企业的信息，帮助企业创建一条畅通于客户、企业内部和供应商之间的信息流。

上海贝尔的电子商务供应链管理战略的重点分别是供应商关系管理的 E 化、市场需求预测的 E 化、外包决策和跟踪控制的 E 化和库存管理战略的 E 化。

（1）供应商关系管理的 E 化

对上海贝尔而言，其现有供应商关系管理模式是影响开展良好供应链管理的重大障碍，需要在以下几个方面作 E 化的调整：

1）供应商的遴选标准。首先，依据企业/供应商关系管理模型对上海贝尔的需求产品和候选供应商进行彼此关系界定；其次，明确对供应商的信息化标准要求和双方信息沟通的标准，特别关注关键性材料资源供应商的信息化设施和平台情况。传统的供应商遴选标准＋分类信息标准是 E 化供应商关系管理的基础。

2）供应商的遴选方式和范围。上海贝尔作为 IT 厂商，其供应商呈现全球化的倾向，故供应商的选择应以全球为遴选范围，而充分利用电子商务手段进行遴选、评价，如：运用网上供应商招标或商务招标，一方面，可以突破原有信息的局限，另一方面，可以实现公平竞争。

（2）生产任务外包业务的 E 化

目前，IT 企业核心竞争优势不外乎技术和服务，上海贝尔未来的发展方向是提供完善的信息、通信解决方案和优良的客户服务，生产任务的逐步外包是当然选择。未来外包业务量的增大势必会加大管理和协调的难度和复杂度，需要采用电子商务技术管理和协调外包业务。

1）外包厂商的选择。除原有的产能、质量、交货等条件外，增添对其生产计划管理系统和信息基础建设的选择标准，保证日后便于开展 E 化运行和监控，如上海无线电 35 厂一直是公司的外包厂商，但其信息基础设施相对薄弱，一旦外包任务量大增，市场需求信息频繁变动，落后的信息基础设施和迟缓的信息响应，会严重影响供应链的效率。

2）外包生产计划的实时响应。上海贝尔现拥有 Intranet 和企业资源计划系统，外包厂商可借助 Internet 或专线远程接入企业资源计划管理系统的生产计划功能延伸模块，与上海贝尔实现同步化生产计划，即时响应市场、需求的变动。

（资料来源：http://club.youshang.com/viewnews-45829）

必备的理论知识

9.4.1 电子商务概述

电子商务是指通过信息网络以电子数据信息流通的方式在全世界范围内进行并完成的各种商务活动、交易活动、金融活动和相关的综合服务活动。电子商务所强调的是在计算机网络环境下的商业化应用，不仅仅是硬件和软件的结合，也不仅仅是电子商务，而是把买家、卖家、厂商和合作伙伴在 Internet 中结合起来的应用。

知识经济时代的到来，信息替代劳动力和库存成为提高生产力的主要因素，而企业用于提高决策水平的信息更多的来源于电子商务（EC）。供应商通过 EDI 给其用户发出船运通知单，通知用户什么产品将于什么时候出运，用户利用这条信息更改其库存水平。而分销商把销售点和预测信息传送给他们的供应商，供应商再根据这些信息进行计划和生产。当供应链中节点企业能很好地通过 EC 达到信息共享后，企业就可以提高生产力，提高质量，为产品提供更大的附加值。

通过 EC 的运用，能有效连接供应商、制造商、分销商和用户之间在供应链中的关系，而且在企业内部，EC 也可以改善部门之间的联系。如 Internet 加强了用户"pull"机制，使用户可以直接从供应商那里获得产品的同时，获得有用信息，而且通过 Internet，企业能以更低的成本加入到供应链联盟中。

电子商务是通过 Internet 实施交易。涉及电子商务的供应链业务包括信息流、产品流、资金流。采用电子商务的公司能够通过 Internet 实施部分或全部下列供应链业务：通过供应链传递信息；与消费者和供应商协商价格或合同；允许消费者下订单；允许消费者跟踪订单；为消费者履行订单；接受消费者的付款等。

9.4.2 电子商务的应用

电子商务的应用可以概括为"3C"，即内容管理（content management）、协同及信息（collaboration and messaging）和电子商务（electronic commerce）三个层次的应用。

内容管理是通过更好地利用信息来增加产品的品牌价值，主要体现在通信和服务方面。内容管理具体包括以下三个方面：信息的安全渠道和分布，客户信息服务，安全可靠、高效的服务。

协同及信息是指自动处理商业流程，以减少成本和开发周期。它由四个方面组成：邮件与信息共享、写作与发行、人事和内部工作管理与流程、销售自动化。

电子商务包括四个方面的具体应用：市场与售前服务，主要是通过建立主页等手段树立产品的品牌形象；销售活动，如 POS 机管理、智能目录、安全付款等；客户服务，即完成电子订单及售后服务；电子购物和电子交易。

电子商务范围广阔，涉及 LAN、Intranet 和 Internet 等领域。它利用一种前所未有的网络方式将顾客、销售商、供货商和雇员联系在一起。简而言之，电子商务系统能够将有价值的信息迅速传递给需要的人们。

9.4.3 基于电子商务的供应链管理的优势

基于电子商务的供应链管理是以顾客为中心，集成整个供应链过程，充分利用外部资源，实现快速敏捷反应，极大地降低库存水平，具有优势如下。

1. 有利于保持现有的客户关系，开拓新的客户和新的业务

基于电子商务的供应链管理直接沟通了供应链中企业与客户的联系，并且在开放的公共网络上可以与最终消费者进行直接对话，从而有利于满足客户的各种需求、保留现有客户和吸引新的客户。现代企业均把消费者奉为上帝，而消费者要求提供消费品的前置时间越短越好。为此，在电子商务技术的支持下，供应链管理通过生产企业内部、外部及流通企业的整体协作，大大缩短了产品的流通时间、加快了物流配送的速度，并将产品按消费者的需求生产出来，快速送到消费者手中。它还能使物流服务功能系列化。它在传统的储存、运输、流通加工等服务的基础上，增加了市场调查和预测、采购及订单处理、配送、物流咨询、物流解决方案的选择与规划、库存控制的策略建议等增值服务。这种快速、高质量的服务，必然会塑造企业的良好形象、提高企业的声誉、提高消费者的满意程度，使产品的市场占有率提高、消费者群剧增。

2. 有利于保持现有业务增长，提高营运绩效

通过实施基于电子商务的供应链管理，可以实现供应链系统内的各相关企业对产品

和业务电子化、网络化的管理。同时，供应链中各企业通过运用电子商务手段实现有组织、有计划的统一管理，可以减少流通环节、降低成本、缩短需求响应和市场变化时间，提高运营绩效，为客户提供全面服务，实现最大增值。根据有关资料统计，电子商务与供应链的集成管理的实施可以使企业总成本下降 10%，供应链上的节点企业按时交货率提高 15%以上，订货-生产的周期时间缩短 25%~35%，供应链上的节点企业生产率增值提高 10%以上，等等。这些数据说明，在电子商务环境下，供应链企业在不同程度上都取得了发展，其中以"订货-生产的周期时间缩短"最为明显。因此，集成化管理模式可以吸引越来越多的企业，特别是中小企业可以在集成化管理系统的支持下形成企业集群，进一步增强其竞争能力。

3. 有利于分享需要的信息，促进供应链中信息流的改善

供应链中的企业借助电子商务手段可以在 Internet 上实现部分或全部的供应链交易，有利于各企业掌握跨越整个供应链的各种有用信息，及时了解顾客的需求以及供应商的供货情况，同时也便于顾客网上订货并跟踪订货情况。

4. 可降低社会库存

传统企业中库存积压较为严重，大多数消费品供过于求。究其原因，有产业结构不合理等因素，但在很大程度上与企业供应链缺乏有效管理有关。而实施电子商务的供应链管理，可以对组成供应链的各个环节加以优化，建立良好的相互关系，减少各个环节的信息延迟，消除信息扭曲现象，促进产品需求信息的快速流通，以减少盲目生产和社会库存量，避免库存浪费和减少资金占用。以此，减少由于信息不对称造成的库存积压。

总之，基于电子商务的供应链管理能使大量分散的企业连接成一个动态的、集成的、虚拟的、全球性的供应链网络，在更大范围内搜索有关的供应商和服务商，从而降低企业的采购成本和物流成本，提高企业对市场和最终顾客需求的响应速度。

9.4.4 电子商务在供应链管理中应用的主要技术手段

1. 电子数据交换销售点和预测

电子数据交换是一种在合作伙伴企业之间交互信息的有效技术手段。它是在供应链中连接节点企业的商业应用系统的媒介。供应链环境中不确知的是最终消费者的需求，必须对最终消费者的需求做出好的预测，供应链中的需求大都来源于这种需求预测。虽然预测的方法有上百种，但通过电子数据交换预测，可以最有效地减少供应链系统的冗余性，这种冗余可能导致时间的浪费和成本的增加。通过利用预测信息，用户和供应商可以一起努力缩短订单周期（循环时间）。

2. 财务技术手段

（1）EFT（electronic funds transfer）

财务 EC 广泛应用于业务和他们的财务机构之间，用户可以通过汇款通知系统结帐，而不是通过支票。汇款通知数据包括银行账号、发票号、价格折扣和付款额，用户的财务机构将用 EFT 系统将汇款通知信息传递给供应商的财务机构，供应商的财务机构将付款确认信息传送给供应商，并收款结账，供应商则根据付款信息更改应收账款等数据。

（2）Lockboxes

另一种广泛应用的财务 EC 是 Lockboxes。用户将支票或电子付款单传送到供应商的 Lockboxes，供应商的财务机构会处理这一付款单，将付款存入供应商的账号，同时从用户的财务机构扣除此款，财务机构会通过 EDI-Lockboxes 将付款单信息传送给用户和供应商。

（3）ECR（evaluated cash receipt）

ECR 是一种有效的减少发票的技术手段。用户可以在接收到产品或服务时自动地以共同商定的单位价格付款给供应商。通过 ECR 改善现金流管理和减少纸面工作。

3. 非技术型企业的 EC

大企业不希望同时拥有具有相同功能的多个系统，所以希望通过 EC 实现商业交流的标准化，而忽略了商业伙伴的 EC 能力。没有 EC 系统的小企业，将采用 E-mail 或传真的服务实现 EC 功能。

1）E-mail：企业内部的 E-mail 系统通过 Internet 与其他企业的 E-mail 系统连接在一起，Internet E-mail 可以发送文本、图像，如 CAD 和 Word 处理的文件。

2）电子会议：在世界不同地点的人可以通过 Internet 实现实时的电子会议，可以通过 Internet Relay Chat（IRC）系统实现基于文本的讨论，Multi-User Dimension（MUD）可以用于讨论文本、高精度图像和声音（通过 WWW 客户服务器系统）。

3）电子市场营销（电子广告）：企业可以通过 Internet 在网络上发布产品和服务的促销广告，包括高精度图像、文本、声音的超文本文件等可以建立在 WWW 服务器上并连接到 Internet 上。这种广告可以被世界各地的网络客户浏览到（通过客户端浏览程序软件等）。计算机软件生产商还可把产品演示版软件挂在网络上让用户下载试用。

4）电子用户支持系统(electronic customer support)：许多企业都把最常见问题(FAQ)的解答挂在网络上，而当用户需求得到更多的信息时，用户可以把问题或需求通过 E-mail 发给企业的用户支持领域。

5）用户网上采购：在浏览企业的广告之后，用户可以通过网络进行订购。在 WWW 服务上，用户只要输入信用卡账号、名字、地址和电话号码等信息就可以直接实现网上购物，而订购信息通过网络传递到供应商服务器上，确认信息将通过 E-mail 返回给用户，同时货运通知或服务信息也将随后通过网络传递给用户。

4. 共享数据库技术

战略合作伙伴如果知道需要相互之间的某些快速更新的数据，他们将共享部分数据库。合作伙伴可以通过一定的技术手段在一定的约束条件下相互共享特定的数据库。如有邮购业务的企业将与其供应商共享运输计划数据库，准时制装配制造商将与他们的主要供应商共享生产作业计划和库存数据。

相关作业

【作业一】

讨论：零售商如何最佳利用电子商务？

【作业二】

讨论：EC 为 PC 行业带来的好处多还是为图书、百货行业带来的好处多？

【作业三】

思考：物流公司应如何更好的利用电子商务为客户服务？

【案例实践】

分析当前的亚马逊、淘宝、拍拍等网上直销，分析电子商务在我国的发展趋势，并写出分析报告。

作业展示及点评

1）分析报告的客观性。
2）分析问题是否全面，观点是否正确。
3）逻辑性。

小　　结

在信息社会环境下，信息已成为企业生存和发展的最重要资源。建立完善的、高效的面向供应链管理的新型企业信息系统，也已成为实施供应链管理的前提和保证。

本章首先分析了物流管理信息系统的特点、功能、作用以及系统构成，使得企业可以通过利用物流管理信息系统所组织的这些信息进行物流活动，协调和控制各业务子系统的正常运行。通过分析物流管理信息系统，本章接着介绍了各种类信息技术（条形码、射频识别、GIS/GPS、EDI 等技术）在供应链管理中的应用，这些信息技术的特点以及起到的各种作用。信息技术的发展，带动了整个社会的发展。信息技术是供应链管理的基础，没有信息技术的支持，供应链管理就是一句空话。利用现今的信息技术，利用高科技的支持，供应链管理出现了各种现代的管理系统，这些体系，在高新技术的平台支持下，达到了资源共享、信息管理、信息储存、信息传递等功效，为企业降低成本、提高工作效率、强化分析能力、提高决策能力等起到了重要的作用。这些管理系统，诸如 QR、ECR、EOS、DRP 等，包括电子商务的应用都为供应链管理打好了坚实的基础，也为供应链管理的成功提供了可靠、安全的保障。

学习供应链信息管理，必须掌握相关的信息技术，了解信息技术如何应用。通过国内外知名企业的现实案例分析，掌握供应链管理中的信息系统如何有效地应用，如何参与到供应链管理实践中。并通过进一步的研究分析，能够有效地利用这些技术及系统支持，针对不同的企业实施不同的管理模式。

第**10**章 供应链管理下的企业绩效评价

　　企业绩效评价在西方国家已出现多年，作为一种有效的企业监管制度，已成为市场国家监督和约束企业的重要手段。它通过定期或不定期地对企业的生产经营活动进行评估，以事实为依据，发现企业经营管理中的薄弱环节，提出改进措施和目标，使企业得以长足进步。供应链管理理论的产生和发展，使得企业之间的竞争正在演变为不同供应链之间的竞争，这也动摇了传统的针对个别企业进行绩效评价的思想和方法。全新的企业供应链管理要求各个企业必须重新设计业绩评价体系，进一步探索企业持续发展的能力，跟上时代发展的步伐。

10.1　传统企业绩效评价体系

学习目标

- 了解企业绩效评价体系；
- 了解传统企业绩效的方法；
- 掌握传统企业绩效评价的缺陷，能提出合理的改进意见。

案例导入

×××胶印厂成功进行企业绩效评价改革

　　×××胶印厂是 1981 年由当地民政部门投资建立的国有印刷福利企业，在当地同行业中居中等以上规模，是所在市新闻出版系统最大的国有印刷企业，主要从事期刊、杂志、学生用本、福利彩票、电话充值卡等的印刷业务，其中福利彩票印刷是企业的主要业务。由于彩票市场的变化，×××胶印厂彩票收入从 2001 年开始逐年下降，特别是受"西安3.25宝马体彩案"涉彩事件的影响，从2004年5月开始，由占销售收入的80%下滑至2006年的10%左右。

2006年8月，河北渣打亿隆资产管理公司接受×××胶印厂委托，对企业进行全面的绩效评价。

接受委托后，渣打亿隆组织专家组，对该厂的发展状况、财务状况、经营状况、管理状况、行业状况，以及企业的体制、机制进行了全面、深入、详尽的调查、评价和分析。在此基础上，提出了"加快企业产权改革，建立现代企业制度；吸引社会资本，加快技术改造；认清市场形势，制定中长期战略规划；转换经营机制，培育企业核心竞争力；积极拓展市场空间，增强企业创收能力"的绩效评价方案。

×××胶印厂管理层及政府主管部门对渣打亿隆的绩效评价工作给予高度评价，对专家组提出的发展建议非常认同。在绩效评价报告得到企业认同的基础上，×××胶印厂继续委托渣打亿隆作为其咨询顾问，为其企业改制、战略规划、内部管理提供后续服务。

目前，企业已经改制成为×××市新××胶印有限公司，公司以全新的面貌在国内同行业崭露头角。

（资料来源：http://www.sdel.cn/shownews.asp?id=246/&tname=%B3%C9%A6%BO%B8%CO%FD）

必备的理论知识

10.1.1 企业绩效评价体系

企业绩效评价体系是指由一系列与绩效评价相关的评价制度、评价指标体系、评价方法、评价标准以及评价机构等形成的有机整体。企业绩效评价体系由绩效评价制度体系、绩效评价组织体系和绩效评价指标体系三个了体系组成。

企业绩效评价体系的科学性、实用性和可操作性是实现对企业绩效客观、公正评价的前提。企业绩效评价体系的设计遵循了"内容全面、方法科学、制度规范、客观公正、操作简便、适应性广"的基本原则。评价体系本身还需要随着经济环境的不断变化而不断发展完善，并随着企业自身情况的不同而不同。

10.1.2 传统企业绩效评价的方法及其局限性

1. 杜邦财务分析体系

杜邦财务分析体系是一种因素分析法，一经问世便风行世界，为通用、松下等众多大型企业竞相采用，并在以后几十年中成为普遍使用的企业业绩评价系统。但杜邦分析体系就财务论财务，对企业绩效评价和考核没有深入到经营管理的过程中去，不能全面、动态地反映过程中的问题，也不能与企业的战略目标及战略管理手段实现有机融合。另外，由于所产生时代的局限，杜邦体系是一种重视内部经营管理、忽视外部市场的分析考核体系。

2. 平衡计分卡

平衡计分卡被称作 20 世纪 90 年代最重要的管理会计创新，是针对杜邦体系的缺陷而设计的一种替代指标体系。它包括表明过去行动结果的财务指标，同时用顾客满意度、企业内部运行、组织的创新和学习等方面的业务指标反映未来财务业绩的动因，以补充财务指标，同时从多个方面对企业的业绩进行测评。

平衡记分卡首先是战略管理系统，其次才是业绩评价系统，业绩评价是建立在战略管理与日常管理基础之上的，因此如果企业的管理水平尚未达到这一要求，就不能使用这一方法。此外其评价体系没有对股东、雇员、顾客以外的利益相关者予以足够的重视。

3. 国有资本金绩效评价体系

我国的《国有资本金效绩评估规则》和《企业资本金效绩评估操作细则》，是一套较以往相对完善的国有资本金效绩评估系统，首次把企业的整体素质、内部控制、公众形象、未来潜力四个方面的非财务指标纳入业绩评估系统，并将工商类竞争性企业绩效评估指标体系分为三个层次，还对指标采取了综合评分的方法。该体系的推出和实施，标志着新型企业绩效评估体系和评估制度在中国的初步建立。但该体系也没有将企业对雇员、顾客以外的利益相关者纳入绩效考评。

4. 经济增加值

经济增加值克服了传统指标的上述缺陷，比较准确地反映了企业在一定时期内为股东创造的价值，整个经济增加值系统的目的就是以价值驱动力和资本成本为中心，确定发放激励薪酬的基础并达成企业内部以及与投资者的良好沟通；应用经济增加值不但符合企业的长期发展利益，而且也符合知识经济时代的要求。

但经济增加值就其性质而言仍属财务业绩的综合性评价指标，以其为中心的业绩评价系统具有如下缺点：

1）只能对全要素生产过程的结果进行反映，过于综合，不利于指导具体的管理行为。

2）侧重于财务战略，忽视了对战略过程进行评价，容易削弱企业创造长期财富的能力。

3）针对性不强，不能指出具体的非财务业绩动因以及解决问题的方向。

4）没有充分考虑相关的无形资产和智力资本的使用情况及其业绩评价。

10.1.3 传统企业绩效评价体系的缺点

1）传统绩效评价体系偏重于企业内部评价，忽视了外部环境的变化。在供给链治理环境下强调的是跟合作伙伴建立长期的战略伙伴关系，这种战略的制定必须以周详的环境分析为前提，没有对内外新环境的正确评价，企业很难发现自己的相对优势和缺点，难以在长期竞争中确立这种战略关系。

2）传统的绩效评价体系是对过去活动结果的短期财务衡量。由于传统的绩效评价体系过分地重视获取和维持短期财务结果，助长了企业经营者急功近利思想和短期投机行为。在供给链治理环境下要求的却是企业经营者具有长远战略眼光。

3）传统企业绩效评价指标侧重于单个企业，评价的对象是某个具体企业或其内部的职能部门的绩效，而不注重供给链整体绩效的衡量。各个企业或职能部门只重视改善自己的绩效，以确保其目标的完成，而很少关心其他企业和部门的目标的达成会不会对供给链中其他成员造成影响，这必然会导致供给链运行效率低下。

4）现行企业绩效评价体系不能对供给链进行适时评价和分析，而是侧重于事后分析，因此当发现偏差时，偏差已经成为事实，且危害和损失已经造成，并且往往很难补救。

想一想：
　传统企业绩效评价的优点是什么？

相关作业

【作业一】

列表分析传统企业绩效评价方法及其局限性。

【作业二】

企业绩效评价有哪些意义？

【案例实践】

1）请分析案例导入中，河北渣打亿隆资产有限公司是如何帮助×××胶印厂制定绩效改革方案的？

2）结合本市某公司（或本校）的绩效评价制度分析其局限性并尝试提出改进意见。

10.2　供应链下的企业绩效评价体系

学习目标

- 了解企业绩效评价体系构建原则；
- 掌握企业绩效评价指标体系；
- 了解供应链绩效评价的作用；
- 掌握供应链绩效评价如何实施。

案例导入

弗莱克斯特罗尼克斯国际公司成功实施供应链绩效评价

电子制造服务（EMS）提供商弗莱克斯特罗尼克斯国际公司两年前便面临着一个既充满机遇又充满挑战的市场环境。弗莱克斯尼克斯公司面临的境遇不是罕见的。事实上，许多其他行业的公司都在它们的供应链中面临着同样的问题。很多岌岌可危的问题存在于供应链的方方面面——采购、制造、分销、物流、设计、融资等。

供应链绩效控制的传统方法

惠普、3COM、诺基亚等高科技原始设备制造商（OEM）出现的外包趋势，来自电子制造服务业的订单却在减少，同时，弗莱克斯特罗尼克斯受到来自制造成本和直接材料成本大幅度缩减的压力。供应链绩效控制变得日益重要起来。

与其他公司一样，弗莱克斯特罗尼克斯首要的业务规则是改善交易流程和数据存储。通过安装交易性应用软件，企业同样能快速减少数据冗余和错误。比如，产品和品质数据能够通过订单获得，并且和库存状况及消费者账单信息保持一致。第二个规则是将诸如采购、车间控制、仓库管理和物流等操作流程规范化、流程化。这主要是通过供应链实施软件诸如仓库管理系统等实现的，分销中心能使用这些软件接受、选取和运送订单货物。

供应链绩效管理周期

弗莱克斯特罗尼克斯实施供应链绩效管理带给业界很多启示：供应链绩效管理有许多基本的原则，可以避免传统方法的缺陷；交叉性功能平衡指标是必要的，但不是充分的。供应链绩效管理应该是一个周期，它包括确定问题、明确根本原因、以正确的行动对问题做出反应、连续确认处于风险中的数据、流程和行动。

弗莱克斯特罗尼克斯公司认为，定义关键绩效指标、异常条件和当环境发生变化时更新这些定义的能力是任何供应链绩效管理系统是令人满意的一大特征。一旦异常情况被确认了，使用这需要知道潜在的根本原因，可采取的行动的选择路线，以及这种可选择行为的影响。以正确的行动对异常的绩效做出快速的响应是必要的。但是，一旦响应已经确定，只有无缝的、及时的实施这些响应，公司才能取得绩效的改进。这些响应应该是备有文件证明的，系统根据数据和信息发生以及异常绩效的解决做出不断地更新、调整。响应性行动导致了对异常、企业规则、业务流程的重新定义。因此，周期中连续地确认和更新流程是必要的。

在统计流程控制中，最大的挑战往往是失控情形的根本原因的确认。当确认异常时，对此的管理需要能确认这些异常的根本原因。供应链绩效管理应该也能在适当的位置上支持理解和诊断任务。这允许管理迅速重新得到相关的数据，相应地合计或者分解数据，按空间或者时间将数据分类。

成功的例子

弗莱克斯特罗尼克斯公司的成功，确认了供应链绩效管理作为供应链管理的基础性概念和实践的力量和重要性。

弗莱克斯特罗尼克斯使用了供应链绩效管理的方法，使它能确认邮政汇票的异常情况，了解根本原因和潜在的选择，采取行动更换供应商、缩减过度成本、利用谈判的力量。绩效管理的方法包括了实施基于 Web 的软件系统加速供应链绩效管理的周期。弗莱克斯特罗尼克斯在 8 个月的"实施存活期"中节约了几百亿美元，最终在第一年产生了巨大的投资回报。供应链绩效管理周期使弗莱克斯特罗尼克斯获得这样的结果。

识别异常绩效，弗莱克斯特罗尼克斯系统根据邮政汇票信息连续比较了合同条款和被认可的卖主名单。如果卖主不适战略性的或者订单价格是在合同价格之上的，系统就提醒买方。而且，如果邮政汇票价格是在合同价格之下的，系统就提醒货物管理人员可能的成本解决机会。向接近 300 个使用者传递的邮件通告包含详细绩效信息的 Web 链接和异常情况的总结。

弗莱克斯特罗尼克斯管理人员随后使用系统了解问题和选择方案。他们评价异常情况并且决定是否重新谈判价格，考虑备选资源或者调整基于业务需求的不一致。同样，采购经理分析市场状况、计算费用，然后通过商品和卖主区分成本解决的优先次序。在供应链绩效管理周期开始之前或者周期进行中，弗莱克斯特罗尼克斯确认数据、流程和行动的有效性。当实施它们的绩效系统时，弗莱克斯特罗尼克斯建立指标和界限，并且也保证数据的质量和合时性。使用绩效管理系统，弗莱克斯特罗尼克斯已经能通过资本化各种机会节约成本并获得竞争优势。

（资料来源：http://www.chinawuliu.com.cn/cflp/newss/content1/200910/767-30620.html）

必备的理论知识

供应链绩效评价是指围绕供应链的目标，对供应链整体、各环节（尤其是核心企业运营状况以及各环节之间的运营关系等）所进行的事前、事中和事后分析评价。评价供应链的绩效，是对整个供应链的整体运行绩效、供应链节点企业、供应链上的节点企业之间的合作关系所做出的评价。因此，供应链绩效评价指标是基于业务流程的绩效评价指标。

供应链绩效评价是供应链管理的重要内容，对于衡量供应链目标的实现程度及提供经营决策支持都具有十分重要的意义。

10.2.1 以供应链管理理论为依托的企业绩效评价指标体系的构建原则

随着供应链管理理论的不断发展和供应链实践的不断深入，为了科学、客观地反映供应链的运营情况，应该考虑建立与之相适应的供应链绩效评价方法，并确定相应的绩效评价指标体系。反映供应链绩效的评价指标有其自身的特点，其内容比现行的企业评价指标更为广泛，它不仅仅代替会计数据，同时还提出一些方法来测定供应链的上游企业是否有能力及时满足下游企业或市场的需求。在实际操作上，为了建立能有效评价供应链绩效的指标体系，应遵循如下原则：

1）对关键绩效评价指标进行重点分析。

2）应重视对供应链业务流程的动态评价，而不仅仅是对静态经营结果的考核衡量。

3）评价指标应能反映整个供应链的运营情况，而不是仅仅反映单个节点企业的运营情况。

4）要能反映供应链各节点部门之间的关系，注重相互间的利益相关性。

5）定性衡量和定量衡量相结合，内部评价和外部评价相结合，并注意相互间的协调。

6）重视对企业长期利益和长远发展潜力的评价。

10.2.2 供应链企业绩效评价指标体系

供应链企业绩效评价指标应该能够恰当地反映供应链整体运营状况以及上下节点企业之间的运营关系。评价供应链运行绩效的指标，要综合考虑节点企业的运营绩效及其对其上层节点企业和整个供应链的影响。

1. 内部绩效评价指标

内部绩效评价指标主要是对供应链上的单个企业内部的绩效进行评价，这与现行的对单个企业的绩效评价指标区别不大。常见的指标有三大类，即基本指标、修正指标和评议指标。其中基本指标是评价企业绩效的基础性指标，用于实现企业绩效的初步评价，包括净资产收益率、总资产周转率、销售增长率等具体指标；修正指标是对基本指标评价后所形成的初步评价结果进行修正，目的是形成较为全面的企业绩效评价基本结果，包括库存周转率、应收账款周转率、主营业务利润率等具体指标；评议指标是用于评价资产经营及管理状况等方面的非定量因素，是对定量指标的综合补充，包括经营者基本素质、发展创新能力、在岗员工素质、综合社会贡献等具体指标。

2. 外部绩效评价指标

外部绩效评价指标主要是对供应链上的上下游企业之间的运行状况进行评价。在供应链的上、下游企业之间，可依次都视同购销关系，下游企业可看成是上游企业的用户，而上游企业可看成是下游企业的供应商。因而，在相邻的上、下游企业之间，可采用让下游企业来评价上游企业的办法来进行绩效评价。主要指标如下：

1）产需率指标。指一定时间内，下游企业（或用户）对产品的需求量与其上游企业已经生产的产品数量的比值。

该指标反映上、下游企业间的供需关系。产需率越接近 1，说明上、下游供应链企业间供需关系协调，准时交货率高；反之，则说明上游企业准时交货率低，企业综合管理水平较低。

2）准时交货率。准时交货率是指上游供应商在一定时间内准时交货的次数占其总交货次数的百分比。

供应商准时交货率低，说明其协作配套的生产能力达不到要求，或者是对生产过程的组织管理跟不上供应链运行的要求；供应商准时交货率高，说明其生产能力强，生产管理水平高。

3）供应链产品出产循环期。供应链产品出产循环期一般是指供应链企业混流生产线上同一种产品的出产间隔期。当供应链企业生产的产品为单一产品时，供应链产品出产循环期是指产品的出产节拍；当供应链企业生产的产品品种较多时，供应链产品出产循环期是指混流生产线上同一种产品的出产间隔。该循环周期反映供应链企业库存水平及对其下游企业需求的响应速度，该循环期越短，说明该供应链企业的库存费用越低，对其下游企业需求响应速度越快。

4）用户满意度指标。满意度指标是反映供应链上、下游企业之间关系的绩效评价指标，即在一定时间内下游供应商对其相邻上游供应商的综合满意程度。其表达式为

满意度（M）＝α×供应商准时交货率＋β×（对产品的期望价格/真实价格）
＋γ×供应商产品质量合格率（其中 α、β、γ 为权数，且 $\alpha+\beta+\gamma=1$）

在满意度指标中，准时交货率在前面已经提及，这里就不作论述。如果产品的真实价格相对于客户所期待的价格越小，说明用户对这种产品越加满意，跟供应商的合作就会越长久和紧密。产品质量合格率就越高，说明供应商提供产品的质量稳定或质量高，用户对产品的满意度就越高，上下游企业的合作就越协调。

通过满意度指标能评价不同供应商的运营绩效以及这些不同的运营绩效对其的影响。满意度指标值低，说明该供应商的运营绩效差，生产能力和管理水平低，并且影响下游供应商的正常运行，从而也对整个供应链产生不良的影响。

3. 供应链整体绩效评价指标

现在企业之间的竞争是供应链与供应链的竞争，这就引起人们对供应链总体绩效和效率的日益重视，要求提供能从总体上透视供应链运作绩效的评价指标。反映整个供应链运营绩效的评价指标如下：

1）产销率。指在一定时间内供应链已销售产品与已生产产品的比值。

该指标反映供应链资源的有效利用程度。产销率越接近 1，说明资源利用程度越高。同时该指标还反映了供应链库存水平和产品质量，其值越接近 1，说明供应链产品库存小，产品质量也高。

2）新产品开发率。指在一定时间内供应链企业已研究的新产品与已有产品总数的比值。

该指标反映供应链的产品创新能力。该指标值越大，说明供应链整体产品创新能力和快速响应市场能力越强，具有旺盛和持久的生命力。

3）专利技术拥有比例。指在一定时间内供应链企业拥有的专利技术数量与全行业拥有的专利技术总数的比值。

该指标反映供应链的核心竞争能力。该指标值越大，说明供应链整体技术水准高，核心竞争能力强，其产品不能轻易被竞争对手所模仿。

4）供应链总运营成本指标。可反映供应链运营的效率。供应链总运营成本由以下部分组成：供应链通讯成本；包括各成员企业间的通讯费用、如 EDI、Internet 的建设和使用费；供应链信息共享开发和维护费用等。

5）供应链总库存成本。包括各成员企业在制品库存和成品库存费用，及在途产品的各项库存费用。

供应链各成员企业内运输总费用。各节点企业外部运输总费用等于供应链所有节点企业之间运输费用总和。

供应链总运营成本越低，反映在供应链产品中的成本也就越低，那么供应链产品的利润率就高，说明供应链的运营越有效率，从而供应链之间的竞争中越具有竞争力。

此外通过上述指标计算或评估出来的评价实际指标，必须与一定的标准值对比才能判断经营绩效的好坏，因此选择评价指标的标准便成为一个十分重要的问题。选择什么样的评价基准主要取决于不同的目的。

10.2.3　供应链绩效评价指标的作用

为了能评价供应链的实施给企业群体带来的效益，方法之一就是对供应链的运行状况进行必要的度量，并根据度量结果对供应链的运行绩效进行评价。因此，供应链绩效评价主要有以下 4 个方面的作用。

1）用于对整个供应链的运行效果做出评价。主要考虑供应链与供应链间的竞争，为供应链在市场中的存在（生存）、组建、运行和撤销的决策提供必要的客观依据。目的是通过绩效评价而获得对整个供应链的运行状况的了解，找出供应链运作方面的不足，及时采取措施予以纠正。

2）用于对供应链上各个成员企业做出评价。主要考虑供应链对其成员企业的激励，吸引企业加盟，剔除不良企业。

3）用于对供应链内企业与企业之间的合作关系做出评价。主要考察供应链的上游企业（如供应商）对下游企业（如制造商）提供的产品和服务的质量，从用户满意度的角度评价上、下游企业之间的合作伙伴关系的好坏。

4）除对供应链企业运作绩效的评价外，这些指标还可起到对企业的激励的作用，包括核心企业对非核心企业的激励，也包括供应商、制造商和销售商之间的相互激励。

10.2.4 评估供应链绩效的步骤

1. 了解目前营运的流程现况

在一个稳定的市场，绩效评估的衡量指标或许可以一成不变的年年使用。可是在一个快速变动的高度竞争市场中，依样画葫芦的结果却可能导致错误的资讯引用而不自知。所以，对供应链的何时以及如何的变化随时保持高度的警戒，并且了解这些变化对绩效评估有那些影响就变得非常的重要。

了解目前营运现况的第一步就是找出其中主要关键的供应链，流程图在这里是一个很有用的工具。从宏观的角度来看，主要的供应链过程都会包括采购、购料、制造过程以及配送，而供应链的结构则有供应商、工厂、仓库以及顾客）四大主要范围。而所谓关键的供应链则有其特色，不是制造过程复杂冗长，便是属于关键原料或零部件交期长且不易控制。透过一般公司内部的标准作业流程，都可以大致找出这些关键的供应链。以通用汽车备品零件部门为例，便是透过策略计划部门、设施工程部门以及第三者物流管理的协助来完成。

想一想：

了解营运状况主要是指了解哪些方面？

只有彻底了解目前营运的过程现况以及关键供应链，才能从供应链中成员彼此间的互动关系来发现那些绩效评估是真正重要的，并且也同时能发觉到一些改进的机会。当供应链越大越复杂时，就越有必要了解其运作流程的细节。

2. 确认影响公司生意的重要因素

组织的价值可从公司的远景及任务的说明中得知。列出现行的绩效评估衡量指标，这包括品质、成本、回应效率等，然后找出与关键供应链每一成员间的关系。公司的高层必须明确主要的业务，并且决定那些部分是必须被衡量的指标，而且绝对必要的。不过，我们经常会犯的错误是使用由下往上的方式搜集了所有现行的报告，便假设这些就是重要的信息，不然就不会有这些报告了。但是，往往这却与公司高层所看的角度有很大的出入，通常会发现有许多指标是没有必要存在的。

3. 弄清楚谁使用何种衡量指标以及为什么使用

好的衡量指标不仅能帮助管理者做出正确的决策，更能帮助公司各个阶层人员进行改善与创新思维，所以衡量指标必须根据不同的使用者而异。因为当收到衡量指标后，便根据此一信息来采取适当的行动，比方说指标显示产品运交至顾客的速度呈现下滑现象，则需采取改进措施来加速运交的速度。否则，衡量指标便毫无意义可言，衡量指标在不同的阶层有其不同的意义。

"营运衡量指标"通常是提供给作业员衡量其作业绩效的好坏。比方说，生产力的指标则着重在作业员每一小时的有效产出，而每日的现场订单报告则是另一种衡量指标。营运衡量指标所选取的时区较短，可能是每小时或是每日。主要的使用对象为作业员、办事员以及那些直接经手产品与顾客接触的人员。

"战术衡量指标"衡量了公司的基本战术是否能达成所计划的目标，所选取的衡量时区较营运衡量指标长，在战术衡量指标下所衡量的生产力则代表了一个部门所有作业员生产力的总和，而非衡量单一作业员，衡量的时区可能是一个班或一周。

"策略衡量指标"是用来提供决策阶层衡量公司那些优先策略的工具，此时所衡量的生产力则在整个工厂长期在生产力的变化，通常策略衡量指标所衡量的是一个月、一整年的绩效。

4. 跟上变动的脚步

不断变动的供应链需要不断更新的绩效评估衡量指标。尤其在全球化运筹的公司，营运指标、战术指标与策略指标必须同时被衡量，才能真实的显现整体供应链的绩效全貌。所有的指标设计都必须基于一个基本的观念，那就是"满足最终使用者的需求"。由于使用者的需求不断在改变，衡量供应链的指标也必须随时做适当的调整。而供应链中的每一成员表现的好坏，则端视如何有效的衡量其绩效。

相关作业

【作业一】

思考：供应链绩效评价体系的难点和不足。

【作业二】

分析：与传统企业管理绩效评价体系相比，供应链绩效管理评价体系有哪些优点？

【案例实践】

分析案例中弗莱克斯特罗尼克斯国际公司如何成功实施供应链绩效评价系统。

10.3 供应链企业激励机制

学习目标

- 认识供应链企业激励机制；
- 了解供应链企业激励机制的特点；
- 明确供应链企业激励机制的模式，能够运用。

案例导入

光明乳业的品牌危机

2005 年，光明乳业经历了一场严峻的品牌危机。6 月，郑州子公司、杭州生产基地分别爆出"过期奶"，"早产奶"丑闻。光明乳业市场销量受到严重打击。范博宏教授认为，不合理的管理层薪酬制度在一定程度上，诱发了品牌危机的产生。

范博宏教授介绍，光明乳业 2002 上市时即设立管理层激励基金，专项用于公司管理层激励。2004 年，光明乳业使用管理层激励基金，统一从二级市场购买流通股，作为对高管完成关键经营指标的激励。以年报公布前一天收盘价 6.28 元计算，以总经理王佳芬为核心的 4 位最高层高管股票市值超过 563 万元。在股权激励方案的刺激下，光明乳业的销售额和利润均持续增长，同时也带来一些其他的效应。企业不断扩张，不断并购一系列控股子公司，2003 年光明乳业新增控股子公司 17 家。2004 年又新增5 家。正是在似乎前途一片光明之时，一系列问题奶事件曝光了，光明乳业陷入了前所未有的危机。这一切是怎么产生的呢？

光明乳业的品牌危机同其股权激励方案先天性的不足密切相关。范博宏教授指出：股权激励方案漏洞太多，激励成本太高。它只是一个高管激励方案，而非整个管理层的持股激励。享受到股权激励好处的仅限于最高层少数元老级人物，企业中层管理者等其他管理层人员被排斥在外。

范博宏教授指出：光明乳业对于子公司的激励机制非常有害于公司整体发展。子公司众多的子公司经理人员要么没有任何股权，要么仅持有自己子公司股权。子公司自己的激励方案，往往跟母公司的总体目标背道而驰。光明乳业良好品牌恰如一块公共用地，对于子公司来说是免费的。

子公司拼命扩大销售和产出，因为无需负担任何品牌损失的成本，所以大家都并不在乎砸牌子，都有一种"赚了归自己，砸了光明亏"的赌博心态，最终必然酿成大祸。

　　协调股东与管理层的利益、使之密切联系并趋于一致，是一项根本性的挑战。范博宏教授强调：高管薪酬结构是否合理是处理这一挑战至关重要的手段。股权激励是一把双刃剑，恰当使用可令管理层同股东利益一致最大化，若被滥用或者歪曲则会令企业遭受重大损失。

（资料来源：http://empacc.snai.edu/comtent.asp?id=574）

📖 必备的理论知识

10.3.1　供应链企业激励机制概述

　　为什么要建立供应链企业的激励机制？要回答这个问题，不妨从一个实际例子谈起。某一大型汽车制造商为了促进其生产的汽车在市场上的销售，向分销商提出了一个促销的激励措施。公司规定，只要经销商的销售额达到一定数额，年底时制造商将付给经销商一笔奖励资金。同时，为了帮助经销商，制造商出面与银行签订了分期付款的协议。此举推行下去之后，曾出现一阵销售热潮，库存量明显下降。但是，到年底一算账，制造商才发现有问题。原来，经销商为了扩大销售业绩，纷纷下调价格出售汽车。结果，汽车卖出去不少，经销商也得到了实惠，但是制造商则损失惨重。制造商不得不承受低价销售的损失，使本来就步履艰难的生产经营活动更加雪上加霜。于是，制造商不得不检讨该项措施的失误，第二年重新制定新的促销战略。

　　这个例子说明，制造商的出发点是激励经销商多卖汽车，希望在给自己带来效益的同时，经销商也能获得一定利益。但是，事与愿违，此激励措施不但没有发挥正常作用，反而给企业造成一定的损失。

　　导致出现这种情况的原因当然是多种多样的，其中之一就是在实现委托-代理过程中的风险所造成的。委托-代理过程中的风险有多种表现形式，其中最为常见的是不完全信息下决策的风险、代理人的道德风险等。供应链企业间的关系实际上是一种委托-代理关系。事实上就是居于信息优势与处于信息劣势的市场参加者之间的互相关系。委托-代理过程中的风险由多种表现形式，其中最为常见的是不完全信息下决策的风险、代理人的道德风险等。由于信息非对称条件下执行的，就难免出现道德风险问题。产生道德风险的原因之一在于代理人拥有私有信息，这从道德风险对策环境中看得很清楚：委托人与代理人签订合同时，双方所掌握的信息是相互对称的（至少双方都认为他们自己已经掌握了对方了解的信息）。然而，建立委托-代理关系后，委托人无法观察到代理人某些私有信息，特别是代理人的努力程度方面的信息，在这种情况下，代理人可能会利用其私有信息采取某些损害委托人利益的行动。为了克服道德风险带来的危害，委托-代理理论普遍发展了以合作和分担风险概念为中心的信息激励机制理论。

对于委托人来讲，只有使代理人行动效用最大化，才能使其自身利益最大化。然而，要使代理人采取效用最大化行动，必须对代理人的工作进行有效的激励。因此，委托人与代理人，即制造商和供应商或制造商和经销商之间的利益协调关系，就转化为信息激励机制的设计问题。所以说，如何设计出对供应链上的各个节点企业的激励机制，对保证供应链的整体利益是非常重要的。

10.3.2 供应链企业激励机制的特点

激励机制并不是一个新话题。在组织行为学中就专门讨论激励问题，在委托-代理理论中也研究激励问题。这里我们将激励的概念和范围扩大到了整个供应链及其相关企业上，从广义的激励角度研究供应链管理环境下的激励和激励机制的建立问题。

根据组织行为学的基本观点，一个人的工作成绩可以用公式表示为：工作成绩=f（能力×动机），即一个人工作成绩的好坏，既取决于人的能力，也取决于人的动机。如果一个人的积极性被调动起来，即动机被激发，那么他取得的成绩就大。美国哈佛大学心理学家威廉·詹姆士（William James）在对职工的激励研究中发现按时计酬的职工仅能发挥其能力的20%～30%，如果受到充分激励则可以达到80%～90%，也就是说，同样一个人在通过充分激励后所发挥的作用相当于激励前的3～4倍。它反映的是这样一个问题：在现代企业中，人们往往不是不会做，而是不积极地去做。因此企业管理重要问题之一是调动职工的工作积极性，而职工积极性是与个人需要和动机相联系，是由动机推动的。可以说，影响积极性的基本因素是人的需要和动机。我们应该明确这样一个观点：人人有待激励，人人可以激励。只有了解人的需要和动机的规律性，才能预测、引导和控制人的行为，才能达到激励职工、调动职工积极性的目的。这就是"需要-动机-行为-目标"激励模式。

从供应链的委托-代理特征去理解，所谓激励，就是委托人拥有一个价值标准，或一项社会福利目标，这些标准或目标可以是最小个人成本或社会成本约束下的最大预期效用，也可以是某种意义上的最优资源配置，或个人的理性配置集合。现在，委托人希望能够达到这些目标，那么，委托人应该制定什么样的规则，使其他市场参与者（代理人）都能够使利己行为的最后结果与委托人给出的标准一致呢？更进一步地分析，激励就是委托人如何使代理人在选择或不选择委托人标准或目标时，从自身利益效用最大化出发，自愿或不得不选择与委托人标准或目标一致的行动。由于每个经济模型都是一个机制，因此，设计激励机制必然要求既定模型应符合参与约束和激励相容约束。

激励是一个心理学范畴，在管理学的应用中，对激励的研究一般限于个人行为的范围。供应链激励因其对象包括团体（供应链和企业）和个人（管理人员和一般员工）两

想一想：
供应链企业激励的对象有哪些？

部分而将研究范围扩大为个人的心理和团体的心理。一般地讲，供应链涵盖的社会范围很大，具有社会性，供应链的团体心理即是社会心理。供应链的社会心理作为一个"整体"具有"个体"——个人心理的一般特性，即基于需要产生动机进而产生某些行为以达到目标。但是整体毕竟不是个体的简单相加，供应链的社会心理同时又具有其独特的一面。

作为众多企业的集合，供应链管理系统也存在同样的问题。成员企业的积极性不够，核心企业的开拓精神不强烈，有些企业是小富即安，更有一些企业仅安于维持现状、做到不亏损就心满意足了，或者是受到竞争压力和外部某些压力（如项目失败、市场需求疲软等）而退缩、丧失进取心等。一个企业如同一个人一样，也有需要、行为、动机和目的，也有心理活动，也有惰性，当然也需要激励。供应链激励是供应链管理的一项重要工作。供应链包含组织层（即供应链层）、企业层和车间层等三个层面，可激励对象包括供应链自身、成员企业、企业管理人员、一般员工。其中管理人员（企业家）和一般员工的激励属于企业激励机制的范畴，因此供应链激励主要专注于供应链环境下的成员企业。

10.3.3　几种供应链激励机制的模式

1. 价格激励

在供应链环境下，各个企业在战略上是相互合作关系，但是各个企业的利益不能被忽视。供应链的各个企业间的利益分配主要体现在价格上。价格包含供应链利润在所有企业间的分配、供应链优化而产生的额外收益或损失在所有企业间的均衡。供应链优化所产生的额外收益或损失大多数时候是在相应企业承担，但是在许多时候并不能辨别相应对象或者相应对象错位，因而必须对额外收益或损失进行均衡，这个均衡通过价格来反映。

价格对企业的激励是显然的。高的价格能增强企业的积极性，不合理的低价会挫伤企业的积极性。供应链利润的合理分配有利于供应链企业间合作的稳定和运行的顺畅。

但是，价格激励本身也隐含着一定风险，这就是逆向选择问题。即制造商在挑选供应商时，由于过分强调低价格的谈判，他们往往选中了报价较低的企业，而将一些整体水平较好的企业排除在外。其结果影响了产品的质量、交货期等。当然，看重眼前的利益是导致这一现象的一个不可忽视的原因，但出现这种差供应商排挤好供应商的最为根本的原因是：在签约前对供应商的不了解，没意识到报价越低，意味着违约的风险越高。因此，使用价格激励机制时要谨慎从事，不可一味强调低价策略。

2. 订单激励

供应链获得更多的订单是一种极大的激励，在供应链内的企业也需要更多的订单激励。一般地说,一个制造商拥有多个供应商。多个供应商竞争来自于制造商的订单,多的订单对供应商是一种激励。

3. 商誉激励

商誉是一个企业的无形资产,对于企业极其重要。商誉来自于供应链内其他企业的评价和在公众中的声誉,反映企业的社会地位(包括经济地位、政治地位和文化地位)。委托-代理理论认为:在激烈的竞争市场上,代理人的代理量(决定其收入)决定于其过去的代理质量与合作水平。从长期来看,代理人必须对自己的行为负完全的责任。因此,即使没有显性激励合同,代理人也有积极性努力工作,因为这样做可以改进自己在代理人市场上的声誉,从而提高未来收入。

从我国目前的情况看,一个不可否认的事实是:外资企业和合资企业更看重自己的声誉,也拥有比较高的商业信誉。他们为着自己的声誉,也为着自己的未来利益,努力提高自身代理水平与合作水平。这是经过市场经济的长期洗礼而形成的无形资产,是他们在激烈的市场竞争中颇具实力的一个重要原因。我国有些较差的国有企业在计划经济条件下成长,长期以来习惯于听命上级领导的指示,对纵向关系十分重视,而对横向关系则没有提高到一个战略的高度来认识。久而久之,企业没有养成良好的合作精神。除了履行合同的意识较差外(如不能按交货期按时交货、不按合同付款、恶意欠债等),企业之间相互拖欠货款已经不是个别现象了,甚至发展成按期付款反而被看作不正常的奇怪现象。这些行为严重影响了这些企业的声誉。因为声誉差,一方面使企业难以获得订单,另一方面也埋下了风险的种子。

为了改变这种状况,应该从企业长远发展的战略目标出发,提高企业对商业信誉重要性的认识,不断提高信守合同、依法经营的市场经济意识。整个社会也要逐渐形成一个激励企业提高信誉的环境,一方面通过加强法制建设为市场经济保驾护航,严惩那些不遵守合同的行为,另一方面则要大力宣传那些遵纪守法、信守合同、注重信誉的企业,为这些企业获得更广泛的认同创造良好的氛围。通过这些措施,既可打击那些不遵守市场经济游戏规则的企业,又可帮助那些做得好的企业赢得更多的用户,起到一种激励作用。

4. 信息激励

在信息时代里,信息对企业意味着生存。企业获得更多的信息意味着企业拥有更多的机会、更多的资源,从而获得激励。信息对供应链的激励实质属于一种间接的激励模式,但是它的激励作用不可低估。在前面几节的讨论中,曾多次提到在供应链企业群体中利用信息技术建立起信息共享机制,其主要目的之一就是为企业获得信息提供便利。如果能够很快捷地获得合作企业的需求信息,本企业能够主动采取措施提供优质服务,必然使合作方的满意度大为提高。这对在合作方建立起信任有着非常重要的作用。因此,企业在新的信息不断产生的条件下，始终保持着对了解信息的欲望，也更加关注合作双方的运行状况，不断探求解决新问题的方法，这样就达到了对供应链企业激励的目的。

信息激励机制的提出，也在某种程度上克服了由于信息不对称而使供应链中的企业相互猜忌的弊端，消除了由此带来的风险。

5. 淘汰激励

淘汰激励是负激励的一种。优胜劣汰是世间事物生存的自然法则，供应链管理也不例外。为了使供应链的整体竞争力保持在一个较高的水平，供应链必须建立对成员企业的淘汰机制，同时供应链自身也面临淘汰。淘汰弱者是市场规律之一，保持淘汰对企业或供应链都是一种激励。对于优秀企业或供应链来讲，淘汰弱者使其获得更优秀的业绩；对于业绩较差者，为避免淘汰的危险它更需要求上进。

淘汰激励是在供应链系统内形成一种危机激励机制，让所有合作企业都有一种危机感。这样一来，企业为了能在供应链管理体系获得群体优势的同时自己也获得发展，就必须承担一定的责任和义务，对自己承担的供货任务，从成本、质量、交货期等负有全方位的责任。这一点对防止短期行为和"一锤子买卖"给供应链群体带来的风险也起到一定的作用。危机感可以从另一个角度激发企业发展。

6. 新产品/新技术的共同开发

新产品/新技术的共同开发和共同投资也是一种激励机制，它可以让供应商全面掌握新产品的开发信息，有利于新技术在供应链企业中的推广和开拓供应商的市场。

传统的管理模式下，制造商独立进行产品的研究与开发，只将零部件的最后设计结果交由供应商制造。供应商没有机会参与产品的研究与开发过程，只是被动地接受来自制造商的信息。这种合作方式最理想的结果也就是供应商按期、按量、按质交货，不可能使供应商积极主动关心供应链管理。因此，供应链管理实施好的企业，都将供应商、经销商甚至用户结合到产品的研究开发工作中来，按照团队的工作方式（team work）展开全面合作。在这种环境下，合作企业也成为整个产品开发中的一分子，其成败不仅影响制造商，而且也影响供应商及经销商。因此，每个人都会关心产品的开发工作，这就形成了一种激励机制，构成对供应链上企业的激励作用。

7. 组织激励

在一个较好的供应链环境下，企业之间的合作愉快，供应链的运作也通畅，少有争执。也就是说，一个良好组织的供应链对供应链及供应链内的企业都是一种激励。

减少供应商的数量，并与主要的供应商和经销商保持长期稳定的合作关系是制造商采取的组织激励的主要措施。但有些企业对待供应商与经销商的态度忽冷忽热，零部件供过于求时和供不应求时对经销商的态度两个样；产品供不应求时对经销商态度傲慢，供过于求时往往企图将损失转嫁给经销商，因此得不到供应商和经销商的信任与合作。产生这种现象的根本原因，还是由于企业管理者的头脑中没有建立与供应商、经销商长期的战略合作的意识，管理者追求短期业绩的心理较重。如果不能从组织上保证供应链管理系统的运行环境，供应链的绩效也会受到影响。

相关作业

【作业一】

讨论：网络的兴起，如何建立适合现代企业的激励原则？

【作业二】

思考：供应链企业实施供应链管理过程中的激励措施与传统的激励措施有哪些不同？

【案例实践】

阅读如下案例中，分析佳能如何激励员工的。

2003 年 4 月，佳能再报佳绩：第一季度的合并净销售为 7316 亿日元（60.96 亿美元），与上年同比增长 12.4%。其第一季度的净收入增长更令人刮目相看——比去年同期增长了 126.2%，为 716 亿日元（5.97 亿美元）。这是继 2002 财年全球净销售额达 245.01 亿美元、净收入 15.89 亿美元，连续 3 年保持了净销售额和净收入的双增长，并创下历史新高之后，佳能公司再次向世人展示生机勃勃的一面。

能近年来的飞速成长被业界誉为美日管理文化结合的典范。1997 年上任的现任佳能 CEO 御手洗富士夫，60 年代就被佳能公司派往美国，一共在美国生活和工作了 23 年。这段时间也正是美国市场经济发展令人瞩目的阶段，涌现了杰克·韦尔奇等一批杰出的企业管理者。御手洗因此也受益匪浅，他在美国佳能任总裁期间曾广泛和 GE、美国运通等企业管理层深入探讨企业经营策略和管理方法。1998 年，佳能引进系统改革，开始融入美国的一些管理方法。

御手洗引进美国管理方式的核心理念是强调利润，这与日本很多大企业一味追求营业收入而很少考虑利润的习惯非常不同。在他大刀阔斧的改革中，佳能关闭了 7 个收不抵支的部门，虽然因此而丧失了 734 亿日元的销售额，却同时减少了大约 260 亿日元的亏损。

当然，佳能的改革也不可避免地遭遇到了一些阻力，但御手洗以在日本 CEO 身上少见的决断力和团队合作精神坦诚面对。比如在工厂采取单元式生产的时候，他花了好几周的时间与持质疑态度的主管辩论利弊，在说服管理层并取得一致意见时再行实施，结果佳能的产能因此提高三成。

虽然御手洗对佳能公司进行了一系列的"西化改革"，但他也保留了不少日本的商业传统，如终身雇佣制。有不少人对此提出异议，认为这种雇佣制度会带来组织松散、职工缺少危机感和论资排辈的弊端，并将制约佳能的未来发展。但一方面，佳能通过为员工提供职业的终身保障加强了员工的向心力；另一方面，以绩效评估代替传统的论资排辈，佳能也成功地拥有了其他日本公司少见的活力和强大的竞争力。例如，佳能的员工可以通过考试参加公司的快速培养项目，优秀人才可以获得破格提拔和意想不到的报酬。

（资料来源：http:www.17hr.com/hr/96/n-75596.html）

小 结

我们从事任何一项工作，都要通过对该活动所产生的效果进行度量和评价，以此判断这项工作的绩效及其存在的价值。同样地，在供应链管理中，为了能够使供应链健康发展，科学、全面地分析和评价供应链的运营绩效，就显得尤为重要。在当前市场环境下，企业往往过于重视供应链管理的实施，供应链方法及供应链管理系统的建立，却忽视了工作绩效的评估。又或者，企业重视评估，但是却往往局限于传统的评估方法，使得评估无法与现代的供应链管理理念相符合，导致最终的绩效评估结果流于形式，无法起到真正的作用。

本章作为供应链管理的最后章节，强调于供应链管理中企业绩效评估的重要性。通过对传统企业绩效评估的介绍和对比，了解和掌握现代供应链管理模式下企业绩效评估的侧重点，了解供应链企业绩效评价的意义，掌握供应链企业绩效评价构建原则及评价指标体系的内容。在学习过程中，通过案例指导，重点掌握供应链管理模式如何有效实施企业绩效评估。同时，了解企业激励的内涵，能够通过各种激励手段提高企业员工工作积极性，并进而提高企业的效率。

参 考 文 献

董蕊. 2003. 供应链管理与第三方物流策划. 北京：中国经济出版社

杜文，任民. 2004. 第三方物流. 北京：机械工业出版社

杜勇. 2008. 供应链库存管理. 北京：人民交通出版社

李波，洪涛. 2006. 供应链管理（SCM）教程——信息化经典书丛·教程系列. 北京：电子工业出版社

利恩德斯·费伦. 2006. 采购与供应链管理. 北京：机械工业出版社

刘刚. 2005. 供应链管理. 北京：化学工业出版社

刘永胜. 2009. 供应链管理基础. 北京：中国物资出版社

马丁·克里斯托弗. 2006. 物流与供应链管理. 北京：电子工业出版社

马刚，李洪心，杨兴凯. 2005. 客户关系管理. 大连：东北财经大学出版社

马士华，林勇. 2005. 供应链管理. 北京：机械工业出版社

王道平，杨建华. 2008. 供应链物流信息系统. 北京：电子工业出版社

吴登封. 2007. 供应链管理. 北京：电子工业出版社

阎子刚，刘雅丽. 2007. 供应链物流管理. 北京：机械工业出版社

杨路明. 2004. 客户关系管理. 重庆：重庆大学出版社

赵刚. 2006. 供应链管理. 北京：电子工业出版社

http://blog.vsharing.com

http://www.chinadaily.com.cn

http://www.linkshop.com.cn

http://www.ttfob.cn

www.wenmi114.com

http://www.56zg.com

http://www.chinawuliu.com.cn

http://book.51cto.com

http://www.fundfund.cn

http://www.lunwenda.com/guanlixue200905/107142-2

http://wiki.mbalib.com/wiki/%E9%A6%%96%E9%A1%B5